スポットライト

世紀のスクープ

カトリック教会の大罪

ボストン・グローブ紙《スポットライト》チーム〔編〕
有澤真庭〔訳〕

BETRAYAL
The Crisis in The Catholic Church
by The Investigative Staff of The Boston Globe
Matt Carroll, Kevin Cullen, Thomas Farragher,
Stephen Kurkjian, Michael Paulson, Sacha Pfeiffer,
Michael Rezendes, Walter V. Robinson

竹書房

BETRAYAL
The Crisis In The Catholic Church
Updated Edition
by the investigative staff of the boston globe
Matt Carroll/Kevin Cullen/Thomas Farragher/Stephen Kurkjian
Michael Paulson/Sacha Pfeiffer/Michael Rezendes/Walter V. Robinson

Japanese translation published by arrangement with
Back Bay Books / Little, Brown and Company
Hachette Book Group
through Tuttle-Mori Agency, Inc., Tokyo.

「今日、裏切りは分厚い雲のごとく、教会の頭上に垂れこめている」

バーナード・F・ロウ枢機卿
ボストン大司教
二〇〇二年聖金曜日（三月二十九日）

目次

本書に寄せて
『スポットライト　世紀のスクープ』
監督・脚本トム・マッカーシーと脚本ジョシュ・シンガーによる声明文　8

序　文　12

第一章　ゲーガン神父の笑顔の裏側　27
リアリー少年の悪夢　27
十一歳で芽ばえた性的感情に怯える異性愛者　34
彼から何を奪い去るか、わかっていますか？　38
医療上の恵みを施してくれる親身な医師たち　45
自分の過ちは、この国で性の解放が起きた時期と重なる　49

第二章　隠蔽の循環構造　57
魅力と個性、清廉さと率直さをあわせ持つカリスマ司教　57
小児性愛の再犯率は、露出症の次に高い　63
危険となりうるものを保護する　68

和解金と引き換えの秘密保持契約＝口封じ 74
私に投獄の権限はないが、聖職を公使する責がある 83

第三章 国中にはびこる虐待者たち 88
異動で続く虐待連鎖 88
レイプしたことは一度もないし、満足したこともない 97
ローマンカラーをつけりゃ、女は電柱とだって恋に落ちる 104
国中に広がる暴露の連鎖 114

第四章 罪悪感に苛まれる被害者たち 123
誰も信用しない——どんなことだってありうるからね 123
被害者だけでなく、親たちを苦しめる自責の念 132
聖書いわく、汝の敵を愛し、自分を虐げる者のために祈れ 142

第五章 全世界に波及するボストン・スキャンダル 153
教会が守っていたのは、教会が完璧な社会だという概念です 153
神の迷える子羊を探して群れに戻し、復帰できるように導きと規律を与える 158
司祭の迅速な排除と被害者の救済に関して過ちがなされた 168
汚れ物は自宅で洗濯するのがいちばん 176

第六章　失墜――教会に背を向ける人々　186

人々の信仰と聖職者というオーラに守られる虐待者たち　186

反旗を翻しはじめた虐待隠蔽工作の共犯者たち　195

イエス・キリストが委員会メンバーだろうと、関係ない　207

第七章　法律《ロウ》を超越した枢機卿　218

目標はアメリカ人初の教皇となること　218

横やりを入れない説教など、真の説教ではない　227

さて、猊下、『説明していただきましょうか』　234

あれほど才能に恵まれた者が、なぜああも盲目だったのか？　241

第八章　セックスと嘘と教会　252

なぜ司祭たちは未成年者に惹かれるのか　252

クリスチャン的憐れみの心が生み出した治療センター　262

現世に、神の王国を建設するために――われわれは独身男性でいる定めだ　270

第九章　変革の苦しみ　278

だったら、どうして『ゲーガンは地獄行きだ』って言わないんですかね？　278

神の聖なる民は、キリストの祭司職をも共有する　283

独身主義がすたれても、何の問題もないね　293

悪から善が生まれるの――いつも起きているように　303

二〇一五年版へのあとがき　309

訳者あとがき　329

謝辞　325

巻末資料　332

本書に寄せて

『スポットライト　世紀のスクープ』監督・脚本トム・マッカーシーと脚本ジョシュ・シンガーによる声明文

この十年は新聞媒体、とりわけ地方紙にとって、茨《いばら》の道だった。大都市圏の日刊紙で廃刊に追いこまれたものは、十紙を下らない。二〇一四年の新聞販売による売り上げは、十年前と比べて半分以下まで落ちこんだ。そのため、数千人の記者たちが職を失った。もちろん、この十年のデジタル化による革新は目覚ましい。オンラインでの利用可能な情報量たるや過去の比ではないと多くの者が指摘し、昔かたぎの調査報道はもはや不要、と唱える者まで現れた。

だが、それには反対だ。

本書は、『ボストン・グローブ』紙の〈スポットライト〉チームが調べあげた情報――何十年も隠されてきた痛ましい事実と、司祭や弁護士、被害者《サバイバー》たちの、さらに痛々しい物語で埋め尽くされている。それらがより合わさって、より大きな腐敗と隠蔽の物語が紡がれていく。ことの発端は、ニューイングランド地方きっての権力組織であるボストン大司教区の中核で起きたスキャンダルだった。この調査報道が引き金となり、アメリカ全土、そして世界中の多くの都市で同様の調査がはじまり、聖職者による性的虐待とその継続を許した組織ぐるみの隠蔽という、より大きな問題が明らかにされた。これは、いまだに懸案の問題だ。

本書にまとめられたルポルタージュは、まさしく世界を震撼《しんかん》させた。その深い意義につけ加えるべきことは、何もない。だが、種明かしは時に有効な武器になる。四人の記者と二人の編集局員によるチームが、事件をスクープするに至った経緯を知れば、本書に写しとられた調査結果を、世界の人々がより深く噛《か》みしめられるだろう。そして、なぜ今でも、伝統的な調査報道がこんなにも必要とされるのか、納得のいかれる一助となるかもしれない。

これが、我々が映画『スポットライト　世紀のスクープ』を撮った理由だ。もちろん、本書にはそんな内輪話は載っていない。そこへ行きつくために我々は、独自に掘り進まねばならなかった。『グローブ』紙の記者たちの調査過程を調査せねばならず、それは我々にとり、このルポに、新たな意味合いをもたらしてくれた。彼らの職務がどれほど深い意味を持ち、困難であったかを知ることは、調査結果そのもののパワーを増強してくれる。

このようなスクープをものにし、本書で詳細が語られる腐敗の広がりと深さをあますことなく暴きだすためには、記者は時間を必要とする。『グローブ』紙の四人の優秀な、経験豊富な記者と二人の編集局員は調査に一年あまりを費やし、その間休日出勤も残業もいとわなかった。記者にはまた、財源も必要だ。給料と経費に加え、『グローブ』紙はゲーガン神父の訴訟に関する封印文書――最終的に、教会ぐるみの隠蔽を疑問の余地なく証明することになる文書――の開示を求めるのに、必要な法務費用を払った。そして、ほとんどの事件においてそうであるように、記者は組織の後ろ盾を必要とする。二〇〇二年の『グローブ』紙がやってのけたように、権力を握った組織をねじ伏せるだけの強さを持つ、組織の支えが。

『グローブ』紙〈スポットライト〉チームによる驚くべき調査結果をまとめた本書の刊行とともに、我々の映画によって、昔ながらの調査報道が見直され、世界中のロビンソン、レゼンデス、ファイファーとキャロル、バロンとブラッドリーたちが自分の仕事を続けられるように、組織にはっぱをかける呼び水となってくれることを切に願う。マーティ・バロンが言うように、我々はほとんどの時間を暗闇のなかでさまよい歩いている。光を投げかけ、道を示す彼ら――〈スポットライト〉チームがいてくれて、よかった。

二〇一五年九月十日

註

本書は『ボストン・グローブ』紙のスタッフによる独自の報道記事を基にしている。数百件に及ぶ取材先は、聖職者による性的虐待の被害者と加害者をはじめ、司教、司祭、修道女、神学生、一般信徒の指導者、一般信徒のスタッフら無数の教会関係者、検事、選挙議員ら政府当局員、社会学者、神学者らの学識者、カトリック信者らの利益団体、そして弁護士を含む。また、刑事及び民事裁判事件に際して教会が提出した文書、教会や擁護《ようご》団体が発行した証言やその他の文書、「グローブ」その他の報道媒体が発表した聖職者の性的虐待危機に関する過去及び現在の記事、教育機関のリサーチャーやその他の著者による学術研究、『グローブ』その他の組織による世論調査、記者会見や説教壇における教会指導者の発言にも依《よ》っている。

序文

二〇〇一年六月、ローマ・カトリック教会ボストン大司教を長年つとめるバーナード・F・ロウ枢機卿《すうききょう》は、型通りの裁判所提出書類を使って、大それた承認をした。ひとりの司祭を「派遣端《は》境《ざかい》期」とする承認だ。話は、十七年前にさかのぼる。ロウ枢機卿はジョン・J・ゲーガン神父に、裕福な郊外の教区司教代理といういい仕事を与えた。そのつい二ヶ月前、ゲーガンには七人の少年を虐待した疑いがあるとの報告を受けていたにもかかわらず——。

『ボストン・グローブ』紙は以前、ゲーガン司祭の事件を取り上げていた。関係者へのインタビューと教会の記録から成る一九九七年二月の記事は、出色だった。記録文書は、〝司祭が息子に性的いたずらをしている〟と、ある女性が教会当局に相談したあとで、その司祭が一九八〇年に病気休暇を取ったことを明らかにしていた。だが、ゲーガンは一九八一年には職務復帰し、一九九五年に再び病気休暇を取るまでに、二ヶ所の教区で子どもたちにいたずらをしていたことが、のちに発覚する。

だが、『グローブ』紙の調査スタッフにとっては、ロウ枢機卿が裁判所に提出した二〇〇一年の書類がターニングポイントだった。少年に性的いたずらをした疑いのあるひとりの司祭のニュースが、司祭をかばったひとりの司教のニュースに様変わりする。この書類は『グローブ』紙の独自調査に基づく特集記事欄〈スポットライト〉調査チームのメンバー四名を刺激し、この件が異例なのか、もしくは悪《あ》しき慣例の一部なのか、つきとめてみせようと動き出す。

やっかいなその答え――何十名ものボストン教区の司祭が未成年にみだらな行為をはたらき、ほとんど多くの場合、司教たちは虐待行為を知っていた――は、二〇〇二年初頭に連載記事として掲載され、カトリック教会の権威を問う、極めて重大な挑戦の引き金となった。

『グローブ』紙の報道、およびそれが引き起こした出来事は、二〇〇二年に『裏切り』の題で一冊の本にまとめられた。庇護《ひご》の下《もと》にある多くの子どもを虐待した司祭、人生を引き裂かれた被害者、虐待を防がなかった司教、そして、怒りの声をあげた一般信徒たちの物語だ。

二〇一五年版の本書では、『グローブ』紙による性的虐待スキャンダルの調査過程を追った映画『スポットライト　世紀のスクープ』の公開にあわせ、新たな情報を追加してある。映画はジョシュ・シンガーと監督のトム・マッカーシーによるオリジナル脚本に基づいている。

「一九九〇年代の中葉以降、三〇年間にわたり、大ボストン都市圏六ヶ所の教区から一三〇名以上の人々が、ゲーガン元司祭に体を触られたり、レイプされたとする恐ろしい子ども時代の体験を訴え出た。ほぼ毎回、ゲーガンの被害者は小・中学生にあたる年頃の少年たちだった。ひとりは、わずか四つだった」――二〇〇二年一月、〈スポットライト〉チームが取材した記事の一本目は、こう書き出されている。

この記事を皮切りに、翌年にかけ『グローブ』紙は聖職者の性的虐待事件について六〇〇件の関連記事を掲載した。

一九八〇年代の半ばあたりから、この問題は全国的かつ散発的に報道されてきたが、『グローブ』紙の報道は教会自身の書類を基に、高位の当局者たちが何十年もの間、虐待問題を隠蔽し続け、子どもたちを守るよりも、虐待司祭たちの福利を優先させてきたことを示していた。

ゲーガンの事例では、三四年にわたって二人の枢機卿と多数の司教が、彼をかばってきたことが明らかとなった。子どもたちをゲーガンの魔手から引き離す代わりに彼への情のこもった手紙を送り、告発の声が上がるたびに彼を違う教区へ異動させ、あとには被害者の山ができるに任せた。

『グローブ』紙の最初の記事は、急所を突いた。カトリック教徒は激怒し、教会に裏切られたと感じた。ロウ枢機卿は謝罪をした、何度も。そしてこの報道後〝このようなことは二度と起こさせない〟と保証し続けるなかで、過去および現在に未成年への性的虐待容疑を受けた司祭全員の名前を提出することに同意した。この時点でマサチューセッツ州の法律に報告の義務はまだなかったにもかかわらず。彼はゼロ・トレランス（どんな小さな違法行為も見逃さずに処罰する方針。）政策を宣言、確たる嫌疑をかけられた司祭はたとえ誰であろうとも解任すると誓い、被害者を救済するための新たな努力を約束した。

だが、世間の怒りは収まらなかった。大勢のカトリック教徒がロウの辞職を要求し、教会への献金を辞退しはじめた。州の立法者たちは、性的虐待の申し立てがあった場合、警察への報告を聖職者に義務づける法案を通した。かくして検察は、司祭への逮捕令状を発行しはじめた。

スクープのはじまりは――すべてのニュース同様――一握りの記者が、一連の疑問への答えを見つけようとしたときに萌芽《ほうが》する。『グローブ』紙の〈スポットライト〉チーム――編集担当のウォルター・V・ロビンソン、そして記者のマット・キャロル、サーシャ・ファイファー、マイケル・レゼンデス――は、大司教区の六つの小教区で起きたゲーガンの三〇年間にわたる虐待を、教会がどれほど把握していたのか見極めようと、動き出した。

しかし、取材をはじめて数日もすると、記者たちはゲーガンが単に、より深刻な問題の一番知られた例に過ぎないことに気づく。ボストン大司教区は近年、複数の司祭への虐待の申し立てを、密《ひそ》かに和解に持ちこんでいた。申し立ての大半は内密に話がつけられ、公的な記録は何も残らない。和解は、いい手だった。教会は醜い真実を秘密にし、恥辱に苛《さいな》まれた被害者は大勢の仲間がいるとはつゆとも知らぬまま、プライバシーを守ることが出来た。被害者の弁護士は、法廷に事件を持ちこむ手間をかけずに、和解金の三分の一かそれ以上を受けとった。

ごくまれに、裁判に持ちこまれても、公式記録がしばしば消え失《う》せていることに、記者は気がついた。それは、和解に達し次第、訴訟の取り下げを判事が不適切にも了承し、判決結果のみならず、そもそも訴訟が起こされた形跡すら、国民の目から完全に隠されてきたためだった。

記者たちは、別の障害にもぶち当たる。ゲーガンを訴えた民事裁判のうち、決着のついていない数々の訴訟において、判事は裁判で生じた文書、証言録取とゲーガンの個人記録を含めたすべてに、秘密保持の封印を施していた。

マーティン・バロンは『グローブ』紙の編集局長に就任早々、判事の秘密保持命令に対し、公共の利益が訴訟関係者のプライバシーに勝るとして、同紙の名において異議を申し立てることを決断。二〇〇一年八月、同紙弁護団はゲーガン裁判の文書公開の申し立てを提起する。

マサチューセッツ州上位裁判所裁判官コンスタンス・M・スウィーニーは、十一月、『グローブ』紙の主張を認めた。教会は控訴したが、二〇〇一年十二月、州の控訴裁判所は、スウィーニー裁判官の裁定を支持した。文書は二〇〇二年の一月中に、公開される運びとなった。

二〇〇一年十二月十七日、ロウ枢機卿の弁護人ウィルソン・D・ロジャース・ジュニアが『グローブ』紙に書簡を送りつけ、同紙と法律事務所に対し、封印された訴訟文書から得た情報に基づく記事が掲載された場合、法的制裁を加えると脅迫した。記者たちが事件に関与したかどうか聖職者に質問するだけでも、裁判所に処罰を求めると警告した。

だがその頃には、〈スポットライト〉チームは最も破壊力のある極秘文書を入手していた。

また、過去十年にわたり、ボストン大司教区の多数の司祭にかけられた性的虐待の嫌疑に信《しん》憑《ぴょう》性が認められた場合、教会は被害者に和解金を極秘裏に支払っていた事実が、無数の取材を通して裏づけられた。チームは、司祭の派遣先がリスト化された大司教区の年鑑人名録を指針に使った。それをもとに、被害者が和解金を受けとった時期に、教区から不可解にも異動させられた現役司祭の人数を示すデータベースを構築した。虐待の数は、それまで知られていたよりも、はるかに多かった。

ゲーガンの性的虐待容疑を裁く刑事裁判が、翌年の一月に初公判を迎えるため〈スポットライト〉チームは二〇〇一年十二月中旬、極秘和解のネタはひとまず脇に置き、最初は三千字の記事にする予定でゲーガンの初公判を待った。

だが『グローブ』紙が探り当てた封印文書は、大司教区に途方もないダメージを与えるものだった。記録に含まれていたのは、〝ゲーガンがいまだ危険な存在だとロウに告げる、部下の司教が送った一九八四年の警告〟、〝ロウの前任者ハンバート・S・メディロス宛てにゲーガンの虐待被害を訴え、さらに彼が教区の子どもたちに接するのを許されている理由を問い質《ただ》す一九八二年付の教区民の手紙〟、それに、〝ゲーガンの精神疾患の記録〟などだ。これらの文書は、大司教区がゲーガンの児童虐待について、代々にわたって承知していた証《あか》しだった。

封印文書の中身に手応えを得た『グローブ』紙は、二〇〇二年一月六日と七日の二回に分けてゲーガン問題を特集欄《スポットライト》のシリーズとして掲載することに決めた。当時、米カトリック教会でバチカン内に最も強い影響力のある高位聖職者とみなされていたロウ枢機卿は、インタビューの申し込みを断った。そのためチームは、スウィーニー判事が一万ページ以上のゲーガンの裁判記録を一月二十五日に公開するのを見越して、一月二十四日、記録ファイルの抜粋と経緯を掲載し、スクープの最初の二回シリーズを豊富な資料と詳細な内容で補強した。

二〇〇二年一月三十一日、同紙は前年の夏に着手した包括的な記事を掲載し、過去十年にわたり、ボストン大司教区で少なくとも七〇名の司祭が性的虐待の容疑で告発を受け、密かに和解が成立していたことを暴露した。記事――裁判文書や記録、データベース、弁護士その他の関係者へのインタビューに基づいた――が分岐点となり、ゲーガン事件が異例ではないことがつまびらかにされる。虐待は広範囲に及び、何十年も見過ごされてきた。

記事の発表からほどなくすると、全米各地の地方メディアに突き上げられたボストン以外の司教区もまた、告発された司祭に関して関係機関が過去に受けた苦情や口論の記録をまとめはじめた。司教区の大半が、性的虐待の訴えに備えた対応法を指導する新しい方針を練りはじめ、アメリカ合衆国カトリック司教協議会は、国内統一方針を初めて採用する準備をした。

教会の危機が広まるのに伴い、『グローブ』紙は専任ライターにスティーブン・カークジアン、トーマス・ファラファー、ケヴィン・カレン、および宗教欄担当のマイケル・ポールソン記者を加え、この事件をフルタイムで担当する記者数を二倍に増やした。また時に応じて、他の記者たちも不定期に寄稿した。

本書は聖職者による性的虐待スキャンダルについて『グローブ』紙が発表した大量の調査報告で構成されている。インタビューと事実の一部は新聞に掲載したものだが、レポートの多くは新情報であり、本書は一から書き起こされた。そして本書のために実施したインタビューと調査が、新たな新聞記事を生みだした。新規の記事では、それまで公開されていない性的虐待事件、地方検事とボストン大司教区のなれあい、教会の位階制度《ヒエラルキー》に盾つくカトリック教徒たちの、広まりゆく奮闘ぶりを取りあげている。

聖職者の性的虐待ニュースは、まだ追跡中であり――二〇〇二年の世紀のスクープから十三年が過ぎても――すべての事実が明るみに出て、すべての変化が落ち着きを見るまで、まだ数年はかかるだろう。本書は、震源地・ボストンで執筆され、危機の大もとと原因、虐待司祭の犯した犯罪、被害者たちが受けた衝撃とその影響、ゲーガンやロウら中心的人物の役割、そして信者たちの敬意の減少とその結果としてカトリック教会が今後変貌する可能性を検証している。

それは、信頼と、庇護すべき子どもたちの両方を踏みにじったおびただしい人数の司祭の物語だ。虐待行為の数々の証拠にもかかわらず、司祭たちを雇い、昇進させ、ねぎらった司教や枢機卿の物語だ。強大な権力を持つ高慢な教会が、身内の聖職者によるミスリード、ミステイク、ミスジャッジのせいで窮地に陥る物語であり、何年も人知れず苦しんだ末に、教会に真っ向から立ち向かう声を見いだした被害者たちの物語だ。そして、信心深い大勢の教会信徒たちが、危機から学び、変革をもたらそうとする物語だ。

二〇〇二年冬、子どもを性的虐待した司祭をカトリック教会が処理したやり口について、『グローブ』紙がはじめてスクープしたとき、信じるにはあまりに事実がひどすぎた。裏切り――子どもの無垢《むく》、両親の信頼、聖職の誓い、司教の責任、教会の教義への――の深さには、言葉を失う。市井のカトリック教徒にとって最も衝撃的で、教会にとっては一番のダメージだったのは、ロウ枢機卿と、配下である大司教区のリーダーたちが大規模な隠蔽に手を染めていた、動かしがたい証拠だった。教会は最も弱い存在である信徒を守るどころか、危害の及ぶ状況にさらした。

間髪置かず、全米および海外の新聞媒体が、地元の司教区に答えを求めはじめた。新たに勇気を得た被害者たちが声を上げた。秘密裏に和解で済ませる教会の方針に大衆は背を向け、虐待の発生件数を不明にする秘密保持契約など、もはや依頼主の利益や公益にそぐわないと宣言した。

次に、それまでは前任者に倣い、自分たちの通う教会に捜査の手を入れるのを渋ってきた法執行機関の当局者が――これまでは罰といっても、単に新しい教区に移動されるか病院のチャプレン（病院や学校などの施設で働く司祭。）職に追いやられるかで、最も悪質な犯罪者の場合でも、休職状態にされるだけだった――疑惑の司祭を起訴すべきかどうか判断するため、記録を要求した。ボストン大司教区が被害者を犠牲にして、教会の評判を守る方を優先させた圧倒的な証拠に直面し、教会の指導者たちはぐうの音も出なかった。

全米、そしてカトリック世界のあちこちで、虐待に関与したとされる司祭が職を解かれた。アメリカ合衆国だけでも、二〇〇二年はじめの四ヶ月で、一七六名を数える。アメリカ合衆国、ポーランド、アイルランドで、司教が辞任した。バチカンの指導者たちはそれまでスキャンダルの火の粉を慎重に避けてきたが、そのローマにおいても教皇ヨハネ・パウロ二世が司祭たちに例年送る聖木曜日の書簡で、この件について触れざるをえなくなった。とはいえ、善き司祭たちをなぐさめるにとどまったが。

教皇のスキャンダルへの申し訳程度の言及――あいまいなラテン文句〝mysterium iniquitatis（悪の神秘）〟を使い、犯罪《クライム》を罪《シン》と呼んだ――は、被害者についてまったく触れておらず、そのため子どもを餌食にする性的虐待者に人生を台無しにされた者たちには、なんのなぐさめにもならなかった。多くの者にとり教皇の声明は、自分の立場に踏みとどまったよそよそしい、傲慢な侵しがたいヒエラルキーの証しと映り、被害者たちの傷口に塩をすりこむに終わった。

翌日の聖金曜日の書簡では、ロウ枢機卿が裏切りのテーマについて触れ、こう表現した。

「今日、裏切りは分厚い雲のごとく、教会の頭上に垂れこめている。個人と神との関係を裁くことはないとされるが、信頼への裏切りこそが、聖職者による子どもへの性的虐待という悪の本質であることは、疑うべくもない。司祭は一点の曇りなく全幅の信頼を寄せられるべき存在である。ひとりが信頼を失えば、報いは我々全員がこうむるのだ」

世論調査は、ロウの危機管理能力に対し、教区民がますます幻滅していることを示した。二〇〇二年四月中旬には、『グローブ』紙とWBZ-TV局の合同アンケートの結果、大司教区のカトリック教徒のうち六十五パーセントが、枢機卿は退任すべきと考えていた。

多数のカトリック教徒がすでに大司教区から寄付金を引き上げており、教会の様々なプログラムへの資金集めに枢機卿が例年呼びかける行事にも、信者たちはそっぽを向くようになった。そして、野心的な三億五千万ドルの資金集めキャンペーンは、事実上中止に追い込まれた。独身男性のみに司祭職が許される聖職者の戒律に関する議論が蒸し返され、十代の少年に対する性的虐待と、司祭におけるゲイの割合の高さの関連性を疑う向きもあった。

わずか三ヶ月で積みあがったスキャンダルの山に、バチカンは目を覚まされたようだった。四月、教皇はアメリカの枢機卿全員を召集し、極めてまれな緊急会議を開いた。会議の席で、ヨハネ・パウロ二世は厳しい口調で明言した。司祭による性的虐待は「おそろしい罪」なだけでなく、「犯罪」であると。また、ローマ教皇庁が被害者に対して無関心だとの批判にも反応した。「被害者とご家族が、どこにおられようと、深い連帯の念と、憂慮を表明いたします」と、八十一歳の老齢の教皇は語った。

危機に際し、枢機卿会議の場を持ったのは英断かつ前代未聞だったが、約束された変革がどれほど確実で広範囲に及ぶのかは、不明のままだ。バチカンの大半は、聖職者による性的虐待を、いまだにアメリカだけの特異な現象とみていた。

教会がこの問題を真剣に受け止めていないのでは、との疑問は、一九八五年にルイジアナで最初の大事件が発覚して以来、折にふれ表面化していた。だがダメージ・コントロールに長《た》けた教会は、あまねく寄せられる信者の忠誠心を利用して、スキャンダルは反カトリック体質の一部報道媒体が、位階制度《ヒエラルキー》を貶《おとし》めたいカトリック教徒の反体制派と示しあわせ、ことを大きくした希有《けう》な例として退けてきた。

だが問題をはぐらかす教会の能力は、危険な司祭の警告を繰り返し受けておきながら、ロウ枢機卿と側近たちが虐待者を教区司祭職に戻しては、相変わらず子どもに手を出せる地位に留めたことを示すボストンの内部文書を前にして、壊《こぼた》れはじめた。

ゲーガン事件は、被害者をさしおいて教会がならず者の司祭に肩入れし、手厚く扱うという信じがたい愚行の象徴となった。ゲーガンは救いがたい小児性愛者だ。二〇〇二年までに二〇〇名近くの人々が、ゲーガンにレイプされた、または触られたと主張して、ゲーガンと長上《ちょうじょう》に苦情を申し立てた。司祭はセラピストに、獲物の選別法を淡々と説明している。貧しい母子家庭の子どもが狙い目だ。子育てに苦労している母親は、大人の異性の介入を歓迎する、とりわけ司祭とくればなおさらだ。たまに訴えを受けると、ゲーガンの長上は単に、彼をよその教区と新鮮な被害者たちのもとへ異動させてお茶を濁した。

　そしてそれは、ゲーガンだけではなかった。ロウと彼の司教、それに前任者たちは、ほかの虐待司祭もチェスの駒よろしく動かし続けた。なかには州外へ、他の教区へ押しつけた者もいる。自分たちめがけて子どもを狙う性的虐待者が投げ込まれたことに教区民が無知だったとすれば、虐待者を引き受ける次の主任司祭のなかにも、何ひとつ知らぬ者がいた。一例として、レイプ犯の疑いが持たれたポール・R・シャンリーという名の神父の件がある。カリフォルニア州の新しい教区へ異動の際、ロウ枢機卿の主席事務官がサンバーナディーノ教会当局に推薦状を書き、性的虐待容疑がかかっていることを承知の上で、シャンリーの高潔さを請けあった。口外しないことを条件に、シャンリーの被害者数名に大司教区が和解金を支払ったあとでさえ、ロウ枢機卿は当の司祭に労をねぎらう引退承認状を書き、ニューヨークの教会が運営し、若者も利用するゲストホームの責任者にシャンリーを指名することに異論はないと言った。

　ボストンの問題は、末期症状にもだえる教会全体の縮図だ。擁護《ようご》派の目には単に小さなボヤ程度にしか映らなくとも、他の者にとっては教会が何世代も直面しなかった大火災に映った。それは北アメリカ大陸全土に広がり、ヨーロッパに飛び火し、オーストラリアとラテンアメリカの一部を揺るがせた。

　ルイジアナの事件以来、加害者は一介の司祭たちだった。だが今やスキャンダルは急速に広がり、司祭のみならず彼らをかばった司教や枢機卿たちをも追いつめている。フランスの司教は小児性愛者の司祭たちを警察に通報しなかったとして刑事事件で起訴され、ウェールズでは虐待司祭たちを保護したために、司教が辞任を余儀なくされた。二〇〇二年春、教皇と親しい間柄のポーランドの大司教が、神学校の学生に性的嫌がらせを働いたかどで、辞任に追いこまれた。三日後、アイルランドではひとりの司祭による未成年への度重なる性的虐待により、複数の被害者をはじめ、遂には虐待した司祭自身も自殺すると、ブレンダン・コミスキー司教が自らの監督不行き届きを認めて辞任した。

だが、スキャンダルの震源地はあくまでボストンだった――なぜなら事件が暴露されたのはその地であり、市のカトリック体質ゆえに、おびただしい人数の司祭が関わっていたからだ。当時、ボストンの都市部に住む三八〇万人の市民のうち、二〇〇万人以上がカトリックだった。合衆国で唯一、人口の半分以上がカトリック教徒を占める大司教区の要《かなめ》だった。アメリカのどの大都市よりも、警察、法曹界、企業の重役室をカトリック教徒が占めていた。スキャンダルの衝撃を、どこよりも深く受けとめた。教会に代々払ってきた敬慕の念が、これほど劇的に崩れた都市はない。

一九九二年、スキャンダルがジェームズ・P・ポーター――ボストン大司教区外のマサチューセッツ州南部で、一〇〇人以上の子どもたちに手を出した小児性愛者の司祭――に降りかかったとき、ポーターの犯罪は教会の配慮不足のせいではなく、ひとりの堕落した人間の「異常な行為」とするロウ枢機卿の力説を、カトリック教徒の大半が受け入れた。ロウはまた、ポーター事件は反カトリックの一部メディアによる偏見のため、意図的に拡大されたとも発言した。当時、枢機卿はこう語っている。

「なんとしてでも――神の御威光をメディア、特に『グローブ』紙に及ぼしましょう」

かつてボストンを牛耳っていたプロテスタントの上流階級の末裔によって創刊された同紙は、以前にも反カトリックへの偏見を非難されたことがある。だがスウィーニー判事によってゲーガン関係の文書が公開され、枢機卿と配下の司教らが、虐待の常態化を公衆の目から隠した規模の大きさが明らかになると、カトリック教徒の大半が態度を一変させた。報道媒体《メッセンジャー》を非難するのではなく、彼らは教会に怒りの矛先《ほこさき》を向け、枢機卿の回答を要求した。二〇〇二年四月に教皇およびアメリカ人枢機卿たちと落ちあうためにローマへ発《た》つ頃には、ロウはもはや、メディアを非難しなかった。

「聖職者による未成年への性的虐待の危機は、単に合衆国のメディアが煽っているのでも、社会通念の関心事でもなく、カトリック教会の使命を損なう非常に深刻な問題である」と、ロウは言った。

これまで、政治家や警官、検事、そして判事は、聖職者の不祥事の隠蔽に大なり小なり協力的だった。だが虐待司祭に肩入れする大司教区の罪の大きさと闇の深さは、法執行機関と政治家たちに、一世紀以上かけて培われたカトリック教に対する敬愛の念を脇に押しやる勇気を与えた。マサチューセッツ州の検事総長と州トップの検事五人は全員カトリックだが、ボストン大司教区の司祭ら九〇名以上が、過去四十年間で数百名の被害者から訴えられたことを示す教会記録の提出を要求し、最終的に入手する。この人数には死没した司祭は含まれていない。ほとんどすべての件が出訴期限切れ、すなわち起訴不能だった。だが法廷行きをまぬがれようとも、世論の法廷において、大司教区は地に堕ちた。

ボストンはアメリカ・カトリックの真髄的な都市かもしれないが、スキャンダルはすぐに一都市で起きた事件の範ちゅうを越え、はるかに大規模な事件であることが証明された。巨大な権力組織が自分たちの利害を優先する中で、取るに足りない個人の権利がいかにないがしろにされたか——必滅の人間が不滅の信仰をどれだけ痛めつけてきたかを示す国際的なスキャンダルにまで発展した。

つけは目下、高くついている。教会への献金が減った。大勢が信仰に見切りをつけ、さらに大勢が教会の位階制度を見限った。被害者の人的損害は、規模を測るのが難しい。十一歳の少年が告解の最中、司祭にマスターベーションをするかと聞かれ、次にやって見せろと命じられた。十三歳の男の子が司祭に誘惑され、ホモセクシュアルへの寛容度がはるかに低かった時代に、自分がゲイなのかどうか思い悩むに任せられた。司祭に尻を犯され出血した少年は、列車代を手渡されて捨て置かれた。

この唾棄《だき》すべき話にヒーローがいたとすれば、それは他ならぬ被害者たちだ。何年も人知れず孤独に苦しんだのちに、罪を糾弾する声を見いだし、勇気を奮い起こし、スポットライトの下に立ち、こう言った。

「これが私の身に起きたことであり、それは悪だった」——と。

第一章　ゲーガン神父の笑顔の裏側

リアリー少年の悪夢

彼は小柄な、引き締まった体軀《たいく》の男性で、優しげな笑みを浮かべており、遠目で見ると、親切なおじか気さくな近所の店員のような雰囲気をかもしていた。ジョン・ゲーガンの明るい瞳の奥に潜む闇を捕らえるのは難しい。一見して見破った者は、なきに等しかった。

フランク・リアリーには、まったく見えなかった。生活保護を受ける母子家庭に育つ六人兄弟の五番目で、当時十三歳のリアリーがゲーガンと出会ったのは、日曜のミサをサボる兄たちの手口をまだ習得していない一九七四年の晩春だった。司祭の笑顔はすでに、大都市ボストンのジャマイカ・プレーン地区聖アンドリュー教会の裏手において、ひとりの人物に向けられていた。ミサのあと、教区司祭は母親たちを抱きしめ、父親たちと握手を交わし、子どもたちの背中を優しくポンポンと叩《たた》いた。

リアリーは当時を思い返し、こう語る。

「あいつはいつもニコニコしてました——顔いっぱいに笑みを浮かべて。母はあいつを好いていました。人気があったんです。いたずらっ子みたいで」

リアリーは司祭に挨拶し、背中を親しげに叩かれたあと、夏が来るまで注意を払わなかった。司祭館（その教区の司祭が住む建物。）の管理人はリアリーの知りあいで、リアリーは週二回手伝いに入り、刈りたての芝生を掃いたり生け垣の切りくずを手押し車で集めたりした。八月の太陽の下では重労働だ。ある昼下がり、司祭館の短い階段を降りてきたゲーガンが、レモネードを注いだコップを手にしていた。リアリーは司祭に礼を言ったが、レモネードは嫌いだとケチをつけた。。だが司祭は強く勧め、「素晴らしい切手のコレクションがある」と言って少年の気を引いた。司祭と少年はすぐに、司祭館二階のゲーガンの部屋に行った。

リアリーは部屋の真ん中にある大きな革張りの椅子に座り、司祭は切手コレクションの載った特大サイズの本を手渡した。司祭は部屋の奥に行き、安心させるようにおしゃべりを続けている。男の子はコレクションにすぐに飽きたが、ゲーガンはごり押しした。

「あいつは言ったんです、『ほら、いいのがあるよ』って。そして私を立たせると自分が椅子に座り、私はあいつの膝に座りました」

司祭はリアリーの膝に手を置き、ページをめくりはじめたが、少年にはぼやけてみえた。ゲーガンは、少年の母親が司祭館に寄るように勧めたと言った。「でもまだ、秘密にしておこうね」と、ゲーガンはうそぶいた。その間ずっと、司祭の手はリアリーの脚をはいのぼり、木綿の半ズボンと下着の下にすべりこんだ。

「あいつは私に触り、なで回しました。私は凍りつきました。何が起きているのかわからなかったのです。神父はしゃべり通しでした。『本を閉じて。目を閉じなさい。天使祝詞《アベ・マリア》をともに唱えよう』私は言われた通りにしました」

だがお祈りが終わる前に少年は部屋から逃げ出し、階段を走り降り、教会の裏で震えていた。

一週間ほどして、それは再び起きた。リアリーが教会脇のアスファルトを掃いていると、ゲーガンが歩いてきて、腕を少年の華奢《きゃしゃ》な体に回し、彼がどれだけ特別な存在なのか話しかけた。司祭はそれからリアリーを司祭館にうながした。リアリーが言うには、しかめつらの修道女が、階段の下に立ってこちらを見ていた。

ゲーガンは修道女の前を大急ぎで通り過ぎ、リアリーを最初に襲ったときと同じ椅子に座らせた。夏の明るさと対照的に、室内は影が落ちていた。はじめ、ゲーガンはリアリーの背後に立ち、手を彼の肩に置いた。そして少年にカトリックの教義で一番おなじみのお祈り、主の祈りと天使祝詞をはじめるように言った。

「私は祈って、自然と目を閉じました。するとあいつは椅子を回りこんで、私のズボンの片方を下ろしたのです。私は動けませんでした。固まっていました。そのときあいつは肩を私の胸に押し当てていたのです。あいつも祈っていました。私はあいつに続いてお祈りを唱えました。私は震えました。すごく、すごく、すごく変でした。でも、何もできませんでした」

ゲーガンは少年にオーラルセックスをはじめた。

「私は涙をこらえようとして、目は閉じたままお祈りを続けました。あいつがやっている姿は見ていません。椅子に押しつけられたのを覚えています」

陵辱《りょうじょく》行為は長くは続かなかった。たぶん一分くらい、とリアリーは推測し、それは突然の騒ぎで中断された。

「ゲーガンが真っ直ぐ立ち上がりました。ドアが勢いよく開いて、白髪の司祭がどなりはじめました。『ジャック、ここではよせと言ったはずだぞ！　何をしている！　頭がおかしいのか？』男がどなりつける間に、私は椅子から逃げ出したのを覚えています」

リアリーは学校裏手の木陰まで逃げて、なんとか落ち着こうとした。しばらく墓地のなかで座りこみ、やっと家に戻ると、真っ直ぐ部屋に向かった。何年間も暴行のことは人に話さなかった。

性的暴行を受けたとリアリーが告白するまで、ゲーガンは十二年間カトリック教の司祭を続けていた。ボストン一円の教区を渡り歩き――市のはずれから裕福な郊外の端まで――信者の間では「ジャック神父」と呼ばれ、親しまれていた。彼は赤子《あかご》を洗礼した。結婚式を祝った。死者に祈りを捧《ささ》げ、棺《ひつぎ》に聖水をまいた。土曜日の午後は暗闇に座り、仕切り窓の向こうから信者の罪を聞き、許しを与えた。日曜の朝は、神の声を届けた。

信心深いカトリックの母親――とりわけ女手ひとつで大家族の世話に追われている者――にとって、ゲーガンは天の恵みのようだった。玄関の戸口に現れ、手助けを申し出てくれる。アイスクリームを食べに息子たちを連れだしてくれる。お休みの前に本を読んでくれる。ベッドに付いて遊んでくれる。夜、寝かしつけてくれる。

そしてそのあと、ほぼ真っ暗闇のなかで、教区司祭は寝間着姿の子どもたちを愛撫《あいぶ》し、指を唇に当て、秘密を誓わせる。

「あの人は小さな侍者みたいにみえました」と、マリエッタ・デュソードが言った。ジャマイカ・プレーンで娘一人、息子三人、甥っ子四人と一緒に暮らす小さなアパートへの訪問を、彼女は熱心かつ誇らしげにゲーガンに許した。ゲーガンは偽りの魅力で人々の警戒を解く、計算高い捕食者《プレデター》だった。

今日、だぶだぶの囚人服姿で座る人物、ジョン・J・ゲーガンが性的虐待を犯した聖職者のなかでも、おそらく全米一の悪名を誇るのは、被害者のおびただしい人数——二〇〇名近くがこれまで名のり出た——のせいのみならず、彼の罪を、教会が巧妙かつ いかがわしい方法で処理したためだ。二十年以上にわたり、ボストン大司教区の枢機卿《すうききょう》が続けて二人、そして教会関係者十数名が、ゲーガンは子どもを襲う衝動を抑えられないのを知っていたというのに、教会の秘密主義のもとで、本人は至ってぬくぬくやってきた。

一九九六年にバーナード・F・ロウ枢機卿がゲーガンに手紙を書いたのは、司祭の虐待癖に気づいて久しいあとだった。

「感服すべき貴下の聖職生活が、惜しくも病気により損なわれた。貴下のよく奉仕した者たちに代わり、また私自身の名において、礼を言わせて欲しい。貴下においては辛い状況にあると理解する。我々のわかちあう情熱は耐えがたいほど強く、終わりはない。誠実さと信頼に応えたとき、我々は最良の存在になる。神のご加護を、ジャック」

ゲーガンは子どもを性的に虐待した大勢の司祭の一例に過ぎない。彼の暴行歴こそ膨大だが、若い獲物の少年を暴力的にレイプしたのち、教会に戻ると懺悔《ざんげ》はよそでやれと追い払った一部の司祭ほど、卑劣ではないかもしれない。日曜の朝ごとに教会を埋めつくした聖体拝領者や信徒たちが何ひとつ真相を知らされなかった一方、司祭に暴行された子どもの母親や父親から、苦悩に満ちた訴えを聞いてきた教会の指導者たちにとって、虐待司祭の存在は共通認識だった。彼らは問題に対処すると約束した。二度と起こさないと誓った。そして起こした。

ゲーガンが息子たち――ひとりはわずか四歳だ――を虐待しているのをマリエッタ・デュソードが発見したとき、友人からも教会からも心の平安は得られなかった。教区民たちは彼女を避けた。スキャンダルを誘発していると彼女を責めた。教会当局は口をつぐむように懇願した。子どもたちのためだ、と彼らは言う。訴えるな、と彼らは警告した。誰もおまえを信じないぞ、と。「子どもに教えてきたすべて、神と安寧《あんねい》と信頼が――砕け散ったわ」と、デュソードは言った。彼女の教会への申し立ては一九九七年に和解で決着し、秘密保持契約が交わされた。教会は口止めに成功する。

スキャンダルが発覚する二〇〇二年一月まで、親が全幅の信頼を寄せるローマンカラー（司祭平服の立襟のこと）を身につけた司祭を家に迎えることは、名誉とされていた。ゲーガンは、確かに歓迎されていた。暑い夏の日、ふらりと彼が訪れ、子どもたちを連れだしてアイスをおごると申し出ると、親は誇らしさでいっぱいになり、子どもとお出かけする司祭に道中の幸運を祈った。夜分に玄関先に現れ、床についた子どもたちにお話を聞かせると申し出れば、親は神がわが

マリエッタ・デュソードの３人の息子と４人の甥は、就寝時間にゲーガンに虐待されたという。時には夕べの祈りを一緒に唱えながら、犯行が行われた。
PHOTO BY PAT GREENHOUSE FOR THE BOSTON GLOBE

マリエッタ・デュソードの妹で、敬虔なカトリックのマーガレット・ギャラントは、身内の若者７人を虐待したとされるゲーガンが、教区の職務を解かれていないことを知り、1982年にメディロス枢機卿に怒りの手紙を書いた。手紙の全文は342頁参照。
PHOTO COURTESY OF MARYETTA DUSSOURD

子に微笑みかけてくれたと確信した。

十一歳で芽ばえた性的感情に怯《おび》える異性愛者

ジョン・J・ゲーガンの司祭としてのキャリアは、はじまった途端に終わりを告げるかと思われた。一九五四年の夏、ジャマイカ・プレーンにあるカーディナル・オコネル神学校の学長、モンシニョール（ローマ・カトリック教会における聖職者の敬称のひとつ。教会に多大な貢献をし、あるいは教会統治に貴重な役割をする司祭に、ローマ教皇より授与される。）・ジョン・J・マレーがゲーガンの成績を評価したところ、感心できなかった。職員たちはゲーガンへの危惧を示していた。十九歳の神学生は明らかに未熟で、年相応の分別をはっきりと示していない。さらに、ゲーガンの「話し方や物腰が女性的」であるのが気になった。

「学業面でも問題がある。たいていの科目をパスしたのは確かだが、将来の学業を立派に修める能力があるか、はなはだ疑わしい」マレーは同僚への手紙を、こう結んだ。

マレーはゲーガンを、上級の学校であるブライトンにほど近い聖ジョンズ神学校の指導者たちに推薦し、叙階（カトリック教会で聖職位に任命されること。）させたものかどうか考慮する間、彼のプラス面を見ることにした。

「長所として、以下の良い資質を持つ。熱心な修養生活、勤勉、成功への決意、にこやかな表情、従順、おとなしさ、他者への興味と尊重、同年配からの敬意。おそらく成熟すれば、この若者も、聖職者としての成功に必要な資質を身につけることだろう」

おそらくは。だが三十年以上もの間、繰り返してきた衝動に苦しんだゲーガンは、上からの助けを必要としていた。今回それは、モンシニョールから得られた。彼の伯父《おじ》だ。

ゲーガンは父親を、親切で懐の広い男として覚えているが、わずか五歳の時に亡くなった。葬式では精神的に高揚したのをのちに思い出したが、父の死は、幼い少年にとって大変な衝撃だった。父を恋しがり、二年間おねしょをした。ゲーガンは母親を、祈りと真っ当な家庭を自分と姉にもたらす神聖な女性とみなした。それは幸福な子ども時代だったと、彼は言う。そして、母親の兄、モンシニョール・マーク・H・コーハンに、父親や保護者としての模範的な人物像を見ていた。「完璧な父親代理でした」と、ゲーガンは伯父を評して言った。ボストンから四〇キロほど南に位置し、地元では〝アイルランドのリビエラ〟と呼ばれたシチュエートに別荘を持ち、近所のお祭りのパレードでは、年若い甥《おい》っ子に司祭の恰好をさせた。界隈は裕福で影響力のあるアイルランド系アメリカ人コミュニティで、なかにはかの有名な前ボストン市長、ジェームズ・マイケル・カーレイもいた。

コーハンは、気むずかしい人物だった。独裁的で、昔気質で、威張り屋で――こういう者もいた――底意地が悪かった。だがゲーガンは伯父の「偉業と献身」のみを見た。そして、ゲーガンが再び神学校でトラブルに遭うと、コーハンは甥のために一肌脱いだ。

一九五五年の夏、ゲーガンは全員強制参加だった神学校のサマーキャンプを欠席した。指導者たちはゲーガンが「精神的に不安定な状態」なのを知っていたが、不参加を認めるほど深刻とはみなさなかった。第一、規則は規則だ。それに、指導者に無断でキャンプをさぼるというゲーガンの素行は、彼の神学生としての身分を脅かした。

「日曜までに納得の行く不参加の説明を受理しない場合、神学校を去る意志を固めたものとみなし、学生名簿から抹消する」

一九五五年七月、聖ジョン神学校校長トーマス・J・リレー神父は、ウェスト・ロックスベリー地区にあるゲーガンの自宅に宛てて書簡を送った。

ゲーガンは返答しなかったが、伯父のコーハンが――一九五二年の設立以来主任司祭をつとめるニーダム郊外聖バーソロミュー教区のレターヘッドを使って――妹の息子を援護《えんご》射撃する手紙をしたためた。

「私は先週ブライトンにいる貴殿に、キャンプに行けなかった神学生、我が親族のジョン・J・ゲーガンの件で、電話を差しあげた。甥はブライトンを発《た》って以来、神経が参り、うつ状態のため、医者にかかっている。甥は貴殿にキャンプ参加不能の釈明の手紙を書いたが、医者は彼の病状を心配して郵送に反対した。そのため私が書いている次第である。医者は順調に行けば二、三週間で薬と休息の効き目が現れ、自分で手紙をかけるだろうとの見立てである」

二日後、神学校キャンプから送られたリレーの返事は、辛らつだった。コーハンの説明を受け入れるが、ゲーガンを診た医者の診断書を要求した。

「申すまでもありませんが、ジョンがキャンプを欠席した状況は、神学校での摂生に適応する能力について、相応の疑問を招きました。またこれもご承知おきかと思われますが、このような件に関し、我々は完全に客観的に対処する必要があります。ひとりの生徒に非公式な譲歩をすれば、他の生徒が前例に倣うような風潮をたやすく生んでしまいます。ジョンが問題を解決する手助けは、すべて妥当なものであるべきですが、ジョンは当神学校の規則の下に置かれ、それゆえ彼の件は、他生徒と同様に扱われるべきです」

コーハンはリレーの調子にカチンときた。「私がジョンのために、お目こぼしでも求めたかのようなほのめかしには、憤りを覚える」と、書いて返した。またゲーガンが三年間の神学校生活ののち、「病を患い、不幸な境遇で、苦悩を抱えている」ことへの苦情を添えた。

ゲーガンは神学校を離れて二年間、マサチューセッツ州ウースターにあるイエズス会のホーリー・クロス大学に通った。その後、魂の探索行《たんさくいき》は終わったらしく、神学校に復学する。一九六二年、彼は修道生活に入り、カトリックの聖職者に叙階された。

ゲーガンの神学生としての遠回りが、性的機能障害のためか、うつのためか、はたまた自身の未熟さのためかは不明だ。のちに彼はセラピストに、家庭で身体的、性的、言語的虐待はなかったと語っている。自分を〝十一歳で芽ばえた性的感情に怯える異性愛者〟と分析した。セックスについて空想するときは、女の子が対象だった。十代のとき、集団デートをした。彼はマスターベーションは避けるべき罪とみなした。思春期と青年期における女性への興味にかかわらず、童貞のまま聖職者の道に入ったという。「叙階後、ゲーガン神父は女性とうちとける楽しみを、独身生活の障害になると恐れ、意識して抑圧したようだ」と、セラピストがのちに記している。何百名もの子どもたちと家族にとって不幸なことに、ゲーガンは性的欲望のはけ口を、不審を持たれずにやすやすと近づける少年に求めた。

初の赴任先はボストンの北にある労働者階級のコミュニティ、ソーガスのブレスト・サクラメント教区だった。ほどなくして、少年たちと一緒にいると、性的に興奮を覚えはじめたと、のちにゲーガンは精神分析医に認めている。子どもはよく膝の上に座った。ゲーガンは服の上から彼らをなで回した。ブレスト・サクラメントで、子どもを虐待したのは間違いない。彼がやったとの複数の申し立てについて、ボストン大司教区は和解している。たとえば、一九九五年、ゲーガンが当時、とある家庭の四人の少年を暴行したとの教会の記録がある。ゲーガンは三人の年長――九歳、十歳、十一歳――の少年を標的にし「ほんのたまに」七歳の末っ子に手を出した。だが彼は、「その家の女の子には絶対に触れないように注意した」という。

「無垢《むく》な子どもに、私を挑発する意図はありませんでした」と、心理評価中、ゲーガンは言った。「彼らは父親的な人物がそばにいて、うれしかっただけでしょう。本当の父親は激しやすかったり疎遠だったりで……こういった親密な行為は子どもたちにとって悪いものじゃないと、自分を欺きました。あとから考えると、機能不全の家庭の子どもとのつき合い方を、誰かにアドバイスしてもらうべきでした」

彼から何を奪い去るか、わかっていますか？

当時、初期のゲーガンの暴行について、教会が知っていたかどうかは定かではない。元司祭アンソニー・ベンゼヴィッチは、ゲーガンがしょっちゅう男の子を教区司祭館の自室に連れて行くのを目撃したという。ベンゼヴィッチによれば、彼は教会の長上に警告した。だが二〇〇〇年、公判前の証言録取で、ベンゼヴィッチは——教会側弁護士が代理となり——「ゲーガンが部屋に少年を連れて行ったか、わからない。教会に行ったかどうか、覚えていない。記憶があいまいだ」と供述。のちに『ボストン・グローブ』紙に質問された際も、ゲーガンは少年たちとレスリングをしたり、司祭服を着せるのが好きだったと証言した。長上に報告した記憶はないとの証言を、ベンゼヴィッチは繰り返した。

　初期の暴行に関し詳細があやふやだったとしても、ゲーガンが司祭の経験を積んで、教区司祭館の生活が落ち着くにつれ、犯行は研ぎ澄まされ、驚異的な集中力を発揮していった。ゲーガンは侍者を溺愛し、初聖体拝領（カトリック教会で、洗礼後、はじめて聖体を受けること。）者の面倒を見た。「何かが正しくないと、気づいていました」教会の教師が言った。「特定の子どもに目をかけていたのです」ゲーガンは貧困家庭の子どもたちに、とりわけ注意を払った。「子どもたちは愛情に飢えていました。それを満たそうと、私は夢中だったのです」と、ゲーガンは説明した。「中流家庭の子どもたちは決して私に対してそんな振る舞いはしませんでした、だからそれほど混乱することはなかったのです」

　ゲーガンの元同僚だった司祭が、皆が一緒に食事をしたり、聖書を読んだり、談笑している間、ゲーガンは教区司祭館をひんぱんに空《あ》けたため、彼と友情を結ぶ機会がまったくなかったと言った。

「彼は違っていたと言わざるをえません。つまり、どう扱ったものやらわからなかったんです。

とにかく彼は違っていました」と、ボストン南部ヒンガムの聖ポール教会主任司祭、トーマス・W・モリアーティ神父が語った。ゲーガンはそこで、一九六七年から七四年まで教区司祭をつとめた。「何かがおかしかった……何かが正しくありませんでした、でもそれが何であるか、私にはわかりませんでした」

ヒンガムでモリアーティと働く間、ゲーガンはジョアンヌ・ミューラーと親しくなる。三七キロ離れたメルローズに、四人の息子と住むシングルマザーだ。ミューラーの母親がブレスト・サクラメントにいたゲーガンと知りあいで、娘に司祭を紹介した。

すぐに、ゲーガンはミューラー家でおなじみの顔になった。他の被害者と同様、彼はアイスクリームを食べさせに子どもたちを連れだした。夜に本を読み聞かせた。風呂に入る手助けをした。ミューラーが雑用で出かける間、ゲーガンは一時間ほど子守りをした。「彼は私たちの友人でした」と、ミューラーは言った。ゲーガンが少年たちと二階の部屋に消えたとて、一抹の疑いも抱かなかった。

一九七三年のある夜、ゲーガンが電話を寄こして家を訪ねていいか聞いたとき、七つか八つだったミューラーの三番目の息子が、母親を驚かせた。息子はゲーガンに家に来て欲しくなかった。母親が、大切な友人である司祭に会いたがらない理由を問い質《ただ》すと、しどろもどろになっていった。ミューラーが思い返す。

「そしたらとうとう泣きだして……息子はこう言い続けました、『やだやだやだ。おうちに来て欲しくない』そう言い張るので、私はどなり返しました。『なぜ？　なんなのよ？』すると、息子が言いました。『ぼくのおちんちんに触って欲しくない』って。露骨で申し訳ないけど、そう言ったのです」

ミューラーはショックを受けた。

「私は聞きました。『どういう意味？　何を言っているの？』……理解できなかったのです。次に息子の口をついたのは、『あの人から僕のおちんちんにそんなことされたくないんだ』でした。あの言葉は、決して忘れないわ。ようやく事情を飲みこんだからです。ショックでただただおそろしかった、そんなことを言うなんて。つまり、口にすべきことじゃない言葉を子どもが口にしたから。それでやっと思い当たったの。ことの重大さに気づいて、私は言いました。『何ですって？』すると、息子は文字通り床に身を投げだして、すすり泣きはじめました。完全にパニック状態でした」

すぐに、パニックはミューラー家全体に広がった。五歳の息子は涙の洪水。二階にいたほかの二人も呼びつけた。母親がゲーガンの振る舞いについて尋ねると、最初、二人は押し黙ってその場に立ち尽くしていた。そして、次に泣きはじめた。長男が母親に言うには、「神父さまがこのことをママに言ったらだめだって、これは懺悔だから」

ミューラーの頭は混乱した――ゲーガンは、その頃、家に向かっていた。雨が降っていた。外気は冷たかった。子どもの上着をつかむや、地元の教区司祭館、メルローズの聖メアリーに向かい、ゲーガンとミューラー一家を知る教区司祭のポール・E・ミチェーリ神父に面会した。

ミューラーが言うには、ミチェーリは息子たちに「考えないようにしろ、忘れてしまえ」と助言した。そして「『過ぎたことだ。忘れなさい。考えないこと。もう二度と起きないから』……彼は言いました、『二度と彼に司祭はさせない。二度とそんなことは起こさない』そう、神父は請けあいました」

最近までロウ枢機卿の閣僚だったミチェーリは、裁判でミューラーの証言録取に反証した。彼は女性の名前は思い出せないが、相手が言うような訪問は受けなかったと発言した。だがミチェーリは、ゲーガンが息子たちにベッタリだという女性からの電話を受けたことを認めた。電話の主は、性的虐待については何も言わなかったとミチェーリは証言した。にもかかわらず、ミチェーリはジャマイカ・プレーンのゲーガンの新しい教区に車を飛ばし、女性のゲーガンへの憂慮についてて本人にじかに伝えている。

ヒンガムのあと、ゲーガンが次に身を寄せたのは、ジャマイカ・プレーンのフォレスト・ヒルズ地区にある聖アンドリュー教会で、一九七四～八〇年までそこにつとめた。

ジャマイカ・プレーンは、マリエッタ・デュソードが四人の子ども――息子三人と娘一人――および、姪《めい》の四人の息子を育てた地だった。貧しい界隈で、彼女は子どもたちが尊敬できる司祭を望んだ。そしてゲーガンに出会った。ゲーガンは熱心に手助けを申し出た。まもなく、ほとんど毎夕アパートを訪ねてきた――二年近く。日課のように七人の男の子を連れだしてアイスクリームを買い与え、夜は寝かしつけた。

デュソードはゲーガンをもてなそうと精いっぱい気を遣った。司祭が、伯父のモンシニョールに大きくなると熊のぬいぐるみを取りあげられた話をすると、四十歳の誕生日に青いぬいぐるみをプレゼントした。贈り物は彼を喜ばせた。

ゲーガンは定期的に、七人の少年を寝室で虐待していた。彼はオーラルセックスのほか、局部を愛撫したり、自分の一物《いちもつ》を愛撫させたりした――ときには、祈りを唱えながら。一九九四年十二月三十日の日付で、「個人的かつ極秘」と題された大司教区のメモに、ゲーガンは三日間の静修期間（宗教的修行や黙想のために閉じ込もること。）でさえ、子どもたちが恋しいあまり、デュソードの家に泊まっていたと書かれてある。彼は「寝ている子どもらに触り、ペニスをもてあそんで起こした」。

何が起きているのかデュソードが気づいたのは、子どもたちがとうとう彼女の妹、マーガレット・ギャラントに話したあとだった。デュソードが息子の一人に虐待について確かめると、ゲーガンから、司祭の年老いた母の家でひと晩過ごすように言われたときのことを話した。それは決して語ろうとしなかったこと――そして決して語りたくはなかったことだった。

「ゲーガン神父の母親は、息子に神父の向かいの寝室をあてがいました。そして、息子が言うには、ゲーガン神父はその夜三回彼の部屋へ行き、息子は居心地が悪くなって家に帰りたいと頼みました……するとゲーガン神父は、廊下を挟んだ自分の部屋に息子を連れていき……ベッドに座らせて、彼をまさぐりはじめ……息子の局部に触ったのです。息子はやめてと頼み、泣きました。すごく激しく泣いて……。家に帰らせてと頼み続けましたが、帰してもらえず、ひとしきり終えると、部屋に戻されました。さらに、翌朝下に降りて朝食をとっていると、ゲーガンの母親がゲーガンと息子に、どうして泣いていたのか尋ねたそうです。夜中に何回か泣いているのが聞こえたと」

デュソードが息子に、なぜ虐待のことを言わなかったのか聞くと、息子の返事はこうだった。

「ゲーガン神父が、言っても絶対信じてもらえない、私が教会を愛するあまり、自分の息子を信じないと言ったのだそうです」

おぞけをふるい、デュソードは隣の小教区聖トーマス・アクィナスの主任司祭ジョン・E・トーマス神父に相談した。トーマスがゲーガンに申し立てについて問い質すと、本人はしれっとした調子で事実と認めたため、彼は驚きあきれた。

「彼は言いました、『そうだ、全部本当だ』と」匿名を条件に、とある教会当局員は語った。まるで「『チョコレート味とバニラ味のどっちのアイスクリームにするか』と聞かれたようでした」と。

トーマスはすぐにブライトンにある大司教区の本部事務所まで車を飛ばし、事務官のトーマス・V・デイリー司教に相談した。一九八〇年二月九日土曜日の午後、トーマス同席で、デイリーは聖アンドリュースのゲーガンに電話し、短い会話のなかで、ぞんざいな命令を発した。

「家に戻れ」事務官はそう告げた。

ゲーガンは、午後四時のミサを挙げる者がいなくなると抗議した。

「ミサは私が引き受けよう」デイリーは言下に返した。「帰宅するのだ」ゲーガンは教区から姿を消した。数週間後、自責の念を抱いたトーマスが、デュソードのアパートメントに現れた。

トーマスは、ゲーガンが子どもたちを虐待したのを認めたが、主任司祭に「二軒だけだ」と言い訳したと、デュソードに話した。のちにトーマスは彼女に、事を公にすると脅し続けるなと懇願《こんがん》したという。ゲーガンが司祭職の勉強に費やした年月と、告発が公になった場合、ゲーガンがこうむる被害を挙げた。

「彼から何を奪い去るか、わかっていますか?」トーマスがそう聞いてきたと、デュソードは語った。

ゲーガンは翌年の一九八〇年はじめから約一年間病気休暇をとったが、ウェスト・ロックスベリーで母親と同居した。一九八一年二月、五つ目の教区となるボストンのドーチェスター地区にある聖ブレンダン教会に派遣された。派遣後すぐに、ゲーガンは初聖体拝領の仕事をし、子どもや父兄と親しくなり、シチュエートにある別荘に少年たちを連れて行った。

太平洋に面したその別荘はゲーガン一家の所有で、そこでゲーガンが性的暴行を続けていた事実を、父兄たちはのちに知ることとなる。

医療上の恵みを施してくれる親身な医師たち

教会当局は、ゲーガンの小児性愛癖を承知していた。教区から教区を転々とさせ、スキャンダルが公になるのを避けた。司祭館では、彼の病癖について囁《ささや》かれた。治療のメモがあった。だが虐待司祭——一部の同僚にとっては共通認識——の真実は、自宅訪問を歓迎した教区民からは、ひた隠しにされた。

二〇〇一年にゲーガンについて知っていることを問われたとき、ウィリアム・C・フランシス神父はこう説明した。

「ドーチェスターの聖ブレンダンから外されたとき、彼が子どもたちにちょっかいを出しているとのうわさがありました」

フランシスの短い答えは、司祭館内で立ったゴシップのスキャンダラスな中味を正確に伝えていない。実に、ゲーガンの長きにおよぶ治療、否定、再犯は、一九六〇年代後半――おそらく実際はそれよりも前にさかのぼるはずだ――からはじまったとされている。心理療法士で元司祭のA・W・サイプによると、彼が以前勤めていたボルチモアのシートン病院で、ゲーガンは性的虐待の治療を受けた。治療がはじまったのとほぼときを同じくして、レオナルド・マッツィ・ジュニアはヒンガムの自宅で、息子のベッドの脇にいるゲーガンを見つけた。ゲーガンは家を出て、二度と来ないと告げた。だがいく晩かのち、ゲーガンがマッツィの三人の子どもたちとカウチに座っているのを発見する。

この手の破廉恥《はれんち》な話は、ゲーガンを診断し治療にあたった者たちとの取材のなかで、ひんぱんに出てきた。ゲーガンは性的虐待を認めていたが、明らかになぜ性的暴行が司祭の仕事に重大な影響を与えるのか、わかっていなかった。初聖体拝領式の前日、少年に助言を与え、少年の自宅でシャワーを使わせ、射精するまで愛撫した。また、フェンウェイ・パークの外野席でレッドソックスの試合観戦中、少年を愛撫していたとの非難を受けたゲーガンは、長年にわたって積み上げられてきた告発の雪崩《なだれ》に抗《あらが》って、ありがちな釈明をした。子どもたちが悪い、と。

「聖アンドリューにいたとき、私が面倒を見た少年たちは家庭にトラブルを抱えていました。二人の少年の家庭環境を覚えています。どちらもあちこちの病院やクリニックで治療中の、ひどく混乱した子どもで、誰彼となく性的虐待を受けたと言いたてていました。医者、教師、友人、みんなです！　あの子たちは、いいことと悪いこと、善悪の区別ができなかったんだと思います」

そして長きにわたり、同じことが、ゲーガンの教会の長上たちにも言えるだろう。伯父に司祭職への道のりを均《なら》す手助けをしてもらった男は、天からの援助を期待した。電話をするか、手紙を書いて仲立ちを頼むと、断られることはまずなかった。

ゲーガンがかつて働いた教会の主任司祭、フランシス・H・デラニー神父は、一九七九年、彼の助任司祭に対する申し立てを、原告の信用度への疑問を呈してかわした。ゲーガンは、デラニーの主張によれば、「一級の奉仕をする秀でた、熱意のある司祭」で、「神の理念を広めるために常に祈りを捧げるひたむきな人物」である。しかし、デラニーはこうも語っている。ゲーガンと教区司祭館に住んでいたとき、家政婦に二階から聞こえる若者の声について尋ねたことがある。「家政婦は、ゲーガン神父が浮浪児にシャワーを使わせていると答えたので、ゲーガンに『規則は知っているな』と問い詰めました。すると、彼は激しく否定しました。でも証拠はありません」

以前、ゲーガンが息子と甥を暴行していると教区民が訴えたとき、なぜもっときちんと対処しなかったのかと問われ、トーマス・V・デイリー司教は答えた。

「私は警察官ではない。信徒を導く牧者なのです」

この、言い逃れと暗黙のルールが幅を利かせる聖職者的風潮のなか、ゲーガンは医療上の恵みを施してくれる親身な医師たちの助けで生きのびた。彼を獲物へと駆りたてる性的な煩悩《デーモン》が払い清められた証拠だと、長上たちが言い張れる免罪符を、医師たちが発行してくれたからだ。「新たに司祭に召命されたみたいだ！」一九八一年二月、司祭職への復帰を許可されたゲーガンは、大喜びした。「現代医療と名医たちのおかげです」

奇妙なことに、一九八二年の夏、ゲーガンの周囲で再び疑惑が巻き起こり、被害者の親戚が彼の解任を要求すると、教会は、司祭に人気の特典であるローマの再学習プログラムをゲーガンに贈ることにした。しかも、司祭仲間が費用を援助した。

「貴下の留学費用に、二千ドルの奨学金を送ることが決定した」八月、ハンバート・S・メディロス枢機卿が、ゲーガンに伝えた。「御同輩の厚意の賜物《たまもの》が届き次第、費用を貴下に送る。三ヶ月間、心身と魂を再生し、生まれ変わったつもりで教区の職務に戻られるよう願う」

だが、効き目はなかった。ローマから戻ってもゲーガンの暴行は続いた。その間、教会のとある司教にゲーガンはこう語っていた――「児童への性的衝動はおさまり、五年間純血だった」と。

その一方、徐々にゲーガンは周囲に対して心を閉ざすようになる。助けが必要だとのどんな勧めに対しても激しく抵抗した。十七ヶ月ばかり年上の姉キャサリンは、どんどん狭まっていく弟の世界に、窓を開けてやった。幼稚園教師のキャサリンほどゲーガンに近しい者はなく、幼少時から司祭になるまで見守り、のちには検察官たちが彼を追いつめ逮捕した際にも弟をかばった。

虐待で起訴されたとき、弟が動転したかと尋ねられた姉は、こう答えている。

「もちろん動揺していましたとも、虚偽の容疑なんですから」

弟は姉に、「機能不全の」家庭から不当に標的にされたと話し、姉はそれを信じた。実際、自分の目で確かめもした。一九九八年の夏、ゲーガンの虐待が地元紙のトップを飾ったとき、被害者数名がシチュエートの別荘に姿を現した。「あの人たちが来て、うちの庭に座りこむと、待ち構えました」と、キャサリン・ゲーガンは言った。「警察を呼んで退去させましたよ。ただやって来て座りこみ……警察に、ゲーガン神父を待っているんだと話していました。彼らは防波堤に移動しました。椅子、飲み物、望遠鏡、カメラを持ちこんでね。そんな人たちを相手にしてるんですよ、まったく」


自分の過ちは、この国で性の解放が起きた時期と重なる

ボストン大司教区は長期的な虐待記録にもかかわらず、一九八〇年から一九九〇年の一〇年間、ゲーガンを二つの小教区に派遣した。その正当化に、彼が入手した数通の健康診断証明書をあげた。しかし、一九九〇年半ばに警察と検察に追いつめられると、司教区の上層部は、やっとゲーガンを不治の――小児性愛者の診断を三度下された――児童虐待者だと認めた。

「小児性愛者、嘘つき、こそくな人物だ」ボストン大司教区のブライアン・M・フラットレーは、

彼をそう断罪した。

今や必死に隠すべき教会の恥となったゲーガンはその間ずっと、三十年間にわたって自分で作り上げた聖職ネットワークを活用しようとした。一九九〇年の夏のはじめ、ウェストン小教区のゲーガンの主任司祭が引退を発表すると、間髪置かずに事務局の枢機卿に手紙をしたため、後任に立候補した。それで、資格の方は？

「私は六年間ウェストンにおります。信徒たち、教区、この地区の問題を知っています。活気あるコミュニティを築く自信があります」と、ゲーガンは訴えた。だが、児童虐待で教区から三回外されたことには言及しなかった。

大司教区はこれを却下した。そして二年後、ゲーガンが再び昇進を試みたとき、その地位はホーリー・クロス大学と神学校の同窓生に与えられた。教会はゲーガンにやんわりと却下を伝えた。「枢機卿によるこの任命を、自分への評価として悲観的に捉えないことが肝要だ」と、ロウの側近がゲーガンに手紙を寄越した。

一九九三年のはじめまでに、教会はボストンのダウンタウンにある聖職者向け老人ホーム〈高齢司祭のための診療所《オフィス・フォー・シニア・プリースツ》〉の副所長の座にゲーガンを追いやった。長上たちは、彼の仕事ぶりに感心しなかった。彼の職務習慣はたるんでおり、判断力は貧しく、態度は「子どもっぽい」と評価した。そして、彼が監視なしで子どもたちに接触しないか心配した。

果たして、その杞憂は現実のものとなる。一九九四年十二月三十日、警報が鳴り響く。ゲーガンがウォルサム近辺の少年たちへの暴行で告発された。「危機が起きた」――フラットレーはマサチューセッツ総合病院の精神分析医エドワード・メスナーにこう言った。当日のメスナーのメモが、状況の深刻度を物語る。

「過去の未成年への虐待を認めたある司祭が、最近再び犯行におよんだ……警察と地方検事が介入し……以前に起きた事件と酷似した容疑だ」

六時間後、ゲーガンはメスナーとの一度目のセラピーの席につき、以後定期的に続けるようになったセッションで、「少年たちとの愛情と親密な関係に溺れた」と認め、「自分の過ちは、この国で性の解放が起きた時期と重なる」と、指摘してみせた。

見上げたことに、教会当局の忍耐は、まだすり切れなかった。ロウ枢機卿は、ゲーガンへの新たな疑惑を残念だと書き、休職処分に付して、ゲーガンの司祭としての職務は個人的なミサをあげることのみに制限した。ゲーガンは再度、心理評価のために粛々と施設に入院させられた。

今回は、メリーランド州のカトリック系精神科病院聖ルカ医療センターに入院、十日後の診断結果は、以前よりはるかに非観的だった。

「当院にて診断の結果、ゲーガン神父には思春期以前の男児への性的愛着の、長期的かつ継続的な疾患がみられる。彼の問題への認識と内省は限定的だ」と、診断書には記されている。

聖ルカのセラピストは、ゲーガンに未成年男児との監視抜きの接触を禁じ、通院治療に戻ることをアドバイスした。ゲーガンにはスタッフが敵対的に映ったが、聖ルカに入院中、彼は「一九六〇年代はじめ、思春期前の少年たちに不適切な性的行為」をしたことを認めた。それは、一九七六年より前は、子どもたちに性的に惹《ひ》きつけられることはなかったとするセラピストへの以前の主張と、真っ向から矛盾する告白だった。

一九九五年はじめ、民事裁判の嵐のさなか、ゲーガンと姉はある商取引を交わした。検察が犯罪捜査をはじめて数ヶ月後、そして最初の民事訴訟が起こされる一年前のことだ。二人は姉が管理している持ち家二軒の不動産信託を折半していたが、ゲーガンは自分の持ち株を姉に売却した。ウェスト・ロックスベリーに建つレンガとスタッコ造りの大きなコロニアル様式の家と、シチュエートの海辺の家の二軒は、かつてはゲーガンの母親とモンシニョールの伯父が所有していた。二軒の家――半世紀ほど家族が住み、併せて八九万五〇〇〇ドルから一三〇万ドルの資産価値がある――が、今では合法的にキャサリン・ゲーガン単独の所有物件となった。これによってゲーガンに襲われたと訴えた人々の、手の届かぬものとなった。

「弟名義のものは何一つ残さぬようにと、母は言っていました。弟は万人に寛大で親切すぎるから、一セントも手元に残らないだろうって。弟が人々を助けるのをいとわないから、住むところがなくなってしまうわ。それで母は、私ひとりの名義にしたほうがいいと思ったのです」と、キャサリン・ゲーガンは言った。

法律上のトラブルが進行中の今、母親の望みは叶《かな》った。キャサリンが弟の株に支払った額は、一軒につき一ドルだった。

ゲーガンは孤立し、絶望的になり、不安でとげとげしくなった。よく眠れなくなり、眠れたとしても不規則だった。体重が増えた。ある側面でゲーガンは自分を「すでに死んだ」とみなしたが、セラピストには、「怯えて気を揉《も》み、恐れているものの、自殺願望はない」と請けあった。

「無実の罪で告発され、聖職と司祭仲間たちの輪から孤立しているように感じます」

一九九五年終わり、当時のモンシニョール・ウィリアム・F・マーフィーが、診療所副所長の辞職をゲーガンに勧めた。ゲーガンはマーフィーの勧告を断り、辞職は罪を認めるに等しいと考え、頑として首をたてにふらなかった。

「正義や適正な手続きは、どこにあるのでしょう?」マーフィー宛ての返事で、彼は尋ねた。

ゲーガンは一九九四年に死没した「高潔な」母親をいまだに悼み、そそうや無気力など、母の晩年の日々を見舞った不名誉に対し、神への怒りを表明した。当時九十三歳のモンシニョール・コーハンとともにアイルランドへ旅し、自分を鼓舞しようとした。帰国した際は、セラピストへのお土産を手にしていた。「ベイリーのアイリッシュ・クリーム（クリーム状のリキュール。）の小瓶三個セットをくれました。頭上にかかる暗雲にかかわらず、彼は伯父とのアイルランド休暇に活気づいてました」と、メスナーが回想する。

「とても楽しかった。家族、友人、おいしい食べ物、楽しい会話、でも疲れやすかった」と、ゲーガンは語った。彼はゴルフを再開した。姉を助けて屋根裏を掃除した。シチュエートの家のそばの塩沼《えんしょう》の芝を集め、庭仕事をした。アイルランドから友人が訪ねてくると、ツアーガイドをひきうけて、ケネディ家ゆかりの町、ケープコッドのプリマスやハイアニスポートのクランベリー湿原へ案内した。庭仕事、料理、さらには高齢の司祭用の居住施設レジーナ・クレーリの部屋掃除をして、日常生活に没頭しようとした。そこであげられたミサに、伯父と出席しさえした。

そして——まだ少年たちに性的に惹かれると、セラピストに告白した。

ついに、ロウの堪忍袋の緒が切れた。一九九六年一月、ロウはゲーガンをレジーナ・クレーリのポストから解き、数週間後、施設に入院治療させ、手紙を書いた。

「貴下にとって試練のときだと承知している」

教会は、セックスおよび恋愛依存症の集会に参加させたがったが、ゲーガンは断り、誘惑に屈していないと言い張った。教会は懐疑的だった。

「彼は集会に加わらない。十二ステップ集会（依存症の回復行程。）に参加しない。カウンセリングを受けていない——中毒患者の回復には必須の段階を歩んでいる兆候を、ゲーガン神父には見いだせない」と、大司教区からゲーガンの処理を一任されたフラットリー神父は書いている。

まさしく、ゲーガンは意固地になっていた。カウンセリング入院は不必要で懲罰的だと信じこんでいた。「落ち込み、疲れ、打ちのめされた気分です——死刑囚の一歩手前だ」と、彼は言った。「呪われたみたいです」自分の権利を確保するため教会法を精査すると、司教が全権を握っていることがわかった。つまり司教の思わく次第だった。実家に引きこもって、姉と同居することを考えた。

だが一九九六年七月、マサチューセッツ州ウォルサムで、ゲーガンに対して訴訟が起こされた。夫に家を出ていかれたある女性が、ゲーガンに子どもたちの父親役を頼んだ結果、三人の息子を性的虐待されたと訴えた。

かくして何十年もの虐待歴ののち、初めてゲーガンの児童への問題行動が公になり、ロウから

元司祭ジョン・J・ゲーガン（左）は、推計200名のボストン地区の子どもたちを虐待したとして告訴された。2人の枢機卿が嫌疑を知りながら、彼を教区から教区を転々とさせた。2002年1月、1人の少年を虐待した容疑の有罪判決を聞く彼と弁護士のジェフリー・パッカード。ゲーガンには9～10年の懲役刑が下された。
PHOTO BY KEVIN WISNIEWSKI FOR THE BOSTON GLOBE

ジョン・J・ゲーガンの姉、キャサリン・ゲーガンは公判中、弟のそばにずっと付き添っていた。ゲーガン裁判の陪審員選任が行われたミドルセックス上位裁判所にて、友人ジョン・ケーシー神父とともに。休憩時間中の1コマ。
PHOTO BY JOHN BLANDING FOR THE BOSTON GLOBE

最後通牒を直接届けられる運びとなった。ゲーガンは精神分析を受けなければならなかった。入院先は、メリーランド州の施設かカナダのサウスダウン病院のどちらかを選べた。ゲーガンは再び望みをくじかれたが、高齢の伯父が、聖職にはどんな犠牲をも払う価値があると諭したため、ゲーガンはカナダの療養施設に入院することに同意した。到着して一日後、彼はうまくやっていると言った。

しかし、その年の年末までに、ゲーガンは治療も聖職者のキャリアも終えることになった。大司教区は彼を「回復不能の障害者」と認定し、聖職者医療ファンドから、引退補助金の給付を認めた。齢《よわい》六十一にして、ゲーガンは大学でクリエイティブ・ライティングとコンピューター・サイエンスを受講することにした。

「補助金の許可と、奨学金に感謝します。温かいお手紙にも感謝いたします。読む身も辛いですが、書かれた猊下《げいか》もお辛かったことと存じます」

引退補助金を許可した枢機卿の書簡に感謝して、ゲーガンはロウに礼状を書いた。

教会が一九九六年の降誕節（イエスの・キリスト生誕を祝う晴れやかな準備期間。十二月二十五日〜主日である一月七日〜十三日の間の日曜日。）を迎える頃——ロウ枢機卿はジョン・J・ゲーガンからの手紙を受け取り、これが彼と、彼の愚行にわずらわされる最後と信じたかもしれない。

だがそれは——はじまりに過ぎなかった。

第二章　隠蔽の循環構造

魅力と個性、清廉さと率直さをあわせ持つカリスマ司教

バーナード・F・ロウ大司教（当時）が、性倒錯者のジョン・J・ゲーガンに最初に注意を向けたのがいつなのかは、ロウ自身にしかわからない。だが確かなのは、一九八四年九月、ボストン着任後半年足らずで、ゲーガン神父が児童虐待常習犯だと知らせる緊急の手紙をマーガレット・ギャラントから受けとったことだ。

九月六日の手紙で彼女はこう書いている。

「このようなお知らせをお耳に入れるのは非常に残念です。

ドーチェスターの聖ブレンダンに、少年に破廉恥《はれんち》な行いをした前歴を持つ司祭がおります。メディロス枢機卿《すうききょう》が神父を入院治療に送り、教区のつとめに戻したあと、しばらくはおとなしくしていました。しかし先頃、夜も更けた九時半頃、多数の少年に取り巻かれ、家に送り届けるところを目撃されています」

敬虔《けいけん》なカトリック教徒であるギャラントの筆致には、ゲーガンの性的略取と彼の犯罪を隠蔽した教会の秘密主義への自責の念がにじんでいた。

「家族の怒りにふたをした私は、この事態に心乱れ、良心の呵責《かしゃく》を覚えます。これが教会と善良な司祭のみなさま、そしてもっとも重要なことに、子どもたちが直面する危険について私のように情報を持たず、安心しきった教区信者たちにもたらす不名誉の、非常に現実的な恐怖を覚えます」と、危惧を訴えていた。

しかし、二週間後に送られてきたロウの返事はしごく事務的で、ゲーガンに繰り返し性的いたずらを受けたギャラントの身内七人の少年への配慮を欠いたものだった。同時に、あからさまにはぐらかしてもいた。

「ご心配の件は調査ののち、主任司祭が司祭と信者ら双方にとって適切な判断を下すでしょう」と、手紙は締めくくられていた。

だが、ロウはすでに先任枢機卿時代からの主席事務官トーマス・V・デイリー司教と相談し、聖ブレンダンの教区からゲーガンを外していた。ロウはゲーガンの状況を「派遣端境《はざかい》期」と呼んだ。大司教区が問題のある司祭にしばしば使う用語だ。ロウは、ゲーガンが教区の子どもたちにいたずらをしたとの苦情にショックを受けたと、聖ブレンダンの主任司祭ジェームズ・H・レーンから聞かされた。

ロウの着任前、教会の指導者たちはまるでゲーガンに犯罪を続けて欲しいかのような対応をしてきた。たとえば教会当局は、ゲーガンの性的不品行の前歴を、一度もレーンに教えていない。そのためゲーガンが一九八一年に聖ブレンダンに着任したとき、レーンと教区の信徒は当初、子どもたちと多くの時間を費やす新しい司祭の熱意を歓迎した。だが時とともに、一部の教区民は疑いを抱きはじめた。

「何かが間違っているとわかっていました。彼は特定の子どもに目をかけていたのです」と、教区の教師がふり返る。その子たちにゲーガンが性的ないたずらをしていると知ると、レーンはうちひしがれたあまり、友人の教師に話を打ち明けようとして、その場にくずおれた。「レーン神父は、ほとんど立ち直れないところでした」何年ものち、レーンの退任後、教師は言った。

だがロウが行った次の決定は、子どもたちをより危険にさらすだけだった。ゲーガンの常習癖にもかかわらず、ロウの対応は、単にゲーガンとやっかい事を別の教区、ボストンの労働者階級の聖ブレンダンから、ルート一二八のハイテク回廊都市で、高級住宅街ウェストンの聖ジュリアに追いやるだけだった。今度の教会の主任司祭モンシニョール・フランシス・S・ロシターは、ゲーガンの経歴を聞かされていた。だが教区民には知らされなかった。彼らは暗闇に取り残されたまま、わが子をゲーガンの手に委ね、侍者にしたり、宗教教育に通わせたり、教会の青少年部会員にしたりした。

一九八四年三月にボストンに着任したとき、バーナード・ロウ大司教は、全米一の主要カトリック都市の信徒を導く人材として、最適任と目されていた。ハーバード大学出身のカリスマあふれるロウは、希望と祝福の就任週間のうちに教会指導者たちを魅了し、信徒を浮き立たせた。

月曜日の夜、ボストン郊外のウェーマス。午後七時半というまれな時間に〈受胎告知《イマキュレート・コンセプション》教会〉で挙げられるミサにて、ロウは彼の説教を聞くために何時間も待っていた群衆に取り巻かれていた。午後四時には、二〇〇〇人近い教区民が座席をすべて埋めつくしていた。さらに三〇〇〇人が通路にすしづめになり、外にあふれ出た人々が、夕方の冷気にさらされながら、新しい大司教を待ち受けた。

そして、ロウはこれらの信徒の期待に応えた。五十二歳の彼は、豊かな銀髪の持ち主だった。大群衆に向けて演説しながら、まるでひとりひとりに直接語りかけているように感じさせる政治家の資質に恵まれていた。「これまで目にしたことのないカリスマがあった、まるでケネディのようだった」と、カトリック系カーニー病院の事業管理者で、この晩のミサに備えた聖書教課のひとつを受け持つジョン・ローグが言った。

ボストンの最も祝福された政治家一族の御曹司《おんぞうし》にして、合衆国初のカトリックの大統領——暗殺された故ジョン・F・ケネディと比べることは、世俗的賞賛としては最大級だ。ロウはまた、故リチャード・クッシング枢機卿とも、早々に比較された。一九七〇年までの二十六年間、ボストン大司教区を導いてきた人気の高位聖職者で、第二バチカン公会議で果たした役割と、ケネディ家との繋《つな》がりにより、国際的に知られるようになった。

それにはまた、様々な意味あいもこめられていた。市の歴史上最も愛された人物二名とロウを好意的に比較する一方、ボストンのカトリック教徒はロウが前任者である故ハンバート・S・メディロス枢機卿とは違うことを、暗にほのめかした。ロウが教会の指導者や一般の教区民とやすやすと繋がりを持てるようなのに対し、メディロスは謙虚で、生まれつきシャイで引っ込み思案だった。頭目《とうもく》にウィットがあり、魅力的で健全な政治手腕を期待するボストンのカトリック教徒は、新しい大司教を仲間として歓迎した。そしてロウは、直ちにその考えを補強した。新米時代、ミシシッピ州ナチェズでの任期中、カトリック新聞の編集者をつとめ、市民権の擁護《ようご》者だったロウはまた、他の面ではひどく保守的であるのをボストンのカトリック教徒に知らしめ、広汎な問題に教皇ヨハネ・パウロ二世の引いた教義上の線を踏襲する方針を打ちだした。

ある土曜日の夕べのミサで、ロウはこう語りかけている。

「私とともにいるあなた方を、信仰とともに生きる大司教区民と呼びましょう……。生命のとある局面に〝イエス〟と言い、他の局面に〝ノー〟と言う偽りの考えに、私たちは寛容でいられません」中絶禁止の憲法修正案についてのちに立場を聞かれた際、ロウは、「間違いなく私の吐く息はすべて、人命のために費やされるだろう」と語った。

自信まんまんな態度を見せつけられ、多くの者がロウをクッシングになぞらえた。それでも、二人を知る人物、ボストン大司教区の新聞『ザ・パイロット』の編集局員A・ポール・ホワイト神父は、両者の比較に異議をはさんだ。「どちらも押しが強い。だがロウ大司教には、クッシング枢機卿にはない魅力と個性、そして清廉さと率直さがある」

ホワイトにしろ誰にしろ、ロウの在職期間の試金石《しきんせき》が「清廉さと率直さ」だと信じたなら、彼らはおそらく間違っていた。実に、もしロウが配下の司教たちの言葉に真摯に耳を傾けていたら、ゲーガンの犯罪歴は聖ジュリア着任後、短期間で終わっていたかもしれない――。ロウがボストン着任からわずか八ヶ月後、枢機卿に昇進する前のことだった。ゲーガンが聖ジュリアで働きはじめてひと月も経《た》たぬうちに、ジョン・M・ダーシー司教はロウに、〝少年とのホモセクシュアルの過去を持つ〟ゲーガンを派遣した判断に疑義を呈する手紙を書いた。ダーシーはまた、ゲーガンが「ドーチェスターの聖ブレンダンから最近あわただしく解任されたのは、この問題に関連がある」との共通認識を、大司教区トップの司教たちが共有していた点に触れた。

同じ手紙のなかで、ダーシーはロウに、小児性愛の治療が続く間、週末のミサの執行をゲーガンに禁じるよう嘆願した。だがダーシーはインディアナ州フォートウェイン・サウスベンド司教区の司教に昇進し、一方ゲーガンは聖ジュリア残留を許された。それは、ミサを行い聖体を授ける彼を手伝う少年たちの厩《うまや》から、新たな餌食を選び放題にさせることを意味していた。

だが、おそろしいことに、聖ジュリアの少年たちだけでは、ゲーガンの食欲を満足させるに至らなかった。弱さと貧しさを的確にかぎ当てるレーダーを働かせて、貧しい家庭、とりわけ片親の家庭の子どもたちが、裕福な二親《ふたおや》のいる家庭の子どもたちより無防備であることを、ゲーガンはかなり以前から感知していた。ゲーガンは聖ジュリアにほど近い、ボストン西部郊外の労働者階級の町、ウォルサム近くのボーイズ・アンド・ガールズ・クラブ（青少年向けの放課後プログラムを提供する場所。）に出入りしはじめ、まもなく再び騒動を起こした。

一九八九年、ゲーガンに対するさらなる告発が起きると、ロウは司祭を聖ジュリアから外し、メリーランド州聖ルカ医療センターに送った。そこでは、性的障害の司祭用治療プログラムを開発していた。三週間の検査後、医師はゲーガンを「ホモセクシュアルの小児性愛者、非排他的タイプ」であり、「極めて危険」だと診断した。その時点で、ロウのもうひとりの事務官、ロバート・J・バンクス司教がゲーガンに、もはや司祭としてのつとめはかなわないと告げた。だが性的問題を抱えた司祭を扱う別の施設、コネチカット州ハートフォードにある〈くらしの病院《インスティテュート・オブ・リビング》〉で、ゲーガンが三ヶ月入院生活を送ったあと、バンクスは事実上、診断をゲーガンにもっと好意的に書くよう医師に無理強いし、聖ジュリア復帰を認めた。

一九八四年十一月、ゲーガンが聖ジュリア教区に派遣されてから、一九九三年一月にロウが解任するまで、ゲーガンはさらに多くの子どもたちに狼藉《ろうぜき》を働いた。のちに、三〇名以上が彼を告発している。

小児性愛の再犯率は、露出症の次に高い

もちろん、ゲーガンの行為を隠しだてする慣習は、ロウがボストンに着任する前から出来上がっていた。ロウは二〇〇一年七月発行の『ザ・パイロット』紙のコラムで、教区から教区へ異動させたのは、ゲーガンの犯罪を隠蔽するためではないと主張した。

「別の場所へ移動させることで問題を移しかえる気など、さらさら起きませんでした。問題を無視するよりも、把握して対処する方が良いと、常々考えております」

同コラムで、ロウはゲーガンに対する決定を、教会当局と世間双方の、児童虐待者の心理的要因に関する知識不足のせいにした。

「今日我々の有する知識が当時も利用可能であればと悔やまれる。しかし、社会は未成年への性的虐待について目下学習中と言っていいでしょう。教会もまた、学習中なのです」

しかるにロウの学習曲線は、著しく平坦にみえた。一九八一年、ミシシッピ州南部スプリングフィールド＝ケープジラード司教区の司教時代、ロウは主任司祭に昇進したばかりの四十三歳の司祭レオナルド・R・チャンバースが、同地に住む夫婦の十代の息子に性的いたずらをしたとの苦情を受けた。のちに指摘された典型的な連鎖のひとつがここで生まれる。ロウは管轄地区からチャンバース神父を外すと病院で治療を受けるよう命令を出し、十ヶ月後、ほかの教区に鞍替《くらが》えさせた。ロウが去って何年も経ってから、チャンバースは子どもと単独で会うことを禁じた命令にそむき、聖職を剥奪された。

ボストンに着任後、ロウは当初、カトリック教会司教全国会議（ＮＣＣＢ／現在はカトリック教会司教合衆国会議）に向けて一九八五年に作成された、聖職者の性的虐待に関する極秘レポートの有力な支援者だった。レポートは、青少年に対して性的いたずらを働く司祭、とりわけ、ゲーガンのように思春期以前の少年を好む司祭が不治の病だと断じる、明確にして緊迫した——しばしば強調された文字による——警告に満ちていた。

「小児性愛の再犯率は、露出症の次に高い。とりわけホモセクシュアルの小児性愛に顕著だ。これは従来の精神科治療を受けていようといまいと変わらない。実のところ、小児性愛と露出症の再犯率があまりに高いため、限定的な研究が示しているように、外来の精神医療もしくは心理モデル単独の実効性は、皆無だ」と、レポートの著者――精神分析、法律、教会法それぞれの専門家三人――は論じた。最後に、性的障害に関するすべての疑念を消し去るかのごとく、追加治療の項目で、「小児性愛は生涯にわたる病質であり、今のところ、時が癒してくれるという望みはない」と、結ばれていた。

　レポートは、ワシントンにあるバチカン大使館に当時駐在していた教会法の弁護士トーマス・P・ドイル神父、聖ルカ医療センターの精神分析医だった故マイケル・R・ピーターソン、ルイジアナ州ラファイエット司教区で、十一人の少年に性的ないたずらをしたとして、刑事責任を問われたギルバート・ゴーテ神父の弁護人をつとめたF・レイ・モートン弁護士によって作成された。

　信頼して預けられた子どもたちを、ゴーテ神父が性的に虐待していたという事実をひとりの母親が知ったのは、一九八三年六月の、汗ばむ夜だった。ルイジアナ州の小さな村ヘンリーに住む九歳の男の子が母親に「神さまはもう僕を愛していない」と言ったときから、真相がじわじわとしみだしていく。動揺した母親が息子を問いつめて、自分や夫がしばしば自宅に招いた司祭から、息子が性的ないたずらを受けてきたのを聞きだした。

　また、ゴーテが二人の兄をも虐待したことを知った両親は、ポール・ヘバート弁護士を雇うと、教会当局者たちに教区からゴーテを追放するよう要求した。一九九二年のジェイソン・ベリーによる著作『Lead Us Not into Temptation: Catholic Priests and the Sexual Abuse of Children

（我らを誘惑から守りたまえ　カトリックの司祭と児童への性的虐待）』によれば、ゴーテはほかの子どもたちも虐待しており、教会は承知の上で教区司祭を続けさせていた。この話に、両親はいきりたった。「我々はゴーテ神父に一時期問題があったのを把握していたが、解決したものと考えた」と、司教区の最高指導者、モンシニョール・アンリ・アレクサンドル・ラロックは言った。実際、ジェラード・L・フレイ司教はのちの証言録取で、ゴーテに対する嫌疑を一九七四年以来知っていたと認めている。

　教会当局が新たな疑惑についてゴーテに質《ただ》すと、彼が認めたため、性的虐待を犯した司祭の治療にあたるマサチューセッツ州の施設で、今は廃院となったウースター司教区にある〈信念の家《ハウス・オブ・アファーメーション》〉へ、ひっそりと送られた。施設の監督官トーマス・ケーン神父はのちに、全面的に否定したものの、性的違法行為で和解に応じている。

　ヘンリーの村に話を戻すと、聖ジョン福音教会の教区民は、ゴーテが「深刻な……不道徳な性質の違法行為により」任を解かれたと告げられる。具体性は欠いていたにもかかわらず、真相は教区民の知るところとなる。さらなるゴーテの被害者の家族が名乗り出たためだ。

　一九八四年六月、九歳の少年による就寝前の告白から一年後、ラファイエット司教区は九人の被害者に対し、内密に四二〇万ドルを支払った。ほぼ同じ時期、さらに四人の被害者家族が、ゴーテと司教区に対し訴訟を起こす。膨れあがる一方のゴーテの犯罪に対する告訴と情報は、それでも村民のゴシップと教会当局の内輪話に留められた。

　だが同年十月、検察がゴーテを起訴した。レイプ並びにチャイルドポルノ——ゴーテ自ら被害者を撮影した写真——の所有を含めた刑事責任だった。そして、ゴーテにいたずらされた七歳の子の父、グレン・ガスタルは、息子の味わった苦難に激怒して、ひとりの記者に連絡をし、こうぶちまけた。「司祭が手荒に肛門性交をしたせいで、息子は入院しなくてはならないほどだった」と。ゴーテは無罪を主張した。

だが、一九八四年の後半、地元の報道機関がゴーテのニュースを報道しはじめた。そして翌年の四、五、六月と、ジェイソン・ベリーは地方の週刊誌『タイムス・オブ・アカディアナ』に、ゴーテの虐待および、教会の指導者が彼を教区から教区へ異動させ、犯罪を隠蔽しようとした事実を、徹底的に書き連ねた。

一九八五年、ゴーテは「無罪の」主張を翻して刑事責任の有罪を認め、懲役二〇年の判決を受けた。一〇年後、ゴーテは釈放後、テキサスの少年にいたずらを働いたとして、すぐに再逮捕されることになる。

だがラファイエットのスキャンダルは、ゴーテの懲役刑のみに終わらなかった。怒れる保護者、ガスタルは和解の申し出を拒否し、教会を訴えることに決めた。

裁判にはフレイ司教と教会当局者らが出廷。人いきれのする中、弁護士にうながされ、法廷に立ったガスタルは、息子がトラウマのため、父親に触れられるのを拒否するようになったと話した。「ゴーテのあとじゃ、お休みのキスを、無理強いしたときしかしてくれない」陪審員のなかにはガスタルの証言に涙する者もおり、一二〇〇万ドルの賠償金が命じられたが、のちに教会が控訴し、ガスタルは一〇〇万ドルで手をうった。

ゴーテの件は、例外に過ぎないと教会当局が保証したにもかかわらず、国中の司教区の司教が、身内の司祭が新たに告発されやしないかと、ヒヤヒヤした。そして、教区民の一部が声をあげ、進んで法廷に持ちこむのを心配した。

危険となりうるものを保護する

一九八五年、ドイル神父は司教の憂慮に応えるべく、聖職者の性的虐待に関するレポートを共著者とともに自発的に書きあげた。フィラデルフィアの大司教ジョン・クロル枢機卿と、当初はロウからの支持を頼みにした。

「ロウと会ったのはミズーリ州の司教時代で、すぐに意気投合しました」と、ドイルはふり返る。「私は彼を気に入りました。思慮深く、教会政治を第一とみなす人物に見えなかったからです」

ロウがローマ教皇使節（バチカン大使）の集会に顔を出すため首都に来たときは、いつでも時間を作った。国中の司教区で、司祭が未成年を性的に虐待しているとの疑惑が聞かれはじめると、ドイルがロウを頼るのは、自然のことだった。「ロウは当初全面的な支持者でした。この問題が起きたとき、彼はボストンにいました。ボストンで彼が経験した特定の事件について話しあったことはありません。なぜなら問題は、どうやって行動プランをたてるか、そしてどうやってNCCBに行動を起こさせるかでしたので」

だが、ミネソタ州カレッジビルで開かれた司教会議で、著者たちがレポートを紹介してもらおうと試みたとき、ロウは突然支持を撤回した。理由は決して言わなかったという。

会議の席で、司教たちは九十二ページのレポート内容を、正式に採用しようとしなかった。NCCBの総合弁護士マーク・チョプコはレポートを読んで、司教らがそれまでに集めた情報の単なる繰り返しに過ぎないと結論づけたと、数年後に語った。また、聖職者による性的虐待疑惑に対処するため、医療、法律、広報専門家による危機介入の国家的チーム結成というレポートの提案に、反対したとも語った。「私の判断は、地元の専門家に勝るものなし、だった」と、チョプコは言った。一九九〇年代はじめまでに、全国に二〇〇ヶ所以上ある司教区の司教のうち、性的虐待司祭レポートの警告に耳を傾けた者は皆無、あるいはもしいたとしてもほんの数名だった。

一方ドイルは、ローマ教皇使節の地位を失った。「彼らにすれば、私は異端過ぎたのでしょうね」と、のちに彼は話した。政治的な炯眼《けいがん》の持ち主ロウは、ドイルとは対照的に枢機卿に昇進する。

性的虐待司祭たちの治療を推奨するのとは別に、ドイルのレポートはまた、聖職者の性的違法行為疑惑により、司教が直面しはじめた法的な問題を取りあげていた。とりわけ、聖職者の人事記録を慎重に扱うように司教をうながし、記録は民事裁判で請求されるかもしれないと警告した。また、性的虐待司祭関係の文書を含むファイルから不利な情報を取り除けば良いとの、教会当局による安直な考えを退けた。「こちらの痛手となる可能性のあるファイルを、削除もしくは処分する案が出された」が、「もしファイルがすでに法廷から請求されていれば、それは法廷侮辱罪と、司法の妨害となる」と、レポートは書いた。「たとえ、そのような請求がなくても、集団訴訟で法律違反と解釈されうる」

同時にまた、レポートは不利な文書が引き起こす問題の、よりクリエイティブな解決案についても却下した。文書を、外交特権を持つワシントンのローマ教皇大使に送るという案だった。「十中八九、そういった行為は、民事裁判でローマ教皇大使の特権に傷をつけるか、最悪の場合、剝奪されるおそれがある」と、レポートは結論づけた。

それでも、ファイルの洗浄にバチカン大使館の外交特権を使うという司教のアイディアは残った。一九九〇年、教会弁護団の組織、中西部教会法協会で、自身が弁護士であるクリーブランド司教区の補佐司教A・ジェームズ・クインは、小児性愛に関するスピーチのなかで、教会の痛手となる記録の外交特権による隠蔽を推奨したととれる発言をした。

「もし何か、人々に見られたくないものがあれば、教皇使節へ送りつければよい。彼らは危険となりうる、もしくは危険とみなすものを保護する特権を有するからです」

クインの指摘は記録され、ミネソタ州のジェフリー・R・アンダーソン弁護士と、クリーブランドのウィリアム・M・クロスビー弁護士が、一九九三年にクリーブランド司教区を相手取って起こした聖職者による性的虐待裁判のために入手した文書に転記された。アンダーソンとクロスビーが訴訟の一部としてクインの証言録取を作成した一方、「危険となりうるものを保護する」との言質《げんち》は、司祭の性的違法行為疑惑に関した文書ではないと、クインは否定した。意味を問われ、クインはこう言った。「明らかに、小児性愛レポートを指すものではない。『危険』という言葉など、何にでも使える。告解の件かもしれない。今朝話したように、ファイルに載っている件ではないかもしれない」

クリーブランド司教区を通して提出された供述のなかで、クインはまた、彼のコメントは「二〇ページ以上にわたる口述記録から取られた、文脈を無視した一文」だと主張した。だがアンダーソンとクロスビーは証言録取のなかで、一九九〇年当日の、クインのスピーチの主題は「小児性愛事件に関するNCCBのガイドラインと、そのほかの検討事項」だったと指摘した。

一九八四年、アンダーソンはミネソタ州の男性の代理人として、セント・ポール＝ミネアポリス大司教区のトーマス・アダムソン神父を、少年時代に男性が彼にいたずらされたと主張して訴えた。アンダーソンは、古くは一九六三年に、十四歳の少年が、アダムソンにいたずらされたと二人の司祭に話して以降、アダムソンを告発した複数の虐待被害者家族を見つけた。法廷で教会当局から提出された文書は、二人の司祭が司教に疑惑の一部を伝えたが、ほとんど何の処置もなされなかったことを示していた。それどころか申し立てに反し、アダムソンは教区学校の校長に指名され、そこで少なくとも、さらに一名の少年を暴行した。

裁判について知ると、アダムソンのほかの被害者たちが名乗りをあげて、新たに訴えた。ある者は、大司教区と金銭的和解をした。だがひとりの元侍者は、さらに駒を先に進めた。一九九〇年、陪審は、補償的損害賠償および懲罰的損害賠償として、三六〇万ドルを被害者に与えた――これは聖職者による性的虐待裁判において、陪審が懲罰的損害賠償をカトリック教会に科した、初の評決だった。判事はのちに、懲罰的損害賠償のほとんどを剝奪したが、被害者の手元には一〇〇万ドル近くが残され、判例として記録された。

ゴーテとアダムソン事件のニュースはじわじわと国中に広まり、聖職者による性的虐待の被害者たちは、沈黙だけが選択肢ではないと、気づきはじめた。そして弁護士たちは、司祭の行為に対する責任を持つ教会の権威たち――伝統的に、合衆国憲法修正第一条で保障された宗教の自由と、友好的な判事や州議員に護《まも》られた――に的をしぼりはじめた。たとえば、アンダーソン弁護士はアダムソンの件から離れると、聖職者による性的虐待の被害者四〇〇人以上の弁護人をつとめ、何百万ドルもの賠償金を勝ちとり、国中の司教区と和解した。その結果、さらなる被害者が虐待を訴え出、教会にとってはさらなるスキャンダルとなった。

ニューメキシコ州サンタフェの大司教区は、とりわけ被害甚大だった。一九九三年、ロバート・サンチェス大司教は、複数の女性とセックスをしたと認め、退位した。だが彼の退位は、より大きなスキャンダルの渦中に埋もれた。何十名もの司祭が、少年に性的ないたずらをしたかどで告発され、大司教区は財政的に逼迫《ひっぱく》した。性的違法行為の告発の多くが、他州から性的障害の治療を受けに来た司祭に向けられた。アルコール中毒や、児童への性的虐待で告発された司祭のため、小規模なカトリックの修道会〈聖霊のしもべ〉《サーバンツ・オブ・パラクリート》が、ニューメキシコ州ジェームズ・スプリングスにセンターを設立し、治療にあたっていた。だが、センターの五十床のベッドを占領した司祭たちは地元のレストランの常連で、町民と親しくなり、週末の教区のおつとめを引き受けさえした。センターの二人の元住人――どちらもマサチューセッツ州から送られて来た――は、悪名を轟《とどろ》かせるようになった。フォール・リバー司教区のジェームズ・ポーターは、のちにマサチューセッツの刑務所で懲役二〇年の刑に服し、ウースター司教区のデヴィッド・A・ホリー司祭は性的な問題を起こし、のちにニューメキシコ小教区に配属されたあと、懲りずに子どもたちにいたずらをして、最終的に、ニューメキシコで二七五年の懲役刑を下される。

一方、ジェームズ・スプリングス・センターで治療を受けた司祭への訴えは、継続的に増えていった。最初の裁判は、一九九一年に起こされた。四年後、虐待の被害者たちが二〇〇件もの訴えを起こし、和解金と判決額は、併せて推定二五〇〇万ドルから五〇〇〇万ドルの間になり、サンタフェ大司教区を破産の瀬戸際に追いこんだ。最終的に、大司教区は教会の不動産を売却して教区民に献金を募り、なんとか支払いをやりくりした。

ダラス司教区も破産に直面した。一九八一年から一九九二年にかけて、オールセインツ・カトリック教会でルドルフ・コス神父に性的いたずらをされた十一人の若者の家族に対し、陪審が教会に辛らつなメッセージを送る方便として、一九九七年、一億一九六〇万ドルの支払いを命じたときだった。それは、アメリカ・カトリック教会に科せられた最高賠償額になる。コスはのちに、終身刑を言い渡された。教会が賠償額を控訴し、司教区が破産してしまうとこぼすと、被害者の家族は三一〇〇万ドルで手をうった。陪審員たちは、教会当局がコスに対する初期の疑惑を放置した事実と、コスの虐待が、一人の被害者を自殺に追いやったと判断したのが量刑の理由だと述べた。陪審は異例の段階を踏んで、賠償額を教会当局へのメッセージに仕立てた。「罪を認めて、若者たちに新たな人生を送らせてあげなさい」のちに、一人の陪審員が記録的な額を説明して言った。「こんなことは止めなければならないし、二度と起きてはならないと、言いたかったのです」

和解金と引き換えの秘密保持契約＝口封じ

ロウ枢機卿がはじめて矢面《やおもて》に立たされたのは、となりの教区フォール・リバーで開廷された、児童への連続性的虐待で訴えられたポーター神父の裁判だった。一九九二年、マサチューセッツ州南東部一帯の教区で、十四年間にわたり、ポーター神父にわいせつ行為をされたとして、一〇〇人以上が訴え出た。

すでにポーターは司祭職を引退して十八年経っており、ミネソタ州に妻と四人の子どもと暮らしていた。だが、容疑者が州外に出ると出訴期限が凍結されるため、彼は何十年も前に犯した犯罪により、マサチューセッツ州で審理を受けたのちに起訴された。十八ヶ月内に、ポーターは四十一件の性的暴行で有罪を認め、懲役刑を受けた。フォール・リバー司教区は、被害者に七〇〇万ドル以上の賠償金を支払うことに同意した。

ポーターへの申し立ての件数が膨れあがる一方、被害者の家族や友人たちの間で、ひとつの大きな疑問が頭をもたげた。ポーターはどうして捕まりも罰せられもせずに、これほど大勢の子どもたちに危害を加えられたのか？　ふたつの答えが、被害者自身から返ってきた。カトリックの子どもたちが寄せる聖職者への一点の曇りもない敬愛の念、そして少数の教区民が勇気を奮って訴えても、司祭にかけられた疑惑の調査を極端に嫌う、教会当局の存在だ。

ポーターの被害者の一人、アトルボロのフレッド・ペインがこう語る。「私たちは、彼らを〝キリストの地上における代理人〟だと文字通り教わったのです。司祭が歩けば尼僧はお辞儀をしたものです」

ポーターの被害者の大半を代表したボストンの弁護士、ロデリック・マクリーシュ・ジュニアによれば、ポーターの子どもたちへの犯罪を父兄が相談しても、司教区の一部司祭は、彼を止める手だてを何も講じなかった。

弁護士によれば、少なくとも十人の人々が、当時は助任司祭だったポーターが少年たちにわいせつ行為をしていると、北アトルボロは聖メアリー教区の二人の司祭に知らせた。あるときなど、二人の司祭――エドワード・ブース神父とアルマンド・アヌンツィアート神父――が虐待現場を目撃している。ポーターがポール・メリーという少年を教区司祭館のオフィスに連れこんで、わいせつ行為をはじめると、教会の主任司祭ブースが偶然やってきた。「ブース神父はポーター神父を見て、それから私を見たあと、ズボンのチャックを下ろしたポーター神父を見ました」メリーが反すうする。「それから、ブース神父は首を振ってドアから出て行きました。ひと言も発せずに」別の場合、ポーターはやはり聖メアリーの教区司祭館のオフィスで、ピーター・カルデロンという名前の十一歳の子を暴行していた。今度はアヌンツィアートがやってきた。しかしブースと同じく、ポーターを見るとただ、「日が暮れる。家に帰る時間だぞ」とだけ言った。

それでも、ポーターへの苦情は、当時でさえ無視するには深刻過ぎるか多すぎた。教会当局は告発の対応策として、ポーターを別の教区へ移し、被害者には善処したと言いくるめた。当局員のなかには、当時のモンシニョール・メディロスもいた。のちにメディロスがボストンの大司教に就任したとき、似たような配置換えをゲーガン神父に指示している。教皇パウロ六世を元首とするバチカン当局でさえも、ポーターの年少者への執拗《しつよう》な性衝動については把握していた。一九七三年、司祭職から退くことにしたポーターは、辞表を提出する際、己の置かれた立場に対し、驚くほど率直だった。「過去、私は司祭服を盾がわりに、その後ろに隠れてきました。今後は盾になってくれるものはありません。もし子どもになれなれしくすれば、たちまち周囲から疑惑の目を向けられることになる……信徒の生活では、問題を抑えなければ代償を払うことになると承知しています」と、彼は書いている。

だが辞表は、バチカンのファイルに隠された。ポーターの被害者は暗い秘密を守ってきたが、一九九二年、被害者のひとりで、今は探偵業をしているフランク・フィッツパトリックが、ミネソタ州にいるポーターをつきとめ、刑事訴訟の手続きをはじめた。

ポーターのニュースが流れはじめると、ロウ枢機卿の最初の反応は、引退した司祭を「異常」と決めつけ、未成年を性的虐待する司祭は「まれな例外」だと主張することだった。被害者たちの目には、そう言いながらもロウが虐待犯の司祭に、過剰な情けをこっそり目配せしているように映った。ボストン大司教就任二五周年を祝う司祭向けのミサで、ロウが「私たちは、理想とする信仰と愛の共同体には及びませんが、被害者と、信仰に背いた者の両者に、愛と和平を呼びかけようではありませんか」と、説いているのがいい例だ。

だが舞台裏では、ロウは証拠を嫌というほど聞いており、ポーターがまれな例外とはほど遠いのを知っていた。ルイジアナ州とミネソタ州の聖職者による性的虐待事件が公になったときのように、ポーターの犯罪に関するニュースに背中を押された被害者がさらなる司祭たちによるさらなる性的虐待の事実を訴え出てくると、その多くがボストン大司教区で起きていた。

訴えた被害者のなかに、レイモンド・シニバルディとロバート・アンダートンがいた。シニバルディとアンダートンはいとこ同士で、ボストンから南のウェーマスで育った。一九六〇年代はじめ、アーネスト・E・トーリニー神父によって性的いたずらを受けたのは、トーリニーが〈受胎告知教会〉——ロウが一九八四年に熱狂的な歓迎を受けたのと同じ教会——で司祭に叙階されて間もなくのことだった。

聖職者による性的虐待被害者の多くと同様、シニバルディとアンダートンは、何十年も口をつぐんでいた。だがポーターの事件が大々的に報道されると、二人はトーリニーがボストンから北にあるリビアの教会で、いまだ現役の共同主任司祭として小・中学校の精神的指導者をしているのを知る。いまでも子どもたちに手を出していないかと気を揉《も》んだ二人は、司祭と対決する決意をして、ロウに一報した。ホテルの駐車場でトーリニーと落ちあうと、シニバルディは一瞬、我を忘れた。「あんたは児童ポルノの売人よりたちが悪い」彼はそう言って、あざ笑った。「神様の衣に身を包んで親しくなった家族のなかに入りこみ、愛と信用のお返しに子どもをもてあそぶなど、まさに悪魔の所業だ」

数日後、ボストン大司教区の事務所をシニバルディとアンダートンは訪ねた。当時のロウの主席事務官ジョン・B・マコーマック神父に、もしロウが二人の話を聞いて、聖職者による性的虐待疑惑に対応しなければ、自分たちの体験をテレビレポーターに話すと宣言した。数日の内に、シニバルディとアンダートンはロウの邸宅の会議室で、磨き上げられたマホガニーの長テーブルに着いていた。そしてトーリニーの手で苦しめられた虐待の年月を呼び起こしていた。ロウは熱心に聞いているようだったが、シニバルディとアンダートンが望んでいたのは同情的な聞き手以上のものだった。トーリニーを解任し、子どもたちに性的いたずらをした疑いが濃厚な司祭は全員、大司教区から排除するという断固とした趣意書の作成を求めた。

ロウはすでに動きだしていた。トーリニーを現役の聖職から外すと同時に、ポーター事件に背中を押される格好で、聖職者による性的虐待の訴えへの対応を定めた方針《ポリシー》の最初の草稿に着手していた。だが、そこで二つの根本的な疑問がたち現れた。告発された司祭が性的障害の治療を受けたのち、大司教区の管轄教区に戻るのを許すべきか、そしてそれとは別に、教会当局は聖職者の性的違法行為の訴えを州当局に報告する必要があるのか、の二点だ。

精神障害の犯罪者専門施設、ブリッジウォーター州立病院で性犯罪者相手の仕事をしているシニバルディは、ロウ宛てに手紙を書き、教会当局は司祭による性的違法行為の訴えをすべからく通報するように勧めた。「未成年への性的虐待の犯罪は極悪非道につき、犯人を知りながら情報を提供しなければ、それ自体が犯罪になります」と、シニバルディは書いた。だが一九九三年一月、ロウが新しい方針を発表すると、シニバルディとアンダートンはいたく失望した。大司教区は被害者のカウンセリング費用を提供し、一般信徒を交えた審査委員会を設置して、聖職者による性的虐待の訴えを検討する。同時に、性的障害の治療を受けた司祭が、教区のつとめに復帰するのを場合によっては認めるとも発言した。そして、聖職者の性的違法行為の申し立てに関しては、聴聞と調査のすべての主要責任を大司教区が負う。

マサチューセッツ州の法律では、医師、ソーシャルワーカー、教師を含めた二十四の職種の従事者は、未成年者への性的違法行為の疑惑を州の社会福祉課へ通報する義務があり、また社会福祉課は、疑惑を法執行機関へ報告することができた。新しい方針の発表のなかで、教会当局は州法に準じて性的違法行為の疑惑を通報すると、ロウは誓った。だが司祭は法令から除外されており、教会は聖職者が報告義務を負う職業リストに加えられないように、法律をねじ伏せてきた。つまり、ロウの誓いはただの空約束でしかなかった。

再び教会に裏切られたと感じたシニバルディとアンダートンは、ボストンのマクリーシュ弁護士を雇って、大司教区とトーリニー相手に訴訟を起こした。一九九五年、それぞれ三万五千ドルを受けとって、和解が成立した。だがシニバルディは、この結末を後悔するようになった。「とどのつまり、彼らは我々を利用したんだ。教会は新しい方針に基づいて被害者に対応したと言いたかっただけで、実際その通りだった。問題は、彼らが我々の言い分を何一つ聞かなかったってことだ」

また別の問題として、シニバルディとアンダートンは、大司教区を訴えた大勢の被害者同様、秘密保持契約――つまり口封じ――に、和解金と引き換えでサインした。事実上、教会に訴えた者ほぼ全員が、裁判所に提訴する前に和解金を受けとったため、性的虐待司祭による公的な犯罪記録は残らなかった。そして、被害者がサインした秘密保持契約により、虐待の細部が漏洩《ろうえい》することはなかった。もし漏れたならば、教会は和解金を取り戻せるとあった。これは虐待司祭への保護措置以外の何物でもない。

つまり、和解の一連の流れは教会当局、被害者、弁護士の癒着を招いた。結果、大司教区は司祭による犯罪を隠蔽できた。実際、ゲーガン事件の折、デイリー司教は可能な限りスキャンダルを回避するのが大司教区の方針だと言ってのけた。一方、被害者は恥辱をまぬがれ、弁護士は報酬——通常は和解金の三分の一——をせしめる。弁護士のなかには和解金を「口止め料」と呼ぶ者もいた。ほかの者は、匿名性を保持したままで、被害者に補償する法的手段だと形容した。いずれにしろ、和解とそれに付随する秘密保持契約は虐待の継続を助けた。「明らかに、秘密保持契約は加害者に有利に働いた。この契約がさらなる悪行を続けさせたからだ」ゲーガンの被害者一〇〇人以上の代理人をつとめたミッチェル・ガラベディアン弁護士は言う。

確かに、ガラベディアンの初期の依頼人は、秘密裏に和解した。だが二〇〇一年後半までに、ガラベディアンは五年を費やして、ジョン・ゲーガンの性的虐待の被害者に面談。訴訟を提起し、法的証拠開示手続きを通して教会記録を請求し、教会当局員の証言録取をとった。それらすべてを通じ、枢機卿、司教、その他教会の当局員たちが、三〇年以上にわたってゲーガンの尻ぬぐいをしてきた証拠を集めた。それらの文書は二〇〇二年一月に、『ボストン・グローブ』紙の請求により、コンスタンス・スウィーニー判事によって開示された資料に含まれ、一大スキャンダルへと発展した訴訟の心臓部となり、カトリック教会に風穴を開けていく。

ガラベディアンとアソシエイトのウィリアム・H・ゴードンは、最終的に八六人の原告の代理人をつとめ、八十四件の訴訟を起こす。その際、新機軸をとった。聖職者による性的虐待を法廷に持ちこんだ他の弁護士は、ボストン大司教区を訴えた。だが州の非営利組織すべて同様、大司教区は慈善事業に対する免責の原理に保護され、賠償責任の上限を二万ドルまでとされていた。その制限のため、性的違法行為を申し立てた弁護士は――しばしばささやかな額で――法廷に持ちこむ前、もしくは提訴直後に大司教区と和解した。

だがガラベディアンは大司教区の代わりに、ロウ枢機卿およびロウの部下の司教五名、そして教会の長上《ちょうじょう》数名をゲーガンの性的違法行為を認識していたために責を負うとして訴えた。ガラベディアンはロウの証言録取通告を提起さえした。

戦略は奏功した――少なくともはじめのうちは。二〇〇二年三月、『グローブ』紙にゲーガンの記事が載ったあと、そしてロウの証言録取の前、ガラベディアンと大司教区の弁護団は、ポール・A・フィンの調停で和解に達した。秘密保持契約のもと、八十四件の訴訟に対し、教会が一五〇〇～三〇〇〇万ドルの賠償金を支払い、最終総額は、フィンとアソシエイトが申し立てをおのおの検証し、原告ごとに個別の和解金を提示して決める。

だが、ゲーガンとほかの司祭たちの訴訟が一月に雪崩をうって起こり、新たなる被害者の波が押しよせた。そして大司教区には、巨額の賠償金請求の波が押しよせることになる。二〇〇二年の四月までに、少なくとも五〇〇名が弁護士を雇って、司祭に性的虐待を受けたと訴えた。そして五月、教会への寄付金が急激に減ると、大司教区は契約を反故《ほご》にし、被害者とカトリック教徒を愕然とさせた。

ゲーガンのすっぱぬきが誘発した新たな申し立ての奔流は、教会にとって、不意打ちではなかったはずだ。ポーターの一件直後、多くの新たな苦情があった。実際、ポーターの被害者が名乗り出てから十年の間に、教会はボストン大司教区の、少なくても七〇名の司祭による児童虐待の申し立てで、多数の原告側弁護人をつとめたマクリーシュと秘密裏に和解している。ある件では、速やかかつ穏便に苦情を処理したがった教会当局の方から、被害者に彼を紹介した。

しかし、マクリーシュは徐々に和解に嫌気が差してきたと、のちに語った。被害者の結んだ秘密保持契約が、聖職者による性的虐待の隠匿を助長するのを知っていたからだ。「あまたの訴訟が闇に葬られていくのを見て、胸が悪くなった」と、彼は言う。そのため、依頼人たちにサインを急がせた一年後、マクリーシュはひとりの記者に、依頼人たちが、まだ現役で聖職についている複数の司祭に対し性的虐待の嫌疑を申し立てたと教えた。それでも、虐待の被害者のひとり、フィリップ・サヴィアノは、マクリーシュら弁護士を、依頼人に和解を性急に勧めすぎたと批判した。訴訟に持ちこめさえすれば、被害者は本当に責任を負うべきなのは誰なのかを明らかにした教会記録を入手できる。たとえば、サヴィアノは一九九〇年代はじめ、ニューメキシコ州で懲役刑を受けたホレイ神父に虐待されたと主張して、マサチューセッツ州のウースター司教区に対して訴訟を起こし、三州六名の司教が、ホレイの虐待記録を知っていたことを示す教会の文書を入手した。だが、決断には大きな代償がともなった。サヴィアノが和解したとき、ウースター司教区から一万二千五百ドルしか受けとらなかったのに対し、ホレイに虐待されたと主張した二人の他の被害者は、黙秘に同意して、より多額の和解金を手にした。

私に投獄の権限はないが、聖職を公使する責がある

ゲーガンに対する責任逃れのため、ボストン大司教区が発表した公式声明のなかでもとくに注目すべき文章が、二〇〇一年七月発行の『ザ・パイロット』に掲載された。ロウの弁護士ウィルソン・D・ロジャース・ジュニアによって書かれたものだ。「性的違法行為の訴えが最初にあったあと、ジョン・ゲーガンを教区へ派遣したのは、いずれの件においても、派遣が適当で安全であるとの、独立機関による医療診断が出たためだ」

二〇〇二年一月、ゲーガンスキャンダルを抑える意図で、彼が児童への性的いたずらの常習犯だと知っていながら、小児性愛者司祭を教区の職務に戻したことを謝罪した際に、枢機卿はその声明を反映した。ロウは一九八四年にゲーガンを聖ジュリア教区に配属したのは「悲劇的なほどの誤り」だったと述べた。だが彼の決定は、「派遣が安全かつ適当との精神分析診断と、医療上の意見」に基づいたと、『ザ・パイロット』へのロジャーの先の声明を繰り返したが、これは己の行為の正当化にも聞こえた。

一見、ロウと弁護士による声明は、教会の文書によって裏づけられているようだった。たとえば、教会文書によれば、一九八〇年、ゲーガンがマリエッタ・デュソードの七人の息子と甥《おい》にいたずらしたことをボストン教区主任司祭にあっさりと認めたあと、教会当局は心理療法のた

め、彼をロバート・W・ムリンズ医師の元に送り、精神分析のために、ジョン・H・ブレナン医師の元に送った。記録によればまた、一九八一年、ゲーガンに面接したブレナン医師が、「司祭職に戻れるようになったと相互に同意した」と、デイリー司教に書き送った。一九八四年、ゲーガンがドーチェスターの聖ブレンダン小教区に異動になったあと、そこでさらに子どもたちに手を出し、教会当局はもう一度彼をムリンズとブレナンのもとに送った。ムリンズは診断書を書き、ゲーガンを「長い付きあいの友人で患者」だが、「かなり不幸なトラウマ的経験により」教区から外されたと表現した。そして「特定の制限を一切取り払い、聖職活動への完全復帰」を推薦した。ブレナンの方はというと、ゲーガンと再び面接したのち、彼の常習癖にもかかわらず、「彼の職務に精神医学上の禁忌や制限は不要だ」との好意的な診断をした。

実をいえば、ムリンズもブレナンも、性的倒錯行為を診断する専門知識は皆無だった。ムリンズは、ボストンのウェスト・ロックスベリー地区のゲーガン一家とは近所づきあいの間柄で、心理療法も心理学も、精神医学の資格も持たないホームドクターだ。実際、一九八九年の〈くらしの病院〉によるゲーガンに対する診断では、ムリンズによるゲーガンの治療に言及し、「フレンドリーな、身内同士的な会話だけで、心理療法とはいえない」とした。一方ブレナンは精神分析医の資格を持つが、性的障害の治療は門外漢だ。しかも彼は患者に性的いらずらをしたとして、一九七七年に民事裁判にかけられた。一九八〇年、ゲーガンの治療をはじめた頃、女性に十万ドルを支払って、訴訟は和解に至った。

さらにロウの弁護士の言葉を借りれば、ムリンズもブレナンも「独立機関として」ゲーガンの診断をしたとは言えない。ムリンズの入院患者との関係が一家との友情に流された一方、ブレナンの方は、教会との関係に影響された。当時、ブレナンはブライトンのカトリック系の施設聖エリザベス病院で、精神医学教育の指導者をつとめていた。ボストンのダウンタウンに建つ聖アンソニー教会堂につとめるフランシスコ修道会の名物司祭にして、心理学者のフルジェンス・ブオナンノ神父から、彼の個人医院に紹介された患者を、病院は受け入れていた。

それでも、教会の記録によれば、ブレナンは厳しい評価も下せたが、書面にはしなかった。一九八九年四月、ゲーガンが聖ジュリアに復帰して五年後、少年に性的いたずらをしていると告発されたあと、ブレナンはバンクス司教に直接電話で「発覚する前に、彼の翼をもぐべきだ。彼を教区に置いてはおけない」と告げている。

この会話のあと、バンクスはゲーガンに司祭職の辞職を要求したが、のちに考えを改めた。そして、彼とロウが、ゲーガンの聖ジュリアへの復帰を認めたあと、ブレナンはすべての診断書に使っていた同情的なトーンを復活させた。「ゲーガン神父を一九八〇年二月から知っている。現時点で、ゲーガン神父の司祭職への精神医学上の禁忌はない」と、ブレナンは一九九〇年十二月に書いた。

ゲーガンへのネガティブな診断に対する教会の嫌悪とポジティブな診断書への好みは、一九八九年に、ゲーガンが〈くらしの病院〉で治療を受けたあとの、バンクス司教と施設の職員たちとの何度かの書面によるやりとりから明白だ。その年の十一月、ロバート・F・スウォードル医師とヴィンセント・J・スティーブンス医師が書いた三ページの診断書で、ゲーガンの心理テストは「未熟性と衝動的な気質」を示し、「ハイリスクとなりうる」人物との結果が出た。二人の公式診断は、「小康状態にある非典型的な小児性愛者」だった。だがバンクスは「報告書に失望し、気分を害した」と返事を寄こし、彼は「ゲーガン神父を司祭職に戻してもまったく問題なく、彼の仕える教区民への危険はないと確信している」と主張した。不興を強調し、ゲーガンはすでに聖ジュリアへの復帰を許されており、「ゲーガンの復帰を口頭で私に請けあったことを明記した」追加の書面を要求した。二週間後、バンクスは望みのものを手に入れた。「当院にて三ヶ月間の観察、診断、治療の末、ゲーガン神父が司祭職に復帰しても、医療上きわめて安全と判断する。再び彼が性的行為を行う可能性は極めて低い」と、スウォードは書いた。

だが、二〇〇二年に起こされた訴訟によれば、一九八九年の聖ジュリア復帰後数週間で、ゲーガンは十三歳の少年を教区司祭館に誘い入れ、性的ないたずらをした。

一九九四年には、遂に警察がゲーガンの捜査に着手したことから大司教区は危機に陥り、そしてそれはさらに広がっていった。一九八〇年代の末から、ロウと事務官たちは、増える一方の司祭たちの過去の性的不品行を隠しだてしてきた。一九九六年、ゲーガンを告訴した一連の民事訴訟が初めて起こされ、別に二件の犯罪捜査が遂行中だった。二年後の一九九八年、教会はゲーガンに対する十二件の訴訟が一〇〇〇万ドルで和解したと発表した。その後、さらなる訴訟が提起され、二ヶ所の他郡からの捜査官と警察が迫る中、ロウ枢機卿はとうとうゲーガンの位階を剝奪し、司祭職の権利を取りあげた。教皇ヨハネ・パウロ二世の承認を必要とする滅多に踏まない手続きを踏んだため、ゲーガンに控訴の機会は残されなかった。ロウは、三〇年以上にわたり、六つの教区で性的な狼藉《ろうぜき》を働き続けた司祭の危険性を、はじめて公的に認めて言った。

「私に投獄の権限はないが、聖職を公使する責がある」

だが、時は遅きに失した。

第三章　国中にはびこる虐待者《プレデター》たち

異動で続く虐待連鎖

修養中の侍者、マイケル・マッケーブにとって、触られるのは他愛のないことに思えた。一九六〇年代のはじめだった。セックスの知識も、自分の性的嗜好《しこう》を意識したこともない日々、それは何気なさを装い、さりげなく起きた。少年は両親に言おうなど、思いつきもしなかった。なんといってもジョセフ・バーミンガムは、彼が神父様と呼ぶ相手なのだから。

現在は五十代前半のマッケーブが、当時のことをふり返る。

「彼は背後から近づいて来ると、肩をさすって落ち着かせ、それから手を下着の下にすべらせました。別に悪いことだなんて思えなかったし、だからこそ変だった」

ハワード・マッケーブがある日、思春期の息子、マイケルをテーブルに着かせて、男女がともにする個人的なことについて、父から息子へのカビの生えた話を聞かせなかったら、マイケル・マッケーブはバーミンガム神父のまさぐる手のことは誰にも言わなかったかもしれない。父親がホモセクシャリティのデリケートな話題を持ち出すと、マイケル少年は父親に、その方面のセックスなら、もう知っていると答えた。

「父は、ほかの男の子に触る男の子の話をしました。それで俺は言ったんです――『ああ、それならバーミンガム神父が僕にやってるよ』と」

神父が触るのはボストン西部サドベリー教区にある聖母《アワ・レディ・オブ》ファティマ教会の祭壇の後ろの聖具室にいるときだと、彼は父親に話した。マイケルは当時、十二、三歳だった。

四十年近く経《た》っても、信仰心を揺るがしたあの日は、父親の脳裏に生々しく焼きついたままだ。今では七十九を数えるハワード・マッケーブが、その時のことをふり返る。

「鳥と蜂の話を聞かせてた。話し終えて『何か質問があれば聞きなさい』と言ったんだ。最後に息子がこう言った、『ワオ、父さん、バーミンガム神父は僕のペニスで遊んでるよ』――俺は息子の言ったことが信じられず、どうしたものやらわからなかった」

かくしてマッケーブ家は、子どもたちを性的に虐待する司祭の歪《ゆが》んだ宇宙へと、はじめは恐る恐る足を踏み入れ、ついには深みにはまりこむ。

なぜ司祭の、そして広く一般男性の一部は、未成年者に性的に惹《ひ》かれるのか？　これは議論の分かれる、一筋縄ではいかない問題だ。だが危機の源《みなもと》が不確かな一方、無数の司祭が虐待者になる現実は、不確かではない。

ギルバート・ゴーテの虐待の詳細をまとめた記者で、この問題を早期に検証した草分け的な著作をものしたジェイソン・ベリーの調査によれば、過去十五年間、推計で一五〇〇名のアメリカ人司祭が性的虐待疑惑を受けた。二〇〇二年一月のゲーガン事件発覚後、ボストン司教区だけで、未成年者を性的虐待したとされる司祭九〇名以上のリストが、マサチューセッツ州の法執行機関の手に渡った。加えて十一人の現役司祭が突然地位を追われている。そのうち八人は、教会当局が自らのファイルのなかに決定的な性的虐待疑惑を見つけたためだ。だがつい数週間前、ロウ枢《すう》機卿《ききょう》はそういった司祭全員の職を解いたと公言したばかりだった。残りの三人は、新たな被害者が今回初めて訴え出たためだ。プレッシャーに屈したロウが検察の要請に応じると、それに倣うように、フィラデルフィア、ロサンゼルス、ニューヨークなど、他のアメリカ主要都市の教会当局が、それぞれの司教区で告発された虐待司祭たちの名前を、警察当局へ提出していった。ボストン・スキャンダルの反響の結果として、未成年者に手を出した疑いのある一七〇名以上の司祭が、二〇〇二年の最初の数ヶ月で辞職するか解任されたと、全国のカトリック司教区を調査したAP通信社が伝えた。

検察に渡った人名それぞれに、ほとんどなんらかの形で、極秘の教会ファイルが存在した。だが全国の司教区から小出しにされる情報が、由々しき現実をさらけだす。ゲーガン、ポーター、コス、ゴーテのような常習虐待者たち全員が有罪判決を受けると、異色の例外だとの教会の主張は怪しくなった。連続虐待犯は、「人々が思うほど、異例ではない」と、元司祭で、児童を性的虐待する司祭の治療を専門とする心理療法士A・W・リチャード・サイプは言う。

「ゲーガンとポーターは、ある意味極端な例だ。なぜなら彼らは悪名を轟《とどろ》かせたからね。だが、一度も通報されていない多くの司祭たちが存在するんだ」

マッケーブを虐待したジョセフ・E・バーミンガムの場合、虐待は通報されていたが、耳を貸す者はいなかった。ゲーガン同様、バーミンガムは一九六〇年の叙階後、一九八九年の五十五歳で死亡するまで、三〇年近く司祭をつとめた。ゲーガン同様、彼は六つの教区を転々とした。彼の性衝動被害への一連の訴えにもかかわらず。ゲーガン同様、高位の教会当局員が、彼が子どもたちに性的ないたずらをしているのを認識していたとしても手をこまねいていたため、何十人もの被害者の山が積まれていった。そして、ゲーガン同様、バーミンガムに襲われたとする被害者は大勢いた。一九七〇年代、三番目に派遣されたボストン北部ローウェルの聖マイケル小教区だけで、彼の被害者は二五人を数えた。だがバーミンガムの場合、教会が傍観してキャリアの初期に彼を止める手段を何も講じなかった公的な証拠は、より強力だった。

マッケーブが教会上層部に虐待の被害を報告しただけでも、異例のことだった。恥、困惑、そして時には虐待者からの脅しが、被害者の告発に二の足を踏ませた。家族にうちあけた者でさえ、なかなか信じてもらえなかった。

ハワード・マッケーブ自身、最初は息子の告白を疑い、隣人の忠告に従って秘密にするつもりだった。だがマイケルが父親に、小学校の友だちピーター・タイラーが、やはりバーミンガムに性的いたずらをされたと話したために事情が変わり、タイラーの父親フランクが、息子は確かに被害に遭ったと請けあった。衝撃が過ぎても怒りが収まらず、男たちは行動した。

「あいつがうちのドアを叩《たた》いたとき、目には炎がたぎっていた。大男ですごく優しい男だが、バーミンガムを殺さんばかりだった」

四十年ほど前、玄関のポーチで怒りに震えるフランク・タイラーの姿を思い返し、ハワード・マッケーブが言った。

いきり立った二人の男は、地元の主任司祭に連絡をとり、親子でボストン大司教区本部の人事担当高官と会う手筈をとった。

ブライトンにあるボストン大司教区の教区事務所には、来訪者を怖じ気《おけ》づかせるための意匠が施されていた。マホガニーのテーブル、そうそうたる教会の高官たち。テーブルに着いた者のなかには、事務官補佐のモンシニョール・フランシス・J・セクストンもいた。

「死ぬほど怖かった。当時はまだほんの子どもだったんですよ」と、ピーター・タイラーがふり返る。

バーミンガムが同席し、二人の少年は訴えの内容を一切合切繰り返すよう命令された。居並ぶ大人たちに出来事を説明してしまうと、バーミンガムがしゃべる番だった。過ちのたぐいは何も起こしていないと否定した。

マイケル・マッケーブが語る。

「人前であんな話をしなくてはいけないなんて、子どもにはひどい仕打ちだ。俺たちにあんなことをやらせるなんて、信じられなかった。やつを前にして、俺たちを嘘つきに仕立て上げて。建物を出たとき、父にこう言ったんです、『本当のことを話したよ、父さん。本当なんだ』」

辛い経験は報われた。同日遅く、二組の父子が談判後に集まったタイラー家に主任司祭が訪ねてきた。彼は吉報を携えていた。主任司祭が言うには、バーミンガムはサドベリーから外され、ボストンから北のセイラムに送られる。その地で彼はセイラム病院のチャプレン（施設付きの司祭のこと）になって、精神科の治療を受ける。

主任司祭の言葉通り、バーミンガムは一九六四年にセイラムに異動させられた。ハワード・マッケーブは喜び安堵《あんど》しながら、教会に子どもたちの訴えを伝える判断は正しかったと実感した。だがその思いは一年後、霧散する。ニューハンプシャーを訪れた息子マイケルが、学校の公式行事らしき活動で、多くの少年たちとスキーを楽しんでいるバーミンガムを目撃した。彼らの訴えが、教会の上層部に退けられたと思うと、男たちの信心は粉々になった。「うちのめされたね」とハワード・マッケーブは言った。「それ以来教会とは縁を切り、二度と戻らなかった」七十七を数えるフランク・タイラーはそう言った。

マッケーブとタイラーは、バーミンガムの性癖への憂慮を教区事務所に伝えた最後の保護者ではない。司祭のキャリアにおいて、少なくとも二つの教区から少なくとも七人が、ボストン大司教区当局に虐待を訴えた。一九七〇年頃、二つ目の異動先の教区セイラムで、五人の母親たちがやはり教区事務所を訪ね、バーミンガムが子どもたち数名に——時には告解の最中に——性的いたずらをしたと訴えた。だが、彼女たちの訴えもまた、黙殺された。

バーミンガムがセイラムの聖ジェームズ小教区から、ローウェルの聖マイケル小教区に異動になって数週間後——ジュディ・フェアバンク、アン・マクダイド、メアリー・マクギー、ウィニフレッド・モートンが連れだって教区事務所を訪れ、教会当局に疑惑を注進した。五人目の女性も出席したが、息子が匿名を希望した。母親たちは、ローウェルに移ったバーミンガムの新しい主任司祭に彼の前歴を教えることと、バーミンガムが精神科の治療を受けることの言質《げんち》を求めた。

息子たちからバーミンガムに性的いたずらをされたと聞かされるまで、司祭がローウェルに異動したのは通常の配置転換だと彼女らは信じ、さよならパーティまで開いた。だがモンシニョール・ジョン・ジェニングスとの事務所での会合中、「居たたまれなかった」と、マクギーは言った。「彼は尊大に、私たちをあやしました。面談の終わりに彼は言ったわ、『いいですか、ご婦人方。誹謗《ひぼう》中傷には注意しないといけませんよ』ですって」

憤激したマクギーは、当時カトリック・チャリティーズ（慈善事業を行う米最大の社会奉仕団体。）のセイラム地区理事をつとめ、のちにニューハンプシャー州マンチェスターの司教となったジョン・B・マコーマック神父を訪ねた。マコーマックは、バーミンガムが子どもたちにわいせつ行為をしているとの保護者の申し立てを受けとめ、「バーミンガム神父を監督している教区の主任司祭」に知らせたと言う。だがバーミンガムはローウェルの司祭職に残り、デイヴィッド・ライコーのような若者を屠《むさぼ》り続けた。ライコーは九歳か十歳の頃、バーミンガムに十数回なぐさみものにされ、オーラン・ホーンは十四、五歳の頃、バーミンガムに言い寄られたが拒否したために、せっかんされたという。

二〇〇二年の春、バーミンガムの虐待がボストンの新聞各紙で暴露され、数週間のうちに四〇名以上の被害者が声を上げた。

三月、以前セイラムに住んでいたジェームズ・ホーガンという男性が、一九六〇年代に、マコーマック――バーミンガムと同じ時期にセイラムの聖ジェームズに配属された――が、教区司祭館の寝室に少年を連れこむバーミンガムを目撃しながら、何も制止しなかったと主張して、ボ

ジェームズ・ホーガンは、声を上げて故ジョセフ・バーミンガム神父を性的虐待で訴えた男たちの１人だ。ロウ枢機卿ら教会当局員は、バーミンガムの行為を隠蔽したかどで起訴された。
AP/WIDE WORLD PHOTOS

ストン大司教区と、ニューハンプシャー州のマコーマック司教を告訴した。裁判はのちに軌道修正され、三九名の被害者が原告に加わった。マコーマックは、一九七〇年頃にバーミンガムによる子どもたちへの性的いたずらを警告されたのは認めた。だが少年を教区司祭館の寝室に連れこむのは見たことがないと、否定した。それとは別件で、サドベリーの元住民トーマス・ブランシェットが、一九六〇年代、聖母ファティマ教会で、バーミンガムが彼と四人の兄弟に性的いたずら――レイプ未遂を含めた乱暴――をしたとして、告発した。そして、かつて侍者をつとめたポール・カルトレラが、一九六三年か六四年のセイラムで、高校一年生のときにバーミンガムに性的いたずらを受けたと訴え、一九九六年に、大司教区から和解金として六万ドルを受けとったことを公表した。

ローウェルに異動させられたあと、バーミンガムは近隣のチェルムスフォード警察本部にレイプ事件で連行されたことがある。釈放されたが、過去に子どもたちに性的いたずらをしたことを認めたあとでだったと、今は引退したチェルムスフォード警察署長レイモンド・P・マッケオンが語った。当時、バーミンガムは「もう治った」と言い張っていた。だが、彼は児童虐待で治療を受けたことはなく、ローウェルの主任司祭は彼の性的いやがらせの経歴を知らされていなかったと、マッケオンに話した。

バーミンガムが虐待した子どもの、延べ人数は不明だ。だが、三〇年にわたる司祭歴の間、バーミンガムはボストン大司教区の教区を渡り歩いた。サドベリー、セイラム、ローウェルにつとめたあと、さらにブライトンの聖コラムキルズ――彼はその地でドロップイン・センター（児童が気軽に立ち寄れる施設。）を設立した——に配属され、その後、一九八五年、グロスターの聖アンの主任司祭に昇進した。最後の配属先は、レキシントンの聖ブリジッズだった。また、ブライトン地方裁判所の少年裁判所のチャプレンもつとめ、十代の教区民を州外のフィールドトリップに連れだした。スーツ姿のホーガンは、ヴァーモント州へのスキー旅行の間と、十五歳当時にアリゾナ州、ネヴァダ州、カリフォルニア州へ旅行した際、バーミンガムが彼を虐待したと申し立てた。

「現在私にわかっているのは、警察に行くべきだったということです。ですが、当時私は教会に行き、教会が善処してくれると考えたのです」と、マクギーは言う。

レイプしたことは一度もないし、満足したこともない

晩秋の、冷たい噛《か》みつくような風が吹きすさび、太陽が顔を出すかという頃、ロナルド・H・パキン神父は酔いつぶれた十代の少年四人を起こし、車に押しこむと、長い家路についた。三十九歳の司祭と、十三歳から十六歳の若い道連れは、まだ頭がぼんやりし、昨晩の酒が体に残ってフラフラしていた。五人は全員午前一、二時まで飲んでいたため、一九八一年十一月二十八日の寒い朝、夜明け前の起床は、歓迎さらざる身震いを起こした。それでも彼らは早めに発《た》ち、ボストンから北にある労働者階級の町、ヘイブリルに戻りたかった。パキンはそこで、洗礼者ヨハネ教会の助祭（司祭につぐ職位。）をしており、その同じ教区で、十代の少年四人——ジェームズ・

フランシス、ジョセフ・ブレスナン、ジョセフ・ヴァイランコート、クリストファー・ハッチ――は、侍者をしていた。

パキンは、ニューハンプシャー州ベツレヘムの山小屋に泊まりがけの週末旅行を計画した。教区の青年会を立ちあげた少年たちへのご褒美だ。もともとは山小屋で一晩だけ過ごす予定だったが、思いがけず楽しい旅になったため、金曜の夜も泊まることにしたと、パキンはのちに記者に語った。二十年以上が経ち、あの晩、他の少年たちが見ている前でジミー・フランシスの寝袋にもぐりこんだとき、パキンが何を考えていたか、そして司祭が同床しているのを見て、ジミーがどう反応したかはわからない。

これらの問いに、フランシスは答える機会がなかった。昨晩の酒のせいで頭がもうろうとし、パキンは運転中、二度ばかり居眠りをした。ニューハンプシャー州ティルトンの州間道路九三号線のハイウェイでパキンが舟を漕《こ》ぎだしたとき、フランシスがとっさにハンドルをつかんで道路を外れるのを止めようとしたと、ほかの少年が証言した。重い車体はひっくり返り、フランシスは車から放り出され、大破した車の下敷きになった。ひとりの少年は重傷を負い、パキンと残り二人は軽傷で済んだ。だが、車の下にはまったフランシス――ヘイブリル高校の三年生でアスリートの優等生――は、窒息死した。

ハロルドとシェイラ・フランシス夫妻の一粒種が犠牲となって終った自動車事故は、刑事訴追された。二十一年後、パキンは車のコントロールを失った際、しらふだったと主張する。だが当時の少年のひとりが、前夜の酒盛りを証言している。

パキンの不品行への訴えを最初に受けたとき、大司教区がパキンを司祭職から外していれば、ジミー・フランシスはニューハンプシャー州のハイウェイで命を落とすことはなかっただろう。

事件の三年前、ロバート・P・バートレットは、当時パキンが派遣されたマスーアン近くの聖モニカ教会の主任司祭に、パキンが自分と、他に二人のティーンエイジャーに性的いたずらをしたと訴えた。いずれにしろ、パキンは一九八一年にヘイブリルへ異動になり、ボストン大司教区がそこから彼を外すまで、さらに九年かかった。ヘイブリルで、子どもたちにまたもや性的いたずらをしているとの通報のあったあと、教会当局がようやく下した判断だった。

二〇〇二年四月、フランシス夫妻はパキンがこの教区に異動になり、二人の息子に出会う前、子どもたちに性的いたずらをしたとして告発された過去があるのを大司教が知っていたと報じる新聞記事を読むと、ボストン大司教区を相手どり、不法死亡訴訟を起こした。夫妻は大司教区が、「未成年者への略奪的なセックスで知られた小児性愛者に教区司祭を続けさせ、子どもたちを餌食にし、とめどない性的欲望を満たし続けるのを許したことで、信徒への義務に背いた」と告発した。

インタビューで子どもたちに手を出したことを認めたパキンは、彼が派遣された各教区に、悲劇的な爪痕を残していった。一九七三年に叙階されたパキンは聖モニカ教会でキャリアをスタートさせた。そこで侍者、ボーイスカウト、カトリック青年会、教会が催す出し物の責任者等をつとめる。そして就任早々、若者たちを虐待しはじめた。一九八一年にヘイブリルに異動になったとき、教会当局は彼の性衝動について承知していた。

ある際だった一点で、パキンはほかの虐待司祭たちと一線を画した。『グローブ』紙記者とのインタビューで、性的逸脱行為の長い歴史を自ら認めたのだ。ボストン大司教区が彼の聖職活動を一九九〇年に封じるまでの十四年間、マスーアンとヘイブリルで少年たちを虐待していたと語った。インタビュー中、彼は自分の虐待行為に対し、申し訳程度の言い訳をした。セイラムで暮らしていた少年の頃、カトリックの司祭にレイプされた過去を持つと言うのだ。

「確かに、私は彼らに手を出した。だがレイプをしたことは一度もなく、満足を感じたことはなかったよ」

パキンは精神分析医に、自分は「性的嗜好が十三歳のままなんです。私は十三歳で止まってるんだ。プレッシャーを感じると、十三歳の少年たちとつるむんですよ」と、話した。一九九〇年から一九九八年まで、教会の司祭名簿年鑑に、彼は「派遣なし」「派遣待機中」もしくは「病気欠勤」と記載されている。一九九九年と二〇〇〇年、パキンはマサチューセッツ州ケンブリッジのヨーヴィル病院に送られ、同年還俗《げんぞく》（もとの俗人に戻ること。）させられた。司祭のつとめに携わることは二度となかった。

これまで、少なくともパキンの被害者七人が、ボストン大司教区から和解金を受けとった。その一人バートレットは、一九七〇年代の六年間、数えきれないほどパキンに性的いたずらをされたという。パキンは一九九〇年に教区の仕事から外されたあと、未成年者を虐待するのは止《や》めたと主張した。今では二十代半ばになる匿名を希望した被害者の一人の申し立てと、相反する主張だ。現在は妻帯者のその人物は、十一、二歳で侍者になってすぐ、パキンに性的虐待を受けはじめたとして、二〇〇二年三月に告訴した。それは彼が十七、八歳になった一九九三年か一九九四年まで続いたという。

虐待は、彼がヘイブリルの聖ジョン教会の若い侍者だった時にはじまった。そこで、派遣されてきたパキンと出あった。「彼はすぐに私と友達になりたがった」男性によると、パキンから、よく買い物に誘われたという。贈り物や金をもらい、教会を訪ねるように言われ、二人で宗教談義をした。彼の父親と義理の母親は、息子に目をかけてくれる司祭に感謝した。友情が芽ばえ、男性はパキンを父親的存在として慕うようになった。「教会と、彼の生活に深く関わるようになった」と、男性は語った。

七ヶ月ほどして、パキンが彼をメイン州のアウトレットモールへ日帰り旅行に誘うようになり、やがて、ケネバンクポートのキャンプに泊まりがけで遠出するようになる。「私たちはコロナビールを飲んで、ロブスターを茹《ゆ》で、アイスクリームを食べました」と、男性がふり返る。州間九五号線を運転中、パキンが心理学の話題を振り、それからフロイド、そしてセックスへと持って行った。マスターベーションをしたことがあるかい？　パキンが聞く。勃起したことは？「それを、普通の会話の一部としてはじめたんです」と、彼は言った。「最初は恥ずかしかった。でも神父はこう言いました。『私はこれが、風変わりで恥ずかしく聞こえるとわかっているよ。だがセックスについて話すのは普通のことだし、自分の性衝動について受け入れるのはいいことさ』それから、彼の話に聞き入りました。彼は、ためになる話もしました。宗教や信仰や道徳や、善良な人間でいることを。彼を嫌いになんてなれませんでした」

キャンプに行ったあるとき、パキンはマッサージセラピーについて話しだし、それから少年の背中と足をマッサージしはじめた。「次に気がついたら、彼が僕を愛撫《あいぶ》していました」と、彼は言った。「それから私を射精させました。彼はすごくそっとやり、私が緊張するのがわかると手を止めました。彼は言いました。『大丈夫か？　これは完璧に普通のことなんだ』気持ちが良くなるだけだよ、と。そして、こう吹き込まれました。射精するのはいいことで、自分といてリラックスするのはいいことなんだ」それは男性にとって、初めての性体験だった。

やがてパキンはしばしば彼にオーラルセックスをするようになる。ときにはヘイブリル墓地に停めた車のなかで行われた。彼らの性的な逢瀬《おうせ》は、ヴァーモント州やその他の州や、カナダへの無数の旅でも行われた。何年もあと、ボールドペート――ボストンを北に行ったへんぴな町、ジョージタウンにある精神科病院――のパキンを訪ねたとき、そこでも彼を愛撫しようとした。そしてボストン大司教区が、うつ病、アルコール中毒、虐待癖のある司祭たちを収容するのに使う、ボストンの南にある裕福な郊外の町ミルトンのよく管理された、レンガ造りの壁がとり囲む〈聖母マリア会館《アワ・レディーズ・ホール》〉にパキンが送られたときも、行為は続いた。治療とリハビリテーションを提供するとの触れこみだったが、施設はパキンに虐待を続ける機会を与え、プライベートな監視なしの部屋をあてがい、若者と一緒に過ごすのを許した。

パキンがボールドペートに入院していた二、三年間のうち、男の記憶では数十回施設を訪ねている。ある時は正面玄関を通って、時には人目につかない脇や裏手のドアを使った。パキンの部屋ではマスターベーションやオーラルセックスをしたと、男は言った。二回ほど、男は夜をそこで明かした。

男が寝過ごしたある朝、パキンは朝食を作ってくれると言い、階下で用意している間は寝室にこもっているよう指示した。施設は訪問者の出入りをチェックせず、目につく監視もなく、そこにいる間、他の司祭に見とがめられることはなかったという。

「誰も私に質問しませんでした。誰も『お前は誰だ？』とは聞きませんでした」

男は当時、なぜパキンがボールドペートや〈聖母マリア会館〉に住んでいるのか、気にしなかった。司祭が、新たな派遣先が決まるまで住んでいるだけだと言ったからだ。

十七歳になり、月日が経つうち、やっと、彼はパキンが自分に性的関心を寄せるのを「どんどんどんどん不快に」思いはじめた。その時まで、性行為について「それは普通で自然なことだと信じこまされていましたし、そう納得していたんです」と、彼は言った。

「スキー旅行からの帰りに九五号線を下っていたあるとき、僕はかっとなり、こう言いました、『あなたがこれを止めないなら、二度と戻らない』彼はこう言いました。『そうだな。やめるよ。時間をくれ』でもしばらくして、多分二、三ヶ月後、『また行こうよ』と言って来ました。僕は彼を信用し、終わったと考えて同行しました。でもなぜだかまた起きた。とうとう、やがて妻となる女性と出会い、そのとき彼に言ったんです、『もうできない』って」

二〇〇二年一月、『グローブ』紙や新聞各紙に、パキンの長い性的虐待の歴史がスクープされた。「僕はただ、ショックでした」と、男は言った。パキンがほかの子どもたちに性的いたずらをしていたことは、知らなかった。パキンを問い詰めると、虐待した子どもの人数は覚えていないと言った。「あれが、ターニングポイントでした」男は弁護士を雇った。

あとから思えば、と、彼は言う。未熟だったために、もっと早く関係を終わらせなかったことを恥ずかしく思う。なぜ性関係を持つようになった司祭と接触し続けたのか――聞く耳を持つ者へ――説明しようとした。パキンは注意深く段階を踏んで性的な方向へ向かい、時間をかけて彼との精神的な絆《きずな》を築いていった。司祭に会ったときの少年は性的に未熟で、セックスは自然な交友の発展型だとの年長者の言い分を信じた。そして、パキンは親密な信用すべき相棒になったと、男は淡々と説明した。

「彼は僕の、大人の親友でした。僕はこの男を愛したと言えます――本当に。自分に言い聞かせました、『ほら、彼はお前に忍耐や親切さや宗教や信仰について、教えてくれたじゃないか』って。でも、彼の善と悪を秤《はかり》に掛けなくてはいけない。そして、結果は歴然でした。彼には問題がありました、心の問題が。そしてそれは、教会の責任です」

二〇〇二年五月、一人の少年の申し立てにより、パキンは子どもをレイプしたかどで逮捕された。彼は無罪を主張したが、のちに児童をレイプした容疑三件で起訴された。

ローマンカラーをつけりゃ、女は電柱とだって恋に落ちる

一九六〇年代が、米国社会において大変革の時代だった一方、ローマ・カトリック教会と司祭

職においても、劇的な変化の時は訪れた。そしてボストンにおいては、ポール・R・シャンリー神父ほど、変化を体現した人物はいなかった。

彼は、自信とカリスマを発散していた。明るくて自信家のシャンリーは、背が高くてハンサムで温かくて社交的、人の心を捉えるパーソナリティの持ち主で、神学校の同級生を、のちには教区民たちを魅了した。

一九六〇年、聖ジョン神学校を卒業し、司祭に叙階されたとき、シャンリーは若々しい、清潔な風貌をしていた。叙階当時に撮られた写真では、魅力的な短髪の若者が、気さくな笑顔を満面に浮かべてカメラの方を向いている。だが二、三年後には、イメージをがらりと変え、当時のカウンターカルチャーの風潮を反映していた。茶色い髪をローマンカラーの下まで伸ばし、もじゃもじゃのもみあげが頬までうねっている。しまいにはカラーを身につけるのをやめ、伝統的な司祭服を格子縞《こうしじま》のシャツとブルージーンズに替えてしまった。

非伝統的な服装とボサボサの長髪だけが、シャンリーを目立たせていたのではない。彼が叙階を受けた激動の時代のなかで、シャンリーは度々教会の教え、とりわけホモセクシュアリティは罪だという風潮に歯向かい、公然と声に出し、ハンバート・S・メディロス枢機卿を含めた長《ちょう》上《じょう》たちとぶつかった。

シャンリーはゲイ、レズビアン、トランスセクシュアル（外科的手術で心と体の性の一致を望む人、または性転換した人。）ら、排斥されたマイノリティを堂々と擁護《ようご》し、一九七〇年代はじめ、家出した若者やドラッグ中毒患者、ヒッピー、そして性同一性に悩む十代のための「孤独な若者たちの教会」を創設した。彼のユニークで斬新な活動により、「路上司祭」もしくは「ヒッピー司祭」という、非公式な称号を頂戴した。彼の歯に衣着《きぬ》せぬ率直さはボストンの孤立した若者たちの支持を集め、ヒーロー気どりのシャンリーは、長上とのひんぱんな衝突を生んだ。

また、シャンリーはプライベートな発言でも物議をかもした。そして、閉じられたドアの背後で行っていた行為が、叙階四十年後、反抗的な服装と説教スタイルが及びもつかないほどの悪評をもたらした。

絶望し、問題を抱えた若者が助けを求めて訪れる教区やカウンセリング・ルームで、シャンリーは性的プレデターと化し、権力と地位を使い、助言と援助を求めて彼に近づく者を餌食にした。シャンリーのセラピー・セッションは、性的虐待とレイプの温床の場となった。

ボストン大司教区は、シャンリーの被害者少なくとも五名と和解を結んだ。当時十二、三歳だった一九七二年頃、シャンリーに繰り返し肛門をレイプされたとして、一九九三年頃に教会当局へ訴え出た男に四万ドルを支払った例もある。別の男性は十一歳だった一九六五年から四年間、シャンリーと性的関係にあったと申し立て、一九九八年に一〇万ドルの和解金を受けとった。

だが、シャンリーの犯罪行為の多さと、彼を甘やかし、守ってきた教会当局の徹底ぶりが明るみに出たのは、二〇〇二年二月にグレゴリー・フォードが――一九八〇年代にシャンリーに繰り返しレイプされたと主張して――裁判に訴え、司祭に関する大司教区の極秘ファイルの開示を求めたときだった。それまで極秘だった一六〇〇ページ以上の教会記録から明らかになったのは、過去十年以上、ロウと事務官たちは、シャンリーの違法行為に対する一九六七件の詳細な申し立てを一顧だにせず、成人男性と少年との性的関係を公然と推奨する彼への再三の苦情に、うかつな対応をしていたことだった。

ロウと部下たちがシャンリーの行為にあまりに無関心だったため、常軌を逸したシャンリーの行動に対する具体的な訴えが大司教区に寄せられてから二十年後の一九八八年、シャンリーが性的に露骨な会話をしたというひとつの告発が無視された。

訴えをした男が、匿名を条件に語ったところ、ボストンの北西部にある精神医療施設マクリーン病院に、シャンリーがカウンセリングを口実に彼を訪ねた。「快い会話」としてはじまったものが、突然「ひどく、ひどく、ひどく性的」になったという。「あまりに猟奇的でした。サドマゾに興味のある彼の友人の話をはじめたのです。極めて露骨に、お互いにしたことを説明しました。鞭《むち》打ちや、一方が相手の上に射精したり……」と、男がふり返る。

それでも、教会事務局のファイルに眠る一九六七件の告発の証拠と、シャンリーの猟奇的なセックス観にもかかわらず、ロウの事務官ロバート・バンクス司教は、シャンリーが事実を否定したため何も対応出来ないと、メモで結論づけた。

シャンリーの記録は、メディロスも共謀のとがで同罪だと証明している。一九七七年にニューヨーク州ロチェスターで行われた談話で、シャンリーは公然と、子どもたちに「心理的」ダメージを与える性行為などは近親相姦《そうかん》も獣姦も含めてありはしないと主張し、成人男性と少年の性的関係においては、しばしば子どもが誘惑する側だと論じた。この談話にぞっとしたニューヨークのカトリック教徒が、メディロスへの手紙で、シャンリーの発言に対する狼狽《ろうばい》をぶちまけた。だが、とりたててこの手紙に対する対応はとられなかった。シャンリーのホモセクシュアリティへの公然の擁護は、やがてバチカンの長上たちの耳にも入り、ひとりがメディロスに説明を求めた。一九七九年二月付のローマのフランジョ・セペール枢機卿への返事で、メディロスはシャンリーを「問題ありの司祭」と呼んだ。二ヶ月後、メディロスはニューヨーク市の弁護士から、『ゲイウィーク』という出版物の、男と少年の恋愛に関するインタビューで、似たような主旨のシャンリーの発言が引用されていたとの警告を受けた。教会当局がとった唯一の行動は、シャンリーを彼の路上の教会から引き離し、郊外の教区に飛ばしただけだった。

教会の文書が示すには、報復としてシャンリーは、大司教区の神学校、聖ジョンに関する不特定の情報をリークするとメディロスをあからさまに脅迫し、決定をくつがえさせようとした。懲戒処分、または若者と接触できる役職を永久に剝奪されるかわりに、シャンリーはボストンの西手にあるにぎやかな郊外ニュートンの、聖ジョン福音教会に異動になった。再派遣には、形ばかりの叱責として、忠告が添えられた。「聖ジョン小教区および、ボストン大司教区のいずこの教会にあろうと、教皇勅書その他の教皇庁発行文書で表明される教えに、教会は明確に従う。性倫理に関しては、とりわけ厳格たるべし」と、メディロスはシャンリーへの手紙で釘《くぎ》を刺した。

シャンリーのキャリアは、ニュートンで全盛期を迎えた。過去の問題行動の数々にもかかわらず、彼は六年後の一九八五年、当時新任の大司教、ロウ枢機卿から、主任司祭に任命される。四ヶ月後、シャンリーがロチェスターで再び談話を発表し、今一度男と少年の性的関係を勧めたと、とある女性が教区事務所に警告したとき、大司教区は鷹揚《おうよう》に応じた。二通目のロチェスターの手紙への返答に、ロウの事務官マコーマック神父は神学校の同級生であるシャンリーに親しみをこめた忠告をし、「キリストの友愛仲間」と署名した手紙のなかで、緊急性の欠ける調子で、こう書いた。「この女性の指摘にコメントをしてくれるかな？　手紙でもいいし近々会ってもいい」ファイルには、シャンリーが要望に答えた証拠は見当たらなかった。

シャンリーのファイルはまた、教会当局のトップが、少なくとも一九六〇年代後半には、司祭の虐待行為の証拠をつかんでいたことを明らかにした。ロードアイランドの州境に近いアトルボロ。聖母ラ・サレット聖堂につとめる司祭が大司教区宛てに手書きでしたためた手紙には、とある若者が、ボストンを南下した森林地帯ブルーヒルズの山小屋で、シャンリーにマスターベーションをされことを彼に話したとあった。手紙は、シャンリーがティーンエイジャーを連れて週末定期的に山小屋に行くと伝え、被害を受けた可能性のある者の氏名、電話番号、住所を明記していた。教会のファイルには、疑惑が調査された形跡は含まれていない。だが、傲慢さを持って知られるシャンリーは、容疑の数々を否定するとげとげしい手紙で告発者たちを痛烈に批判し、自分自身の「優秀さ」に言及していた。別の手紙では、彼が少年にいたずらをしていると告発した女性を蔑視に満ちたことわざを使って貶《おとし》めた。

「ローマンカラーをつけりゃ、女は電柱とだって恋に落ちるくせに」

シャンリーの日記と、時折発信するニュースレターも、日付はないもののファイルに入っており、それによれば彼が性病にかかっていて、十代の者にドラッグの射《う》ち方を指示していたことがわかる。シャンリーの有罪を物語るファイルがあるにもかかわらず、一九九六年に彼が引退したとき、ロウは彼に輝かしい慰労の言葉をかけた。二月二九日付の書状で、枢機卿はこう表明している。「長年にわたる、親身で熱心な貴下の献身により、大勢の人々の暮らしと精神が、貴下とともに御霊《みたま》の祝福を受けたことは疑いない。貴下の奉仕を真に感謝する」

シャンリーの被害者が、全部で何人にのぼるのかは不明だが、子どもたちとの関わりは、彼が司祭に任じられた年にさかのぼる。ボストンの北、ストーンハムの聖パトリック教会へ最初の赴任教区として赴く前、シャンリーはマサチューセッツ州とニューハンプシャー州の様々な施設で、精神遅滞の子どもたち、孤児、非行少年、貧困家庭や黒人の若者相手の仕事をした。そのなかには〈キャンプ・ファティマ〉〈カーディナルズ児童館〉〈聖フランシス少年の家〉〈ザ・カトリック少年指導センター〉〈ザ・ドーチェスター隣保館〉〈キャンプ・ドーチェスター〉がある。ストーンハムで、シャンリーは地元の青少年のために金曜夜の「トップテン・クラブ」をタウンホールで開き、しばしば会場をライヴミュージックとサイケデリックな照明の仮説ディスコに仕立てた。ブレインツリーでは、十代のフォーク・ミサを運営し、大勢の若者を引きつけた。ヴァーモント州ウェストンの九五エーカーの農場に、若い労働者のための静養所を構え、J・R・R・トールキン作の『ホビットの冒険』に出てくる理想郷にちなんで〝裂け谷〟と名づけた。彼はまた、ボストン・ステート・カレッジのチャプレンをつとめ、ロックスベリーの〈ウォーウィック・ハウス〉および、ボストンの南にあるミルトンは〈エクソダス・センター〉のチャプレンも兼務した。どちらも、ティーンエイジャーと密に接する仕事だ。今ではこの時期からも、被害者が名乗り出ている。

ポール・R・シャンリー神父は公の場で、成人男性と少年の恋愛について説いた。私生活では、若く、無防備な未成年を性的に虐待したとされた。
PHOTO BY THE BOSTON GLOBE

故ジョセフ・バーミンガム神父は、申し立てによれば多数の若者を性的に虐待した。30年近い彼のキャリアの初期に、教会の指導者たちは手をこまねいていた。
ARCHDIOCESE OF BOSTON PHOTO

ロナルド・H・パキン神父の起こした交通事故は、前夜に虐待したとされる16歳の若者の命を奪って終わった。事故の前、大司教区はパキンの性的虐待について知らされていたという。
ARCHDIOCESE OF BOSTON PHOTO

路上の教会を運営していた一九七〇年代の大半を、シャンリーはボストンのバックベイにある私営アパートに独居した。彼はそこへ、十代の少年をいわゆるカウンセリング・セッションに度々招き、たいていが性体験の現場になった。ひとりの十代の少年が、そこで初めてシャンリーに出会う。現在四十二歳になる男性は、匿名を希望している。一九七四年の夏のこと、当時十五歳の男はボストン・カレッジ・ハイスクールの一年目を終えたばかりで、自分の性同一性に混乱している最中だった。知りあいが、シャンリーに揺れる心中を話してみろと勧めた。

最初の面談中、シャンリーは男に、もっと楽な気持ちで向きあえと提案した。

「彼はこう言いました、『自分の体を快適に感じるべきだ。君はそう感じたことがないんじゃないかな。ストリップ・ポーカーをしたことがあるかい?』」と、男がふり返る。シャンリーはそれから裸になると、男にも強要し、等身大ミラーの前でふたりの体を比較した。ヌードはセックスへ進み、その後数年にわたって何度もくり返された。シャンリーはまた、ほかの年長の男性との性的な交渉も手配した。男はシャンリーとの関係を評し、「ダメージを受けました。僕は話したかったのに、しょっちゅうセックスの時間になった。セックスが僕の存在価値なんだと思いはじめました。なぜならチャーミングでハンサムで尊敬されていた彼が、僕をセックスの対象としか見ていなかったからです」一九八二年にやっと、「利用された気がして怒り」彼との今生《こんじょう》の関係を断ったのは、シャンリーがニュートン教区にいたときだった。二〇〇二年一月にシャンリーの虐待が『グローブ』紙に公表されたあと、男は弁護士を雇って、シャンリーに虐待されたとして教会を提訴した。

一九九〇年にニュートンを離れたあと、シャンリーはカリフォルニアで「研究休暇」に入り、病気休暇の資格を受けた。ボストンでの司祭のつとめを良く果たしたと太鼓判を押すバンクス司教からの手紙を携え、サンバーナーディーノの聖アン教区に姿を現す。シャンリーは週末、たまに聖アンで働き——そこの同僚に気づかれることなく——平日はカバナ・クラブの経営に費やした。またパームスプリングスにほど近い、「着衣はオプション」が服装規定のゲイ・モーテルの経営を、やはりボストンの司祭にして当時病気休暇でカリフォルニアにいたジョン・J・ホワイト神父と共同であたった。シャンリーとホワイトはモーテルの共同オーナーでありながら、ともにボストン大司教区から俸給を受けとっていた。

一九九〇年代半ば、ボストン大司教区の同意をもらい、シャンリーはニューヨークにある教会運営のゲストハウス、レオハウスの寮長代理をつとめていた。ごく最近の一九九七年——ボストン大司教区はシャンリーの被害者数名に和解金を支払い済み——施設の寮長の座を狙うシャンリーの申請書を、ロウは却下しなかった。教会のファイルには、ロウによるシャンリーを寮長に推す推薦状の下書きが入っていたが、ニューヨークの枢機卿、ジョン・オコナーがその案を拒否したため、手紙が送られることはなかった。そのためシャンリーはカリフォルニアに舞い戻り、サンディエゴ警察署のシニア市民ボランティアとして働いた。

一九六九年、家出少年やストリート・キッズが出会う危険性について話しながら、シャンリーは教会の上っ面をはたき、インタビュアーの記者を挑発しているようだった。「そういう子たちに誰をあてがいたい？　プロのカウンセラーか、ハスラーや若者を食い物にするサイコ野郎か？」と、彼はまぜっ返した。同じインタビューで、シャンリーは面倒を見た若者たちを、「暴力や、病気や、性的逸脱や、ドラッグに苦しむ被害者」と表現した。

性的虐待の訴えが、はじめて彼に対してなされてから三十五年近く経ち、シャンリーはとうとう警察の注意を引いた。二〇〇二年五月初頭、彼の虐待歴が新聞沙汰になったあと、被害者の多くが初めて声をあげたため、シャンリーはサンディエゴで逮捕された。一九八〇年代までさかのぼる三件の児童強姦容疑に対し、シャンリーは無罪を主張した。代表として提訴したポール・ブーサは元ニュートン住民で、一九八三年から一九九〇年まで、シャンリーが彼を六歳のときから虐待したと告発した。七十一歳の司祭は、終身刑を宣告される見こみだ。

国中に広がる暴露の連鎖

聖ジョン神学校のクラスメートだったシャンリー同様、バーナード・J・レーン神父は、あまたの性的虐待疑惑を受けていた。ボストン大司教区は、少なくとも彼に対する六件の性的いたずらの申し立てで和解している。そしてシャンリー同様、レーンはキャリア中、子どもと日常的に接触できる地位を求め続けた。

一九六九年、彼はボストンの北にあるマルデンに、思春期のドラッグ患者用の治療センターを設立し、主任司祭をつとめる教会では、若者のための静養所を組織した。彼はまた、マルデン・

カトリック高校の元チャプレンでもあった。だが彼に対する疑惑の大半は、ボストン北部のマサチューセッツ州リトルトンに建つ十代の問題児のための非営利センター、アルファ・オメガの監督在職期間中、およびニューハンプシャー州バーンステッドにある、被害者が「独身貴族の部屋」と形容する鏡張りの天井が特徴的な家族所有のコテージで起きた。

パキンの事件と同じく、レーンの虐待は防ぎ得たものだった。だが州当局は、彼の犯罪行為を初期のうちに食い止めるチャンスを逃した。そして不適切な性的行為の証拠にぶち当たると、州とボストン大司教区は不面目を避けるため、レーンを異動すべきだと決めた――当時、州が大規模な捜査に着手していたとしたら、刑事訴追にこぎ着けたかもしれない。

一九七〇年代の終わり、アルファ・オメガとバーンステッドには十四歳から十七歳の、アルコール中毒や車の窃盗犯など「深刻な問題行動」の少年が、それぞれ十五名ほど起居していた。一九七六年と一九七七年に、マサチューセッツ州青少年局の調査部員が、規定の検閲のためアルファ・オメガを訪ねた。だがレーンは職員の入所を拒否し、ここで行われているたぐいのグループセラピーを部外者が見学するのは不適当だとつっぱねた。担当者が、上司である当時の青少年局副総監ジョン・アイザックソンに報告すると、介入を拒んだ。アイザックソンの決定は、局にとって深刻な判断ミスだったと、職員が『グローブ』紙のインタビューで話している。「もしあの時にすべき仕事ができていれば、子どもたちの何人かが傷つかずに済んだかもしれない」と、調査チームの一員ジーン・ベロウは言った。アイザックソンは、アルファ・オメガについてチームと話しあった記憶はないと述べたが、チームの供述には反論しなかった。またチームの意見を取りあげなかったのは、彼らの判断を信用しなかったからだという。上司の肘鉄にあい、チームは二度とアルファ・オメガに戻らなかった。それからまもない一九七八年、青少年局はバーンステッドのコテージで、レーンがアルファ・オメガの住人に手を出しているとの苦情を受けた。

問題司祭の運営する問題施設の一部が、告発の詳細で明らかにされた。レーンの告発者によると、アルファ・オメガの少年たちは、全裸で床を転がるように命じられた。この件を聞かれた際、アイザックソンによればレーンは「セラピーだ」と言い張った。告発により、州当局は「異常な治療法の疑いで」アルファ・オメガの運営許可証を取り消すと脅し、教会は同年レーンを施設から排除した。論争にまきこまれた州当局は、教会への敬愛の念が、州の早期行動をさまたげたと弁明した。

一九七〇年にアルファ・オメガの精神分析医だったコーネリアス・ココは、レーンがアルファ・オメガを去った理由を、二十年以上経って、彼の虐待行為疑惑が浮上する二〇〇二年のはじめまで知らなかった。だがあとから考えると、アルファ・オメガのすべてが順風満帆とはいい切れない気がかりな面もあったと認めた。

「バーニー（バーナード）が職員に、男の子のひとりが彼のベッドに潜りこんできたため、その子としばらく話をしてから自分のベッドに返したと、話したことがありました」

リトルトンからレーンを外したあとも、大司教区はボストン地区の教会をさらに転々とさせ、子どもに接触する機会を許した。派遣先は、ローウェルの聖ピーター小教区、リンフィールドの聖マリア・ゴレッティ、侍者と教理問答集を担当したウォルサムの聖チャールズ、それにケンブリッジの聖アンソニーと、チェルシーの〈聖母マリアの恩寵《アワ・レディ・オブ・グレース》〉教区になる。

ゲーガン同様、教区から教区を転々としたレーンの虐待は見過ごされ、破壊的な行いの証拠があるにもかかわらず、レーンは司祭として活動し続けた。存命司祭の人事ファイルの調査を含めた、性的虐待に関する大司教区の新しい方針をロウが宣言した一九九三年になってようやくレーンはチェルシーから外され、病気休暇に置かれた。三年後、一九九六年から一九九八年まで、大司教区でも名の通った司祭向けの老人ホームで、ボストンのダウンタウンに構えるレジーナ・クレーリ〈高齢司祭のための医療施設〉の副所長——ゲーガンと同じ役職——をつとめた。一九九九年までレーンはその職にいたが、その頃までに教会当局は、彼に対する六件の疑惑で和解していた。すべて、アルファ・オメガで起きた事件だった。二〇〇二年一月に彼のアルファ・オメガでの虐待が公表されると、十数名の被害者が弁護士を雇った。

レーンは、今では引退してニューハンプシャー州バーンステッドに住み、告発を否定し、すべての質問は弁護士で甥《おい》のジェラード・F・レーン二世に回した。彼は伯父に対して起こされたアルファ・オメガ在職中の性的虐待訴訟三件で、大司教区が和解したことを認めた。だがジェラード・レーンは訴えに理非はないと信じるという。彼によれば、大司教区の弁護士ウィルソン・ロジャース・ジュニアが、和解しないとさらなる原告が「雨後の竹の子のように出てくる」からと、伯父をせかせたのだ。

告発に、地理的な制約はない。ボストンのスクープが引き起こした、聖職者による性的虐待の訴えの波のなかでも、ひときわ衝撃的な現象がこれだ。ニューイングランド地方の虐待事件だけでも、充分問題だったことだろう。だが国中に、もう一人のシャンリー、もう一人のバーミンガム、もう一人のレーンがいた。メインからフロリダ、ロサンゼルスまで、新たな被害者が進み出て、体験を語りはじめた。彼らよりも前に声をあげた被害者たちに、背中を押されて。そして、アリゾナ州では、ゲーガン訴訟が世間の注目を大いに集めたように、ツーソン司教区にスポットライトの当たった訴訟が、終わりに近づいていた。

一九六〇年代にはじまるアリゾナ州の司祭四人による性的虐待を、被害者十一人が司教区に対して起こした民事裁判は、二〇〇二年一月、秘密保持契約が結ばれ、和解に至った――推定一六〇〇万ドルで。それは、原告側弁護人リン・M・キャディガンをして、「性的虐待事件の訴訟に十九年間関わったなかで、ここまでひどい犯罪隠蔽のパターンと手段には、金輪際、お目にかかったことがない」と言わしめた、忌わしい教会のやり口の絡んだ訴訟だった。

暴かれた新事実の数々。モンシニョール・ロバート・C・トルーピアは、一九七六年はじめ、数名の少年が彼らをもてあそんだ犯人として、教会当局に訴えた司祭のひとりだが、一九九二年まで聖職活動に従事していた。一九八〇年、二人の司祭が、トルーピアの虐待行為を教会当局に通報するも、門前払いに遭う。一九八八年、カリフォルニア州の神学校に、許可を受けていない若者連れで現れたトルーピアが出入り禁止となったのを司教区は知っていながら、最初の訴えから十六年間で二回昇進させた。そして、トルーピアともうひとりの司祭、ウィリアム・T・バインは、一九七〇年代にアリゾナ州ユマ教区につとめていたときに、侍者の少年たちを性的に共有したとの嫌疑を受けた。

ダメージをこうむった暴露の連鎖が、ツーソンから遅効性の毒よろしくジワジワ広がっていき、アリゾナ州の教会当局は、和解成立後、数百名の教区民のために癒しの礼拝式を持つことにした。二〇〇二年二月に執《と》り行われた特別式で、マニュエル・D・モレノ司教はスキャンダルにおける自身の挙動を謝罪し、それをきっかけに『アリゾナ・デイリースター』紙は司教の退任を要求した。

十一名の被害者のうち、アンドリューとアーサー・メンチャカは、少年だった一九七〇年代に、トルーピアとバインの両方に虐待されたと告発した。現在四十代のアンドリュー・メンチャカによると、虐待のいくつかは、ユマの聖フランシス教会の教区司祭館でトルーピアから個人的に勉強をみてやろうと持ちかけられたときに起き、一九九一年に脳腫瘍で死んだバインとは、虐待はやはり教区司祭館で起きた。また、軍のチャプレンとしての仕事で、パインがフェニックス、ツーソン、ロサンゼルスその他の都市を回ったときにも起きた。

多くの被害者同様、メンチャカは不安定な子ども時代を過ごした。五人兄弟の彼は、移民労働者と極貧に彩られた国境の町、ユマで育つ。彼が幼いときに両親は離婚し、母親はのちに再婚して新たに子どもをもうけた。トルーピアとバインの二人は彼と友情を育み、それが彼等の巧妙な手口に対し、少年を無防備にした。「ホルモンの未熟な少年は、セックスについて考えても、その知識はない」と、メンチャカは言う。「そして、あんなことをされると、体はある方向に反応し、心はその反対に反応する……その時は、自分の体と生活に何が起きているのか理解できない。

自分が興味があるのは女の子だとわかっていても、あんなことが起きれば混乱する。ある人物が自分の体に欲情すると言い寄ってくると、それが女性ではないのに体は反応してしまうんだ」

　被告として挙げられたほかの司祭は、ペドロ・ルシエン・メイニア・デ・ラ・ピエール神父と、マイケル・J・テタ神父だ。嫌疑にあいまいな部分はほとんど見られない。今はメリーランドに住むトルーピアは、一九九二年に虐待疑惑を長上から問いただされたとき、自分が「無軌道」で「一般の聖職に向いていない」と認めた。トルーピアの言い分を罪を認めたととったモレノは即刻職務停止にした。だがモレノの一見素早い行動は、一六年以上遅かった。教会当局がトルーピアの虐待を最初に知ったのは一九七六年、テッド・オズワルド神父が聖フランシスの少年数名から、トルーピアに愛撫されたと訴えられたと長上に報告したときだ。モンシニョール・ジョン・アンソニー・オリバーは、オズワルドの報告を、当時の司教フランシス・J・グリーンに伝えたと主張した。だがオリバーは、トルーピアに疑惑を問い質すことは一度もなかったと話した。「そういう質問をするのは私の職務ではない」裁判記録によると、オリバーはそう供述した。「個人的に必要がない限り、耳にもしたくありません」

　そんな次第で、トルーピアは聖職者の階段を上り続けた。一九七六年、最初に訴えがあったのと同年、トルーピアはツーソン司教区の教会裁判所の責任者と、ツーソンの〈悲しみの聖母《アワ・マザー・オブ・ソロウズ》〉教会の主任司祭補佐に指名される。一九八二年、司教となって一年目、モレノはカリフォルニア州の神学校の大司教から、トルーピアが若者と寝ているのを目撃されたとの報告を受ける。数年後の訴訟で、教会当局はトルーピアと泊まり客が「ともに寝ているという以外の何かをしている」

という証拠は皆無だと言った。

一九八八年、同神学校が、学校に許可を受けていない若者を連れこむ習慣により、トルーピアを出入り禁止にしたと、モレノに警告した。そして一九八九年、ツーソンの司祭ジョセフ・ベーカー神父が、寝室に子どもを連れこむトルーピアの習癖を知らせたところ、モレノの態度は「敵対的になった」という。別の司祭が同様の憂慮を持ち出すと、裁判記録によれば「自分の心配をしろ」と言われた。同年、トルーピアはワシントンDCのアメリカ・カトリック大学に通い、教会法の博士号取得のための奨学金を勝ちとった。虐待の経歴は、大学に通告されなかった。トルーピアが「無軌道」と自分を評したあと、モレノは一九九二年に彼を職務停止処分にしておきながら、翌年被害者の母親のひとりに、トルーピアは過ちは犯していないと否定の手紙を書き送った。そしてモレノがトルーピアを調査して、職務停止に処した最終的な判断は、被害者の母親のひとりが、トルーピアの所属する大司教区を監督しているサンタフェの大司教ロバート・サンチェスに、一九七七年にトルーピアが元侍者だった息子を性的に虐待したと知らせたあと、ようやく下された。サンチェス自身、一九七〇年代に複数の女性と性的関係をもったと認め、一九九三年に辞職している。

一方教会当局は、トルーピアに対する告発を法執行機関にただの一度も報告しなかった。にもかかわらず、一九八八年と一九九七年、問題司祭はとうとう警察の捜査陣の注意を引いた。どちらの折も教会当局は協力しそこね、一九九七年にはトルーピアの所在を捜査員たちに教えるのを拒否する裏で、職務停止中の彼に小切手を郵送していた。二〇〇一年、トルーピアは一九七三年に起きた児童への性的虐待七件の容疑で逮捕された。だが告訴は取り下げられた。出訴期限が時効になったためだ。

何人のトルーピアが、存在したのだろうか？　国中の司教区が虐待の訴えをひた隠しにし続ける限り、虐待司祭の真の人数は不明のままだろう。小さな町の教会からバチカンまで、教会当局の透明性の欠落により、性的に逸脱した司祭たちの爆発的な報道合戦が、聖職者の一部少数派に限る話なのか、より大きな問題の表面をかすったに過ぎないのか、世間は暗闇に取り残される。一方、別の問題が立ち現れた。怯《おび》え、黙りこみ、恥じいったまま放置された被害者が、どれほどいるのだろうか？

第四章　罪悪感に苛まれる被害者たち

誰も信用しない――どんなことだってありうるからね

　ピーター・ポラードにとって、一九六七年のあの瞬間は、記憶にはっきりと刻みこまれている。十六歳の侍者だった彼とジョージ・ローゼンクランツ神父は、真夜中を過ぎたばかりのイースター（この年は三月二十六日）の日曜早朝、教会の地下室に二人きりでいた。教区の主任司祭が入って来たとき、二人は明らかに性行為をはじめたばかりだった。

　すでに慣れっこになった同僚たちのひそみに倣い、モンシニョール・ウィリアム・マッカーシーは、ポラードとローゼンクランツの行為に気づかぬふりをした。そして、性的渇望を野放しにする司祭たちの存在を知って久しい司教や枢機卿《すうききょう》同様、マッカーシーは止《や》めさせる機会を逸した。カトリック教会がこれまでずっとやって来たように、マッカーシーは被害者に背を向けた。「終わったら明かりを消してくれないか？」モンシニョール・マッカーシーはさりげなく頼み、背中を向けてローゼンクランツとその獲物から歩み去った。

明かりが消えて間もなく、ポラードは暗闇に落ちて行った。ポラードはボストンから北に行ったマーブルヘッドにある高校の優等生――ローゼンクランツが初体験に引きずりこむまでは――だった。だが裏切りに遭ったあと成績はがた落ちし、向学心は消え去った。

「一九六七年の冬、僕は初めてのキスをした。相手の女の子にとっては、それがファースト・キスだった。僕のファースト・キスは、数ヶ月前、ローゼンクランツに奪われた」と、ポラードが過去を反すうする。

ポラードは大学に入ったが、二ヶ月と続かなかった。国中を旅し、彼自身の表現によれば、ヒッピーの放浪者となり、日雇い仕事で食いつないだ。信頼していた司祭による性的虐待のあと、独り身を選び、数年間禁欲生活を送った。周囲から完璧に距離を置いていたため、バス停で他人と居合わせても、彼らの後ろに身を引いたほどだった。二十年近く経《た》ち、ようやく本来の自分を取り戻したポラードは長らく中断していた教育を受け、家庭を持ち、一生の仕事――虐待児童の面倒をみる――に打ちこみはじめた。

一九八八年、ポラードがボストン大司教区に赴き、ローゼンクランツについて訴えた頃には、モンシニョール・マッカーシーはすでに死没していた。だがマッカーシーに代わり、同じ無関心さで応じたのは、ロウの事務官ジョン・B・マコーマック神父だった。

ポラードは、マコーマックがローゼンクランツには「性的に問題」があったが、教区活動から外す理由にはならないと言ったことを覚えている。ローゼンクランツからキスをされ愛撫されたあと、マスターベーションをするよう頼まれたとマコーマックに伝えたが、相手は司祭仲間を擁《よう》護《ご》する言い分を用意していた。

「個人によっては、ジョージ・ローゼンクランツと交友を深め、彼が親愛の情を示すと、それを性的なものと解釈する向きもいるかもしれない、とマコーマックは私に言いました」

「第一、ローゼンクランツは非難を否定している。私の経験では、有罪ならばそうと認める」とマコーマックは言い、ポラードを絶句させた。さらに、未来の司教は、ポラードの言い分が真実だとしても、性行為は――マコーマックの見解では――同意の上でやるものだ、と言ったという。

三年後、新たにローゼンクランツへの訴えが出て、ようやく、大司教区は司祭をひっそりと教区から外した。そして、そもそもの彼の苦情に対し、対応が「不適切」だったと、尼僧を通してポラードに認めた。

「僕とすればマコーマックは再び僕を虐待したに等しい。ロウ枢機卿とマコーマックによる裏切りは、ローゼンクランツと同じぐらい僕にダメージを与えました」

ついに、二〇〇二年、ポラードは弁護士を雇って、大司教区とローゼンクランツを訴えた。その頃には、ローゼンクランツはマサチューセッツ州を去り、居所はようとして知れなかった。

ポラードは大勢のほかの被害者たち同様、虐待されたのは自分だけだと思い、何年もひそかに苦しんだ。彼がローゼンクランツのことを訴え出た頃には、全国に何百人もの同胞が存在し、一九八〇年代半ばから司祭がらみのスキャンダルが少しずつ明るみに出ると、ひと塊《かたまり》ずつ、影から救い出されてきたのを知った。

今や、その数は何千人と膨れあがった。ボストン大司教区に限っても、二〇〇二年の最初の四ヶ月だけで五〇〇名以上が弁護士を雇い、多感な成長期、司祭たちに性的いたずらをされたと主張した。

被害者の大半は決して訴え出まい。長らく、専門家はそうタカをくくってきた。だが今回のスキャンダルが、全米中で、かつてないほどの大勢の人々に、何年も潜んでいた暗闇から一歩足を踏み出す勇気を与えた。数が増えるにつれ、彼らの経験にまとわりついていた恥辱の念は減っていった。二〇〇二年はじめ、教会が隠してきた虐待の多さを知って励まされ、ボストン地区の司祭の被害者二〇〇名以上が『グローブ』紙に連絡をとり、大半は極秘に体験を語った。はじめはためらいがちに、しばしば涙ながらに、虐待を秘密にしてきたことを今では後悔していると、多くの者が言った。うちあける日が来ようとは、夢にも思わなかった。勇気がなかった——信心深い自分の親に打ち明ける勇気が。沈黙のなかで苦しむあまり、親友、兄弟、伴侶にさえ、相談できずにいた。

中年を迎える男性や女性の実体験や、何年も抱えてきた恥辱と罪悪感をはじめて話した相手が、たまたま受話器をとった顔の見えない記者という場合もあった。『グローブ』紙に連絡を入れた人々は、彼らが味わった体験を世に知らしめ、子ども時代のトラウマを話したがった。

「彼はすべてを奪った。無邪気さ、宗教心、そして純潔——すべてを奪った」

ニューヨーク市クイーンズ教区で、六歳のときから彼に——のちに知ったことだが兄弟にも——性的いたずらをした司祭について、ティモシー・J・ランバートはそう語った。

「初体験は自分の意志に反して、しかもまだ未成年のときで、ホモセクシャルの経験として司祭に手ほどきを受けたと来てる。最低じゃないか？」

ランバートは、最初にいたずらされてから酒を飲みはじめた。「薬代わりだったんだ」今ではそう言える。

司祭に虐待された被害者のランバートは、いまや彼自身が司祭だ。だが彼は、トゲを持った司祭だ――ブルックリン司教区に怒り、彼に性的いたずらをしたとするブルックリンの主任司祭ジョセフ・F・バインズ神父をかばったとして彼らを非難し、沈黙を破った彼を村八分にした自分の教区のニュージャージー司教区に幻滅した。バインズとブルックリン司教区は、ランバート虐待の嫌疑を否定した。

ボストンでは枢機卿の顧問団が、判決額がかさんで大司教区が破産するのではと恐れた。だが被害者の大半にとって、問題は金ではない。自分たちの苦しみを認めてもらいたい、教会が自分たちにしたことを人々に理解してもらいたいのだと、彼らは言う。ボストンノースショア地区、イプスウィッチ在住のパトリシア・ドーランのように、被害者のなかには心情を吐露する者がいた。なぜなら、ポラードと同じく、教会は彼らを冷たくあしらったと信じているからだ。

一九六〇年代、ドーランの生活は教会一色だった。父親は三つの仕事をかけもちして、教会学校の娘四人分の月謝を支払った。高校生になったパット（パトリシア）・ドーランは、地元の教区司祭館で働き、電話番、〈スピリチュアル・フラワー〉の制作、教区司祭二人のアシスタントをした。司祭の一人が繰り返し彼女に性的いたずらをしたため、何年もパニック障害に苦しんだと、ドーランは言った。それ以来、トラウマとなって良い人間関係を築けなくなり、他人を信用できなくなった。

一九九五年、彼女がついに大司教区に訴えると、「必要な限り」心理療法の治療費を支払う同意を取りつけた。だが、大司教区はことさら彼女に冷淡だったという。二〇〇一年終わり、教区事務所の当局者が、セラピストに守秘義務のある診断結果を提出させようとして失敗し、その結果、彼女のセラピー・セッションの支払いを中止すると告げられた。

大司教区に卑しめられたと感じたのは、それが初めてではなかった。ドーランが言うには、虐待被害者の教区事務所との連絡窓口だったシスター・リタ・V・マッカーシーから、彼女に性的いたずらをした司祭が当時中高年だと知って驚いた、と言われたそうだ。「たいしたことはできなかったはずよ」とも。

ドーランの証言のように、今では新たに多数の訴訟へと発展している申し立てのなかに、そして二〇〇二年一月に公開された教会文書の何千ページ分ものなかに、カトリック教徒が向きあわねばならぬものはたくさんある。魂の声を聞き、心に平安をもたらすことに自らを捧《ささ》げてきた司祭たちのなかに、そう装っているだけの者がいた。彼らの性的過ちは、被害者、被害者の愛する者たち、そして教会に、たくさんの苦痛を与えた。魂は曇り、心が折れ、生活はうち砕かれ、家族は幻滅し信仰は打ち捨てられ、教会はおそらく、壊滅的な告訴にさらされている。

虐待から何年経っても、いまだにトラウマから回復できずにいると、多くの被害者は言う。ドーランのように、親密な関係を築いたり育んだりするのが難しいと感じる。あるいは酒、ドラッグ、うつ病に追いやられ――またはその三つが合わさり、危険な状態に陥る。

そんな被害者の一人が、パトリック・マクソーリーだ。一九八六年に元司祭ジョン・J・ゲーガンとの体験で受けた影響を、今でもはらい落とそうと戦っている。ゲーガンが小児性愛常習犯であることは当時、ロウと他の司教によく知られ、今では教会全体のスキャンダルの焦点となっている。

いつもの手口に従い、気さくなゲーガンは、カトリックの母親たちと仲良くなった。生活の逼迫《ひっぱく》したマクソーリーの母親も、そのなかのひとりだった。彼がちょくちょくアイスクリームを食べに子どもたちを連れ出したり、寝る前に一緒にお祈りをしたりといった手助けを申し出ると、すんなりと受け入れられた。一家のような困窮家庭にとって、司祭の助けは天からの恵みだった。

ボストンの公営住宅に住む十二歳のマクソーリーは、そうして、ゲーガンの被害者になった。ゲーガンの少年への性的嗜好《しこう》を知っていたロウが、彼をウェストン郊外の裕福な教区に派遣して二年後のことだった。環境に恵まれた、教育の行き届いた――そしておそらくはより用心深い――コミュニティの家庭よりも、ゲーガンはもっと無防備な者を求め、ボストンの貧しい界隈を物色した。

ジャマイカ・プレーンに近接する聖アンドリュースにつとめていた時期、マクソーリー家を見知っていたゲーガンは、アル中の父親が自殺したのを知ると、彼らのアパートに立ち寄りお悔やみを言った。ゲーガンはアイスクリームを食べにパトリックを連れ出した。

「ちょっと変だと思ったよ。俺は十二歳、相手は年寄りだろ」と、マクソーリーが思い返す。司祭が少年にアイスクリームを買い与えたあと、帰宅途中の車中で彼をなぐさめた。だが、そのあとマクソーリーの太ももを叩《たた》き、手を股の方へ滑らせた。「俺は固まった」と、マクソーリーは言った。

「どう反応したらいいかわからなかった。それからやつが性器に触れ、さすりはじめた。俺はすくみあがったよ。ずっと窓の外を見ていたけど、目のすみで、あいつが自分の性器を出して上下に動かしているのが見えた」

アイスクリームは手のなかでどんどん溶けていき、腕に流れ落ちたが、ゲーガンはひとりで楽しみ続け、しまいには車を道ばたに停めた。

「やつは、射精したみたいにうめいた」マクソーリーが思い返す。それからゲーガンはマクソーリーを家の前で下ろしたが、その前にこう言い含めた。「私たちは秘密を守るのがすごくうまいよね」

マクソーリーが家に入ると、母親は何かが変だと感じ、問い質《ただ》した。だが少年は舌がもつれた。

「答えられなかった。腕中アイスクリームでベタベタだった。あんなことをどうやって人に伝えたらいいか、わからなかった」と、彼は言った。ふり返ると、もし虐待した者が司祭でなければもっと抵抗していたかもしれず、母親に言おうと思ったかもしれないと、マクソーリーは考える。

「俺は十代前半で、善悪の区別もついた。だけど司祭があれをやったために、すっかり混乱してしまったんだ」

マクソーリーは、ゲーガンとの遭遇の記憶を封印した。トラウマになったためと、それ以来ア

申し立てによると、パトリック・マクソーリーは父親の自殺後、ゲーガンに虐待された。
PHOTO BY SARAH BREZINSKY FOR THE BOSTON GLOBE

ルコール中毒とうつ症状に苦しんでいるからだ。「俺は実際、医者を訪ねまわって聞いたよ、どうしてこんなに落ちこむんだろうって」と、彼は言った。一九九九年、マクソーリーがガールフレンドや姉夫婦と一緒に夕食を食べていたとき、うつ症状とゲーガンとの体験が結びついた。夕食の席で、姉が教区学校で知っていた司祭が、少年を性的にいたずらしたかどで訴えられたと話した。「そのとき、パズルのピースがはまりはじめた。姉がゲーガン神父の名前を出したときだ」と、マクソーリーが言った。「立ち上がり、一分ほど外に出て新鮮な空気を吸った」テーブルに戻ったとき、彼はゲーガンが自分にしたことを話した。

「あとでわかったが、カトリック教会は、やつが児童虐待者だと知ってたんだ――それが俺を、ますます苦しめた」

子ども時代に性的いたずらを受けたほかの者同様、マクソーリーは、自分の子どもたちには過保護だ。とりわけ三歳の息子には。「絶対に目を離さない。いつもそばに置いておく」と、マクソーリーは言った。

「誰も信用しない。司祭が子どもに性的いたずらできるなら、どんなことだってありうるからね」

被害者だけでなく、親たちを苦しめる自責の念

トーマス・フルチノは自分の子どもたちを、ことさら心配していた。一九六〇年、十二歳の彼

が放課後の活動のあと、教区学校を下校した最後の子どもだったあの夜を、苦い教訓として。叙階されて間もないジェームズ・R・ポーター神父が、車で送ってあげようと、あの晩声をかけた。だが突然、ポーターは豹変《ひょうへん》する。こわくなり、フルチノは逃げた。「私は二階まで逃げたが、あいつは私を捕まえ、それから床に押し倒し、狂ったみたいになって……その……今ならわかる。あいつは私を、犬みたいに犯していたんだ」と、フルチノは言った。

トム・フルチノはなんとか逃げ出して、ポーターがあきらめるまで暗い教室の机の下に潜んでいた。そのあと家まで走った。あれからずいぶん経つが、彼は当時の記憶からずっと逃げ続けている。

一九九二年十二月、ポーターに性的いたずらを受けた百人超の被害者が、マサチューセッツ州南西部のフォール・リバー司教区との和解に至った。フルチノは、そのひとりだった。すでにビジネスマンとして成功し、五人の子どもと妻のいるフルチノは、夫妻ともども、子どもたちを知らない人間や信用しない大人とは決して二人きりにしないよう、注意を怠らない。

二人の注意は、ウェストンの聖ジュリアにまで及んだ。一九八〇年代、家族で礼拝し、子どもたちを日曜学校に通わせた教区だ。その教区こそ、一九八九年にロウがジョン・ゲーガンの職務を解いて、教会文書のとある記録にあるように、「苦難」のさらなる治療のために六ヶ月間施設に入れ、小児性愛が「小康状態」と診断されたのちに戻されたのと、同じ教区だった。

それは、短い小康状態だった。

数週間後の日曜の朝、ゲーガンは日曜学校のクラスを回り、生徒に質問をした。内気な十三歳のクリストファー・T・フルチノは、質問のひとつに上手に答え、正解した。だが、この時のことを彼は永遠に後悔している。たいてい、ゲーガンは正解のごほうびに二五セント硬貨とキャンディをくれた。だが、クリス・フルチノが震える声で語ることには、ゲーガンは硬貨とキャンディをちょうど切らし、そのため司祭は「『休み時間に教区司祭館に来るなら、ミルクとクッキーを食べて、お祈りを唱えよう』と言いました。僕は『わあ、そりゃすごい！』なんてのんきに思った」

教区司祭館の暗い部屋で、ゲーガンは一脚だけの紅いビロードの椅子に座り、ミルクの入ったコップ二つと、チョコチップ・クッキーが載ったプラスチックの盆を持っていた。彼は疑いを知らない訪問客を膝に載せ、主の祈りを唱えた。そのとき、ゲーガンが少年を愛撫《あいぶ》しはじめた。

父と子は、襲った相手の暴力的な力を覚えていた。「死ぬかと思った。息が出来なかった」と、トーマス・フルチノが、ずっと昔、ポーターに抗《あらが》ったときのことを言った。クリスから、ほぼ同じ感想が返った。「彼は僕を力の限り抱きしめた。息ができなくて、窒息しかけました」

三十年前の父親同様、クリスは体をよじって自由になると、走った。父親は机の下に隠れた。クリスは教会の裏手に、何も知らぬ父親が迎えに来るまで隠れていた。一九六〇年のトーマス同様、一九八九年のクリス・フルチノは、両親に何も言わなかった。

一九九七年になってクリス・フルチノが両親に出来事を話して以来、フルチノ家の者は、誰も聖ジュリアに足を踏み入れていない。クリスがメイン州の家に帰るときは、教会を避ける。彼はどこの教会にも、決して入らない。よく、夜中にゲーガンの悪夢で目が覚め、そのたびにシャワーを浴びた。

クリス・フルチノのように、両親にうちあける虐待被害者は少ない、少なくともはじめのうちは。アルマンド・ランドリーは、今では八十六歳になるが、一九二七年、十二歳のときにニューハンプシャー州ラコニアで、教区司祭に性的いたずらをされたという。ランドリーは司祭の車のなかでそれが起きた日を、七十年経った今でも、曜日まではっきり覚えているという。それは土曜日に起こった。

「両親には決して言わなかった。言ったらビンタされるのがおちだったさ。十二歳かそこらだった。当時は誰も信じなかったはずだ。司祭は全能だったから」

最近まで——おそらく今ではもう違うが——司祭が子どもに性的いたずらをするなどという考えは、多くのカトリック教徒にはもちろんなかった。一九六〇年代、ある女性はわずか九歳の時に、ボストン北部リン小教区の司祭館の祈禱《きとう》室で司祭にレイプされた。だが、勇気をふりしぼって母親に告白したのは、いまから五年前だったと言う。

「母親なのに、娘の言うことを信じてくれませんでした。母のミドルネームは、〝否定〟なのよ」と女性は言った。また、この件を処理した大司教区の修道女は暴行した司祭はすでに職を離れて結婚し、現在は三人の子どもがいると女性に伝え、「彼を通報したくはないでしょう、彼の家庭を傷つけることになるわ」と、言ったという。大司教区はセラピー代を支払ったが、いまだに悪夢を引きずっている彼女は、「悪趣味な下着しか身につけない」と言う。なぜなら、レイプされた日に司祭が「きれいな下着をほめた」からだった。

これら小さな秘密でできた山のおかげで、全米中の司教区は教会の抱える問題の全容を、世間の目からまんまと隠しおおせて来た。子どもたちは恥ずかしさのあまり、親に相談できなかった。言ったとしても、罪の意識で両親はたいてい何もしなかった。確かに、主任司祭に相談に行った者もいたが、たいていは加害者のために祈ってやり、口止めされて終わりだった――すべては教会のためだった。

教区事務所に行き、虐待司祭について何か手を打てと談判した者たちでさえ、努力が報いられることは少なかった。良くて、司祭が教区から外され、新たな教区へ派遣されるだけだった。

被害者の苦しみのみに焦点を当てるのは、同様に苦しんでいる多くの被害者家族を見過ごすおそれがある。彼らの多くが司祭を信用して子どもを預けたが、異変を感知できず、あとから考えればわかりきった何かを見逃したと、自分を責めた。

さらに、重い十字架を背負う親たちがいる。事件に気がついた親は、わが子を虐待したあと、次のターゲットに向かっていった司祭のキャリアを終わらせるためにもっと行動していればと、悔やんでいる。そんな親のひとりに、ケネス・Ａ・マクドナルドがいた。現在は七十二歳で、重い心臓疾患を患う彼は、妻のエイリーンと、ボストン南部郊外カントンの聖ジェラルド・マジェラ小教区で九人の子どもを育てた。夫婦ともに、日曜学校の要理教育新人会《コンフラタニティ・オブ・クリスチャン・ドクトリン》（ＣＣＤ）で教えた。ケン・マクドナルドはミサの読師《どくし》で、教区協議会のメンバーだった。

一九七九年、マクドナルドの九人の子どもの五番目、ブライアン・マクドナルドが教区司祭館でアルバイトをしていたとき、ピーター・Ｒ・フロスト神父は、聖ジェラルドの司祭のひとりだった。ピーターは十四歳。司祭は三十九歳。そしてある晩、フロストはブライアンを酒に酔わせて、性的いたずらをした。

「震えあがって、いとこに言いました。いとこはおじとおばに、そして彼らは父さんに伝えたんです」と、ブライアンは言った。ケン・マクドナルドは息子を外に連れだして、真実を聞き出した。「真相を知ったとたん、フロストを撃ち殺してやりたくなった」暴力沙汰にこそならなかったが、ケン・マクドナルドは他の親がほとんどしなかったことをした――司祭と対決したのだ。

「あいつは教区司祭館にいた。わしらはオフィスに行った。わしは怒り心頭であいつに言った、『こんなことが起きたなんてとうてい信じられん』だが否定の返事はない。認めたんだ。やつは言った。『降参だ』わしはどうしてそんなことをしたのか聞いたが、答えなかった」フロストはマクドナルドに精神科医の助けを求めると言い、長上《ちょうじょう》に助けてもらうと請けあった。その後、時折、マクドナルドは「フロスト神父と言葉を交わしたとき、わしは聞いた。『あんたの問題はどうなった？』あいつは大丈夫だと言った」

数年後、カントンのティーンエイジャーの両親が、聖ジェラルドの主任司祭に、十代の息子がやはりフロストに性的いたずらをされたと訴えた。被害者によると、一家はフロストにカウンセリングを受けさせると約束させた。だが、職務停止になる代わり、一九八八年、フロストはミルトンそばの聖エリザベスに異動になった。一九九二年に、やっとボストン大司教区は彼を聖職活動から外した。現在六十二歳のフロストは、以来「病気休暇」中だ。ブライアン・マクドナルドがフロストを告訴した日、大司教区は司祭が未成年者に性的いたずらをしたのを認めた。

「ずっと悔やまれてならない。わしは彼を見逃がしてしまった。やつの問題を隠す結果となった」と、ケン・マクドナルドは言った。妻のエイリーンが割って入る。「私たちは司祭を崇《あが》めていたのよ。なのに……あとの祭りよ。彼を隠したのは教会でした」

自責の念はどれほど理不尽であろうと、被害者の親たちの共通分子だ。たいていの場合、虐待の事実を知る頃には、子どもは成長し、司祭はどこかへ行ってしまっている。事件当時に――マクドナルドのように――虐待者に立ち向かおうとする者は少ない。

ほかの親にとって、罪悪感は、裏切りにあったむなしさと抱き合わせだった。知らぬうちに、彼らはローマンカラーの虐待者を家庭に迎え入れ、子どもに接触を許した。カトリック教徒の条件反射的な思いこみで、彼ら以上に模範的な人物はいない、とくに男の子には理想的だと考えてしまう。多くのカトリックの家庭で、子どもたちは司祭を理想化して育てられた。「神の遣いだ」両親はそう教えた。

二〇〇二年二月、子どもたちに性的いたずらをした疑惑により、ロウがジョセフ・L・ウォルシュを解任する前のことだ。結束の固い敬虔なカトリック一家が、三十年間にわたってウォルシュと家族のようにつきあってきたと『グローブ』紙に語った。毎週一緒に食事をし休暇をともに過ごし、祭日の夕食を欠席することはほとんどなかった。家族は末っ子の名前を彼にあやかってつけさえした。だが、子どもたち――ウォルシュの名前をつけた子も含め――が思春期に達すると、司祭に性的虐待を受けていたことを知って、愕然《がくぜん》とした。

メイン州の一家にも、同様の運命が待っていた。教会に深く根ざしていたため、両親のフランクとバージニア・ドハーティは、三人の息子と一人娘の子育てが結婚生活にもたらす緊張をほぐしたいとき、たいてい知りあいの司祭に助けを求めた。

フランク・ドハーティは、ポートランドのシェヴェラス高校の卒業生でもあった。名門カトリック高の同窓には、イエズス会の友人がたくさんおり、彼とバージニアは信仰と実践に熱心だった。二人は三人の息子をシェヴェラスに入れたのが自慢だった。

一九八〇年、イエズス会がボストン・カレッジ高校からシェヴェラスに、ジェームズ・R・タルボット神父を送りこんできたとき、一家は当然のように親交を結んだ。息子のサッカー・コーチになったタルボットをマイケル・ドハーティは「最高の教師」と評した。ドハーティの家は、神父の第二の家となり、よく泊っていく彼のために、クローゼットを彼の服でいっぱいにした部屋を用意しておいた。

「妻は彼の服を買って、家に寄ったときにカラーを外せるようにした」と、フランク・ドハーティーは言う。「妻は上着のポケットにカードを忍ばせておき、コーディネートのヒントを教授してやっていた」司祭は彼宛ての手紙を彼らの家に届けさせた。タルボットの母親でさえ、時々客に呼ばれた。

タルボットは休日のほとんどをドハーティ家と一緒に過ごし、家族の誕生日を一緒に祝った。夫妻は困りごとがあると、タルボットを頼った。「子どもたちに問題があれば、彼に相談した。成績のこととか性衝動の問題とか……そういったことを彼と議論したんだ、まるで彼がうちの祖父か何かのようにね」と、フランクは言った。「実際に子育てに参加してもらっているように感じた……それほど身近だった。私には兄も同然だったんだ」

彼らが知らなかったのは、タルボットがボストン・カレッジ高校にいた十年間、あまたの少年に性的いたずらをしたことだ。二月、司祭の手口を語る被害者の記事が新聞に掲載されると、続々と告発が噴き出した。さらに、『グローブ』紙が入手した文書は、彼がシェヴェラスに移された理由が、ボストンの長上たちが彼の行為を知ったためだったことを、強く示していた。

タルボットをメイン州にやっかい払いしようとの決断は、ドハーティ家に災厄をもたらした。一九八四年から八五年、末息子のマイケルが十五、六歳の頃、タルボットは彼に繰り返し性的いたずらをした。数年間、マイケルは何も言わなかった。だが一九九〇年代はじめ、虐待の事実を一部、姉に話した。

姉のコートニー・オーランドーは、ダムを決壊させた。マイケルが虐待の影響を強く引きずっているのを心配し、誰にも言わず行動に出ることを決めた。一九九五年、結婚招待状を送ったとき、手書きメモをタルボットのカードに同封し、その面《つら》を見せるなと告げた。実家にも足を踏み入れるなとも書いた。いまだに届くタルボット宛ての手紙はコートニーが捨て、両親は留守の間にタルボットが持って行ったと思っていた。やがて、マイケルの兄の一人ライアンがタルボットを訪ね、なぜ家に来るのを止めたのか聞いた。タルボットはこう返した。「お姉さんに聞きなさい」

一九九八年、コートニーはポートランド司教区に手紙を書き、教会当局に虐待を通報した。タルボットは即刻メイン州から出され、メリーランド州の治療センターに二年間入院させられた。行動しなければならなかったと、コートニーは言う。なぜなら「マイケルを失いかけていたから。『秘密をばらさなきゃ、弟を失うか、彼が自分でばかをやらかすわ』って思ったのよ」

二〇〇〇年以来、イエズス会はタルボットをマサチューセッツ州ウェストンの老人ホームに隔離している。二〇〇一年、マイケル・ドハーティの裁判は、教会との和解で終わった。近年、マイケルは姉の行動は賢明だったと信じるようになったという。「多分、おかげでましになったよ」

ドハーティ夫妻は、もうミサに参加しない。シェヴェラスのコミュニティは彼らに背を向けた。マイケルの告訴が学校を辱めたからだ。

「ほかの宗教にすがるつもりはない」フランク・ドハーティが言った。「教会に行けないだけだ」試練は、「我々のカトリック教に寄せる思いを破壊しただけでなく、信仰体験をもだいなしにした」今、フランクは助けが必要なときに頼る先がないという。「ほかのすべてがダメになっても、教会だけは最後の砦《とりで》だった。今はどこへ行けばいいんだ？」

ほかの親たち同様、ドハーティ一家は過去を振り返り、何も疑問を持たなかった自分たちをいまだに責めている。「底なしのまぬけに思えるよ、ひどいもんだ」と、フランク・ドハーティは言った。「司祭たちのしたこと、教会がしでかしたことの波紋は……とてつもない。彼らが手を下したとき、まだ定まってもいない若い人生を破壊したんだ」

家族はシェヴェラス・コミュニティの冷たい仕打ちにも、いまだ失望したままだ。だが、ボストン時代のタルボットの虐待がメディアで報じられると、同情の手紙や電話をいくつか受けた。

シェヴェラスは、とジニー・ドハーティが苦々しげに語る。真実を明らかにしたことで、一家をのけものにした。「彼らは神について口にするわ、でも彼らの神とは、誰なのかしらね」

いずれにせよ、タルボット裁判に向けられた世間の注目が、長期にわたって閉じられ、犯行を助長さえしていた教会に潜む性的プレデターの秘密の扉を、こじ開ける助けになった。

「沈黙は罪だと思う」と、ジニー・ドハーティは言った。「誰もが口をつぐんでいたら、何も聞こえないわ」


聖書いわく、汝《なんじ》の敵を愛し、自分を虐げる者のために祈れ

世間の目が光る中、ジェームズ・ポーターやジョン・ゲーガンをしのぐ児童虐待常習犯は、そうそう現れないだろう。一九九一年以来、二人の性的虐待を告発して、三〇〇人以上の被害者が名乗り出たが、それは彼らが手にかけた子どもたちの一部にすぎないと、専門家はみている。だが、ジョセフ・バーミンガム——被害者のひとりにマイケル・マッケーブがいる——は二人の記録に迫る。二〇〇二年三月、性衝動の命じるままに、少年にいたずらをしたバーミンガムの常習歴が新聞で大きく取りあげられると、四〇名以上の被害者が弁護士に連絡をとった。一九六〇年の叙階後、彼が勤めた六つの教区で、バーミンガムに性的いたずらをされた子どもたちが、あまた存在する証拠があった。

そんな子どもたちの一人が、トム・ブランシェットだ。マーサズ・ヴィニヤードの簡素な家で、ブランシェットはしわの寄った白黒写真を見つめ、四〇年前にボストンの西手にある美しい町サドベリーで過ごした子ども時代に思いを馳《は》せた。どんなに素晴らしい時を過ごしたか、彼は覚えている――十一歳のとき、バーミンガムが彼にいたずらしはじめるまで。

ブランシェットが何十年もとっておいた写真の中央で、満足げに微笑む男が、彼の子ども時代の思い出に、影を落とす。写真のなかのバーミンガムは三十歳ぐらいで、サドベリーの聖母ファティマ教会脇の祭壇に立ち、微笑んでいる。後ろには、聖母マリアの銅像が見える。カトリック青年会の役員が彼を囲み、そのうちの一人が、若かりし頃のトミー（トム）・ブランシェットだ。「彼は社交的で、弁舌爽やかでした。すごく積極的だった。いつも元気いっぱいあいさつしてましたよ。『やあ！　元気かい？』って。それまで僕は彼と二年間セックスしていました――週に三、四回」と、ブランシェットは語る。「もし教師が小児性愛者なら、そいつは最高の教師でしょう。リトルリーグのコーチが小児愛者なら、最高のコーチ。ボーイスカウトのリーダーが小児愛者なら、最高の隊長です。バーミンガム神父も同じでした」

サドベリーに司祭がやって来るとすぐ、ブランシェット家のなじみ客になった。七人の男の子と二人の女の子の親として、ブランシェット家の父親と母親は、生活のなかに司祭が入りこむのを好ましく思った。息子たちに、これ以上のお手本がいるだろうか？　彼はケープコッドにある一家のハーウィッチ港のコテージを、夏休みに訪ねさえした。「映画『聖メリーの鐘』のビング・クロスビーみたいでした」と、ブランシェットがふり返る。十一歳のブランシェットが病気になったある晩、バーミンガムが食事をしに立ち寄った。司祭が両親の許可をもらってトミーぼうやの様子を見に行くと、廊下の奥の一階の寝室で上掛けを被《かぶ》っていた。「彼がやってきて『どうしたの?』と聞いたんです。流感にかかったと答えると、腹をさすってくれ、気がつくと彼の手がパジャマの下にありました」

運悪く教区の芝刈りと床掃除のバイトをしていたブランシェットは、バーミンガムの格好の餌食となった。すぐに繰り返し襲われた。司祭は相変わらず、しばしば彼の家から夕食に呼ばれていたというのに。彼によれば、バーミンガムは尻を犯そうとした。「でもあの年齢(十一、二歳)ではムリだった」司祭は少年に、オーラルセックスを無理強いした。「だけど、それは絶対にやりませんでした」と、ブランシェット。三〇〇回ほど性的な接触を繰り返した頃、彼はバーミンガムのベッドで裸になっていた。互いにマスターベーションしあいキスを迫られた。「彼は僕のふとももを広げて、ペニスを突っこんだ」と、ブランシェットが言った。

ブランシェットはバーミンガムの部屋の壁紙の模様を覚えている。心の目で、彼にはマホガニー製ベッドの、四つの柱に広がるマーサ・ワシントンのベッドカバーが見える。大きなオーク材の机が、壁に接している。引き出しのついたタンスがある。窓の下には空調が置かれている。そしていつも、バーミンガムの靴の片方が、ベッドルームのドアの下にはさまっていた——プライバシーを保証すると、バーミンガムが信じた安全装置だ。

「終わると話をしたが、セックスについてじゃなかった。妻をレイプする男と同じ手口です。ことがおわり、それについては話さない。これは健全じゃないと思ってました。そのうち、僕はす

トム・ブランシェット（正面左）とカトリック青少年会の会員たちに囲まれるジョセフ・バーミンガム神父。1960 年代初頭、〈聖母ファティマ〉教会にて。
PHOTO COURTESY OF TOM BLANCHETTE

ごく奇妙な考えを持つようになりました。彼がいつも天職について、話してたんです。セックスはいいがマスターベーションは悪いと。僕は思いましたよ、『これは聖職の道に入るための、おかしな儀式なのだろうか？』とね」

暴行は、他の場所でも起きた。あまりにしょっちゅうバーミンガムの車で行なわれたので、ブランシェットは自動車——一九六三年製の黒いフォード・ギャラクシー——の細部をよく覚えている。内装は赤、四十年前大流行したハードトップのコンバーチブルだ。

一九六四年には、バーミンガムはサドベリーから去った——他の被害者の親が大司教区に訴えたからだ。しかし、セーレムの次の教区へ、すかさず異動になった。ブランシェットもまたボストン郊外フラミンガムのカトリック高校へ進学、大学に入学したあと、一九六七年に入隊した。

その間、バーミンガムの暴行については決して他言しなかった。だが一九七一年、軍の休暇で帰省中、パックの安ビールを仲間に放って回していると、バーミンガムの名前が飛びだした。「あいつにカマを掘られた」と、ブランシェットの幼なじみがぶちまけた。ブランシェットは愕然とした。彼は友人に、自分もバーミンガムに乱暴されたと話した。すると、一人ずつ、席にいた若者は全員、元教区司祭に虐待された話をした。その晩ブランシェットは帰宅した足で、緊急の家族会議を招集した。彼はバーミンガムの虐待をうちあけた。兄弟のうち四人も、襲われたと話した。ブランシェットの母親が、暴行を電話で通報しようとした。だが父親が待ったをかけた。

「二階に行って二十二口径を取ってきて、彼を撃ち殺してしまうのを恐れたんだと思う」と、ブランシェットは言った。

トム・ブランシェットは自分の人生を歩みつづけた。スイスのマッターホルンに登った。一九七五年、ニューポートからバミューダまでを航海するヨットレースのクルーになった。スカイダイブをし、スリルを求めて急流下りをし、凍りついた山の急斜面をスキー滑降した。一九八六年、彼はモンローのショック緩衝材販売のナンバーワン・セールスマンだった。教会から長く離れたあと、彼は再び信仰を見つけた。今回は米国聖公会（プロテスタントの一教派。）だった。それでもまだ、彼はバーミンガムの寝室で何年間も続いた虐待の影響について考えた。

「ひとつ気がついたのは、私が激しやすいことでした。私の杯は、いつも九五パーセントが怒りで満たされていました」

権威ある者が――彼の車を停めたニュージャージー州警察も含め――権力を笠《かさ》に着過ぎていると感じたとき、ブランシェットは爆発した。やはりバーミンガムの被害者だった四人の兄弟のうちの三人同様、今では五十四歳となったブランシェットは、独身を通している。現在はつきあっている女性がおり、幸せだという。そして、もはやバーミンガム神父の記憶に脅かされることはない。彼は被害者がまずしないこと――自分を苦しめる者と対峙した。

一九八八年、司祭が亡くなる一年前、ブランシェットはレキシントンにある聖ブリジッド教会の教区司祭館を予告なしで訪れ、車から出てくるバーミンガムと対面した。自分に殴られるか、撃たれるか刺されるのを司祭は心配するだろうか、と考えながら。しかし、ブランシェットが耐えてきた虐待の数々にかかわらず、気がつくとバーミンガムと握手をしていた。司祭――太って白髪頭《しらがあたま》になり――はクールに応対した。

「彼はもう、肉体的には脅威じゃありませんでした。ただ歩いて行き、声をかけました。『どうも、サドベリーのトム・ブランシェットです』、と。彼は『やあ！　元気かい？』と言いました。『ずっとあなたのことを考えていた。私は問題を抱えているが、そのいくつかはあなたとの関係が原因だと気がついて、そのことを話したいんです』」

司祭はブランシェットの頼みを先延ばしにした。まだ用事があると言い、事前に連絡するよう言うので、ブランシェットは電話すると約束した。だがしなかった。六ヶ月後、ブランシェットは聖ブリジッドの教区司祭館のドアをノックし、バーミンガムが出ると、すぐに二人は司祭館一階の談話室で、フカフカの椅子に腰かけた。ジャーマンシェパードがそばの絨毯《じゅうたん》で眠りこんでいたのを、ブランシェットは覚えている。

「こう切りだしたんです、『怒りっぽいのは自分に責任があるが、あなたに虐待されたのと関係があると思う。あなたは私と、四人の兄弟と、他の面々を次々、性的に虐待した』とね」

司祭は、その時は五十代半ばになり、自分も難しい人生を送ってきたと言った。両親は死んだ。今、自分も診断不能の謎の大病にかかっている。だが、ブランシェットは続けた。

「真に公明正大なる感覚をもって、私は言いました、『あなたが私たちにしたこと――とりわけ私に――は間違っている、そしてあなたにそんなことをする権利はなかった』」

司祭はまばたきをせずにブランシェットの目を見つめ、身構えたが、次に起きたことには虚をつかれた。

「『本題に入りましょう。私がここに来た本当の理由を言います。私がここに来た真の理由は、二十五年間あなたを憎み、敵意を抱いてきた許しを請うためです』私がそう言うと、彼は立ち上がり、噛《か》みつくように言いました。『なぜ、私の許しを請うんだ?』涙ながらに私は答えました。『なぜなら聖書に汝の敵を愛し、自分を虐げる者のために祈れとあるからです』と——」

胸にパンチをくらったかのようにバーミンガムはくずおれたと、ブランシェットは言った。司祭は泣き崩れ、ブランシェットも泣いていた。立ち去りしな、バーミンガムにまた来ていいかと尋ねた。司祭は教区司祭館で厳しい制限を受けていると説明した。コネチカット州の入院治療センターにいて、月に一度戻るという。成人の付き添いがない限り、敷地を離れることは禁止されている。

ブランシェットが次に司祭に会ったのは、一九八九年四月一八日火曜日、死のわずか数時間前だった。ブランシェットが自分の虐待者とアーリントンのサイメス病院で面会すると、司祭——かつては一〇〇キロ近くあった——は、今では三六キロの骨と皮と化していた。モルヒネが、腕に刺した点滴のなかにしたたり落ちていた。酸素が鼻から供給されていた。化学療法により、髪の毛は抜け落ちていた。司祭はベッド脇の、つめものをした椅子に座っていた。息も絶え絶えだった。

「私は彼のそばにひざまずいて手を握り、祈りました。すると、彼が目を開けたので、「バーミンガム神父、サドベリーのトミー・ブランシェットです』と、声をかけました」

彼はかすれた、ほとんど聞き取れない声で、あいさつした。「やあ、元気かい?」

「私は聞きました、『あなたのためにお祈りしても構いませんか?』すると彼は『ああ』と言いました。それで、私は祈りはじめました。『親愛なる父、イエス・キリストの名において、バーミンガム神父の体と心と魂を癒したまえ』私は手を彼の胸にかざし、『父よ、彼のすべての罪を許したまえ』と唱えました」

ブランシェットはバーミンガムがベッドに入るのに手を貸した。午後十時頃だった。翌朝、彼は息をひきとった。

葬式のすぐあとに聖ブリジッドの地下室でレセプションの場が持たれ、そこで、ロウ枢機卿がぽつんと立ち、小さなサンドウィッチを食べて、片手にはホットコーヒーの紙コップを持っているのをブランシェットが見かけた。

「こちらに背中を向けていた彼に近寄って行き、生前のバーミンガム神父を知っていたと話しかけました。すると、彼が言いました。『そうですか。それはよかった。それで、あなた方の友情は長く続いてきたのかね？』私は言いました。『いいえ。でも二、三ヶ月前、私は彼を探し出して、長い話しあいをしました』枢機卿が応じました。『素晴らしい。素晴らしい。素晴らしい』私は彼に、死ぬ前の晩、彼のために祈ったと言うと、彼は再び『素晴らしい。素晴らしい』と繰り返しました。そして私はこう言いました。『司教区には、バーミンガム神父との関係についてカウンセリングが必要な若者がたくさんいます』と」

「何が言いたいのかね？」と、ロウは尋ねた。ブランシェットは、周囲に哀悼者がいたため、黙っていようかと思ったという。「バーミンガム神父は私と、四人の兄弟と、それから教区のたくさんの少年に性的いたずらをしたと、私は枢機卿に告げました。彼の表情が一変しました。私の腕を取ると、こう言いました。『こちらへ』そして私たちは、周囲五メートルには誰もいない、ホールの真ん中まで移動しました」

虐待と、バーミンガムとの再会をブランシェットが説明し終えると、ロウは「『教会には君のような男が必要だ。そして君は教会に戻るべきだ』と、言いました。『この件はバンクス司教が対処に当たっている。連絡を取って欲しい』とのことでした」

ある時点で、ロウは彼のために祈る許可を求めたという。「彼は二、三分両手を私の頭にかざしました。それからこう言ったのです。『告白の力によって、他言を禁じる』それは、私をひどく憤慨させました……私は懺悔《ざんげ》を頼んだんじゃない。知らせに行ったんです」

二〇〇二年、『グローブ』紙が枢機卿にブランシェットとの話しあいについて尋ねると、ロウは広報の女性を通じて、おぼろげに記憶しているが、確かなことは何も覚えていないとの返事だった。とにかく、ロウは喜んでブランシェットに会うと『グローブ』紙に確約した。新聞でロウのコメントを読んだブランシェットは、翌日の三月二五日、教区事務所を訪ねた。

ブランシェットが言うには、彼はたらい回しにあい、最後にやっと枢機卿の秘書官長ジョン・J・コノリー・ジュニア神父と短い話をした。

「『ご用件は？』と彼は言いました。私は『枢機卿が喜んで私に会うと発言したと新聞で読んだので、うかがいました』と言いました」

ブランシェットによれば、コノリーはその日の晩にマーサズ・ヴィニヤードの家に電話すると言った。だが電話はこなかった。そして、ひと月経つが、まだ連絡はこない。その間、大司教区は枢機卿が被害者と「会い続けて」いると、何度か発表した。だがブランシェットとは会っていない。

第五章　全世界に波及するボストン・スキャンダル

教会が守っていたのは、教会が完璧な社会だという概念です

十年以上にわたって、ローマ・カトリック教会は、ジョン・ゲーガンやジェームズ・ポーターのような連続虐待者――どちらも聖職を剝奪され、懲役刑を受けた――は、箱のなかの腐ったリンゴだと主張してきた。そんな輩《やから》は、会計士や郵便局員、弁護士や医師たちのなかにも紛れこんでいると。

それが教会の言いぶんだった。

二〇〇二年一月はじめ、『ボストン・グローブ』紙が、教会はゲーガンのおぞましくも執拗《しつよう》な暴行の数々を以前から把握していたこと、また、ボストン大司教区の指導者たちがそれをせっせと隠蔽してきた事実と手口について暴露した。それでもなお、教会当局はゲーガンの所業を特殊な例外だと主張した。ローマンカラーを身につけた男たちの、ごく一握りに過ぎない。だが、二〇〇二年一月三一日、同紙はボストン大司教区が過去十年にわたり、二人を除く少なくとも

七〇名の司祭に対する性的虐待の申し立てに対して内密に和解していたことをスクープし、さらに追いつめた。問題の根深さが、驚きをもって公の目にさらされた。次の二ヶ月で、大司教区は虐待で告発された九〇名以上の司祭の氏名を検察に提出することになる。

全米の司教区が、聖職者による性的違法行為に対する方針を再検討しはじめると、新たな亀裂が生じた。信者と、彼らが教会の指導者として仰いできた者たちとの間に、溝が出来はじめたのだ。

スキャンダルが広がり、勢いが増すにつれ、ロウ枢機卿《すうききょう》は『ニューズウィーク』誌の表紙を飾ることとなり、教会の危機はラジオのトーク番組や、テレビのニュース専門局のトップニュースになった。強力な撮影用ライトに照らされたレポーターが、教会や教区司祭館の外で生中継をする映像は、ゴールデンタイムのニュース番組の定番になった。教会のスキャンダルを食い止め、被害者の恥辱を外部にさらさないために結ばれた秘密保持契約は、自分を襲った司祭が相変わらず次の犠牲者を襲える立場に居続けているのを被害者が知ると、雲散霧散しはじめた。事実上、合衆国すべての州で聖職者による性的虐待が起きていた。さらにスキャンダルはアイルランド、メキシコ、オーストリア、フランス、チリ、オーストラリア、そして（当時の）教皇の地元、ポーランドにまで及ぶ。

『ワシントン・ポスト』紙、ＡＢＣニュース、〈Beliefnet.com〉が共同で行ったアンケートの結果では、カトリック教徒の大半が、教会の危機管理能力に批判的だった。十人に七人が、早急の対応が必要な重大問題だと回答した。

これほどまでに長きにわたる教会の怠慢に対する財政的な代償は、驚異的だった。少なくとも二つの教会が保険会社に見捨てられ、破産の瀬戸際に追いやられているという。過去二十年間で、聖職者の餌食になった人々への訴訟和解金は、推定で十三億ドルにのぼった。新たに何百人もの虐待の告発者が、弁護士に連絡をとりはじめた。

二〇〇二年の四月にもなると、ロウ枢機卿は四面楚歌《しめんそか》状態となり、邸宅に引きこもった。抗議者に野次られ、漫画で風刺され、深夜のお笑い番組でネタにされ、彼を追い出したい信徒の群れに背を向けられた。四月中旬、ロウはお忍びでローマに飛び、自らの進退について教皇と相談した。

教会の極端な秘密主義体質に向けられた厳しい監視の目は、苦い良薬になるという教会指導者たちもいる。

「沸点が頂点に達した今は、我々にとり苦痛と試練の時であると同時に、恩寵《おんちょう》の時だと強く感じる」

米国カトリック司教協議会副会長をつとめるワシントン州スポケーンのウィリアム・S・スカルスタッド司教はこう語る。

「何年も耐えてきた者にとって、痛みと傷は水面下にある。それは事実であり、それを引き上げる作業は、私たちが全力でこの状況に応じ、癒しと和解の過程をはじめる助けとなるだろう」

AP通信によると、四月後半までに、性的虐待裁判により、二十八の州とワシントンDCで一七六名の司祭が辞職するか、職務を解かれた。当初はこの問題をアメリカの問題だと矮小化《わいしょうか》していた風情のバチカンが、たまりかねて動いた。教皇ヨハネ・パウロ二世は、アメリカの枢機卿全員をバチカンに召喚するという歴史的に類を見ない措置をとり、二千年の歴史を持つ教会の危機について議論した。ボストンにはじまったスキャンダルは、あまりに急速に広がったために、事件の遠回しな言及を長ったらしい教書のなかに潜りこませてお茶を濁したか弱き教皇でさえ、注意を向けざるを得なかった。

二〇〇二年一月三一日付『ボストン・グローブ』の記事が、ターニングポイントとなった。記事は、スキャンダルの奥深さを暴きだした。それは教会の主張する少数の腐ったリンゴ説を真っ向からくつがえした。同時にそれは、全米を席巻しているニュースの波を加速させ、古《いにしえ》より築き上げた教会の基盤に、激しく揺すぶりをかけている。

「とてつもなく分厚い秘密の外套《がいとう》の陰で、ボストン大司教区では過去十年にわたり、七〇名は下らない司祭が児童虐待容疑で告発され、教会は密《ひそ》かに和解を結んできた。

法廷に持ちこまれた件に限っても、本紙が入手した法廷記録とその他の文書によれば、十九名の元および現役司祭が小児性愛者として裁かれている。元司祭ジョン・J・ゲーガンを含め、四名は性的虐待の刑事責任を問われ、有罪判決を受けた。さらにもう二名が、刑事責任を問われている。だがそれらの公判は、内々の交渉で申し立てにけりがつき、法廷行きをまぬがれた司祭たちの一部を代表しているに過ぎないことが、事件に関わった弁護士たちへのインタビューで明らかになった」

記事は、二〇〇一年の夏から着手した六ヶ月間の調査結果を強調している。記録によれば、一九八四年にボストンに着任して半年も経たぬうちに、ゲーガンに少年を襲った嫌疑がかけられているのを、ロウは承知していた。

スキャンダル隠蔽に教会が熱意を注ぐあまり、児童への性的虐待容疑を、秘密保持契約を結んで和解にしてもらった当の司祭ですら、彼をはじめ、多くの司祭が起こした悶着《もんちゃく》を首尾よく隠しおおせた教会に、寒いものを感じたと言うほどだ。

その司祭が語る。

「教会が守っていたのは、教会が完璧な社会だという概念です。大司教区が本当にほかの司祭たちをスキャンダルから守りたかったならば、もっと早期に子どもを虐待した私たちを排除していたはずだ」

二月初旬、ロウは「大司教区は、未成年者を性的にいたずらした記録のある司祭を全員、いかなる活動からも排除した」と、二度も世間に確約した。

「我々が把握している司祭のうち、未成年への性的虐待で有罪となって、この教区で働いている者は一人もいない」

記者の質問に答え、ロウは三回主張をくり返した。最後に、とげのある声で彼は約束した。

「当大司教区の、いかなる任務についている司祭、もしくは元司祭であっても、性的虐待の非があると我々が知る者は、一人もいない。これでご容赦いただけますかな」

だが、ロウの約束は長くはもたなかった。彼が声明を出した八日後、ボストン近郊にある二つの教会の教区民は憤激した。大司教区が主任司祭を二人とも解任したためだ。さらにその五日後、六人の司祭が解任された。四十年ほどさかのぼって人事ファイルを洗いだした結果、過去に子どもを性的に虐待したかどで告発された証拠が見つかったためだ。涙と不信のなかで知らせを受けとった教区民が、怒りもあらわに自分たちの教会につめかけた。

「自分の教区司祭の写真が、あんな記事と一緒に新聞に載っているのを目にしたときは、ショックだった」

ボストンのやり手ビジネスマンである一人の教区民が言った。

「なぜって、私はあの男から聖体を受けたんだぞ」

五月までに、教会は問題のある司祭を排除したとのロウの確約のあと、十一人の司祭が任を解かれた。三月、大司教区の副事務局長が同様の告発で解任された。その頃までには、ボストンに蔓延《まんえん》していくスキャンダルは、全米の話題になっていた。

神の迷える子羊を探して群れに戻し、復帰できるように導きと規律を与える

パームビーチにスコットランドのバグパイプが鳴り響き、アイリッシュ・ハープが詩的にこだまする。一九九九年一月、色とりどりの横断幕の裏側では、二〇〇人以上の助祭と司祭が、新しい司教を迎える準備に追われていた。

アイルランドの西海岸に位置するクレア州出身の司教、アンソニー・J・オコネルがやってくる。青少年との性的違法行為を認めて追いだされたキース・シモンズ司教の後釜だ。フロリダにとり、希望と喜びと祈りのとき、刷新の時期だった。

「神が我々を信じてキリストの使命を賜れたこの責務は、たいへんに重い」

陽気なオコネルが、聖イグナチウス大聖堂の任命式で信者たちに語りかける。だが、一二〇〇人の会衆の前に立ち、混み合う教会に充満する甘ったるい香の煙を眺めている今も、新任司教は暗い秘密を抱えていた。

「それは絶えず、心の隅にひっかかっていた」と、オコネルはのちに告白している。一九九九年のあの冬の日、パームビーチの信徒が知らなかったのは、彼らの新しい牧者――汚れを清めると約束した彼自身が、性的虐待の罪を犯していたことだった。

一九七〇年代、オコネルがミズーリ州ハンニバルの聖トーマス・アクィナス神学校の学長だった当時、クリストファー・ディクソンという名の学生が、カウンセリングを求めて訪ねて来た。ディクソンはゲイで、自分の性的嗜好《しこう》に感じる罪と恥の意識で苦しんでいた。司祭に以前受けた性的いたずらについて、彼は当時学校のカウンセラーだったオコネルに相談した。

「私たちは延々、自分について、自分の体を受け入れることについて、話しました。彼はすっかり自分を信用させました。自分の体を受け入れる試みということで、彼は私をベッドに連れていくと、裸になって、自分の体を私にこすりつけてきました。私は、この男は神の僕《しもべ》なんだから過ちをするはずがないと思いました。でも、何か変だと、わかりました。でなければあんなに気分が悪く、ナーバスにはならなかったはずです」

ディクソンは、オコネルに二年間で四回ほど愛撫《あいぶ》されたと言った。

性的接触の二十数年後、ディクソンは当時テネシー州にいたオコネルに手紙を書いた。オコネルが聖職について二十五年目、教皇は彼をノックスヴィルの司教に昇進させていた。ディクソンはオコネルに治療を受けさせ、地位を返上させたかった。一九九五年に書かれたその手紙が教会に警報を鳴らし、ボストンの教会ではすでにおなじみの〝秘密の処方〟で解決にあたった。彼らは翌年、内密に和解を成立させた。ジェファーソンシティ司教区は、ディクソンの疑惑を認めなかったが、彼に十二万五千ドルを支払い、司教区への訴えを取り下げる契約を交わした。

ボストン・スキャンダルに感化されて名乗り出た被害者のニュースを読んで、ディクソンは秘密保持契約を破る決心をすると、『セントルイス・ポスト・ディスパッチ』紙に電話をした。被害者仲間に紛れて、彼はより心強く思った。

「私は彼らに、これまでやって来たことを続けられる地位にいて欲しくないのです」

セントルイスの新聞がミズーリでのディクソンの話をすっぱ抜いた直後、フロリダの人気者、旅慣れた六十三歳のオコネル司教は、地位を退くことを発表した。フロリダ州の五つの郡を合わせた三五万人のカトリック教徒の指導者にふさわしく、三年前に彼を歓迎した同じ司祭と助祭たちに囲まれ、退位を表明した。その前日、オコネルは他の九人のフロリダ州司教とともに、性的虐待を「犯罪で罪深い」と非難する声明を出していた。この日は、彼自身の虐待歴を認めた。彼の告白は、彼がフロリダでの使命をはじめたと同じ大聖堂でなされた。

４分の１世紀前、若い神学生に触ったことを認めて辞任を申し出たアンソニー・J・オコネル司教。
ANNIS WATERS/ PALM BEACH POST

「私はできる限り、真摯に、へりくだって、謝罪したい」と、アイルランドなまりのかすかに残る声で切り出した。「この度の件で生じるであろう苦痛と傷《いた》みと怒りと混乱を、心底から、深くお詫《わ》び申し上げる。この司教区に来てから、愛し、愛されるに値する人間よりもはるかに愛されてきた。司教区で私は懸命に働いた。私の知る唯一の神への奉仕、それは懸命に働くことだけだ。神は私に多くの能力と素晴らしい才能を賜り、私はその恵みを最大限利用したと、まごころより断言できる。

私の心はクリス・ディクソンを思うと、血を流す。和解成立後、彼からは何の連絡もない……彼は司教区と和解したと理解している。彼は署名をした。彼は自身の理由により、秘密保持を求めた。私はそれで決着がついたと思った。それは絶えず、心の隅にひっかかっていた。平らかな心で説教することは金輪際、とりわけ昨今の状況では、あるまいと思う」

オコネルは自分の行為を愚かで馬鹿げていて、ディクソンの個人的問題を助けようと試みた結果だと言った。しかし彼はいまだに、若い新学生と裸で横たわった行為の重大さを軽んじているようだった。

「接触以外、何もしていない。それ以上は何もなかった。それ以上の性的なものは何も。通常性行為とみなされるものもなかった。そして私は、人々に何としてもそれを知って欲しい。だからといって、それがうかつで愚かな行為であり、誤解を生んだことには変わりない。可能ならば変えたか？　即刻変えただろう、彼のために、また自分のために」

オコネルの失墜は、彼がそれまで導いてきた信徒をあきれ、困惑させた。ウェスト・パームビーチにある聖ジュリアナ教会のブライアン・キング神父は、神学生時代、オコネルの前任者シモンズ司教の運転手を務めた。オコネルの虐待隠蔽が一件のみではないのではとの疑惑は、理解出来るとキングは言う。

「この教区の司教――二番目の司教――にも起きたことですからね。みんなは思うでしょう、隠蔽だらけのこの教区で、何が起きているのか？　どうしてしまったんだ？　って」キングは、『パームビーチ・ポスト』紙にそう語った。

一九九〇年五月、司祭に叙階されたディクソンは、そのまま聖職を離れている。オコネルは、今まで会ったなかで一番聡明な人間だと思っていたのを覚えている。「今は、被害者意識はなくなりました」と、ディクソンは言った。「でも、やるせないですよ。何年も前に適切に手が打たれていたら、今現在、みんながこんな目に遭わずにすんだんです」

そして、数週間と待たずにディクソンは一人ではなくなった。さらに三人が名乗り出て、オコネルに性的虐待されたと告発した。

オコネルはパームビーチ司教区の、三人目の司教だった。二人目のシモンズは、一九九九年六月に、自身の性的違法行為を認めたあとで退位した。一人目の司教は、トーマス・ヴォーズ・デイリーと言った――ボストンで、ゲーガンによる児童への性的虐待を隠蔽したのと同一人物だ。

デイリー司教は、現在全米で五番目に大規模なブルックリン司教区の指導者として、ニューヨークで説教している。その地の説教壇から、彼はボストンにおけるゲーガン問題の対応への後悔を表明した。だが、その直前、ブルックリンとクイーンズ一六〇万人のカトリック教徒の霊的指導者として、性的虐待を無視したとの批判を受けたばかりだった。

デイリーはマサチューセッツ州ベルモントの出身で、一九五二年に叙階された。一九六〇年代はじめには、聖ジェームズ使徒協会の一員として、ペルーでの伝道活動に五年間従事している。ボストンに戻ると、ボストン大司教区の出世街道を着実に登っていった。一九八三年に枢機卿が亡くなり、ロウがメディロスの後継者として指名されるまで、デイリーが教区を運営している。デイリーは、教区事務所に鍵をかけて保管された、大司教区の極秘人事ファイルの番人だった。

一九七九年、ゲーガンの暴行事件が通報されたときの責任者が、デイリーだった。彼は迅速かつおざなりな調査を指揮した。息子への虐待を訴えた母親に質問すらせず、小児性愛者のゲーガン司祭に、疑いは晴れたと書面で通達した。警察のチャプレンが捜査したところ、告発は「無責任な、完全な偽証であり、地域で札付きの信用のおけない女性」によることが判明したと述べた。

のちに司教は、当時は誤って、性的虐待の民事および刑事訴追から司祭は免除されると信じたと語っている。デイリーにとり、ゲイリーは犯罪者でも強姦魔でもなく——迷える子羊だった。

「私は主任司祭であり、神の迷える子羊を探して群れに戻し、復帰できるように導きと規律を与える者だ。私は探偵ではない」

七十四歳となり、叙階五十周年を祝うミサでデイリーが言ったように、ボストン発のニュースはニューヨークの彼にも影を落とした。

「ゲーガンは大変な好人物だ。こんな事態が起きるのを見るのはつらい。特に今、この大切な記念の日に」と、司教の広報担当はコメントした。だがマサチューセッツ州時代の質問を受け流しながら、デイリーは『グローブ』紙の記事中に提起された新たな告発――四年前にニューヨークで性的虐待疑惑を無視したとの訴えに直面した。

四十四歳の司祭で、目下病気療養中のティモシー・J・ランバート神父は、一九九八年の教区指導者の集まりで、ある申し立てをした。彼の弁護士が一年後、デイリーに宛てた八枚にわたる書簡で、訴えをくり返した。書面には、ランバート一家が歓迎するようになった司祭への告発が綴《つづ》られていた。アル中の夫は家を出て行ったため、ランバートの母親は、四人の息子と一人娘を女手一つで苦労して育てていた。ランバートは不良少年で、父親の愛情に飢えていた。「それは虐待者にとって、完璧なお膳立てだった」手紙はそう主張し、告発相手の司祭をジョセフ・P・バインズ神父――ブルックリンはリマの聖ローズ教会の主任司祭――と名指しした。

「バインズ神父は性的欲求の多くを、この若者で満たせるとわかっていた。男性、とくに父親から与えられたことのない愛をこの子に与え、偽りの愛情と贈り物で、首尾よく手なずけられさえすれば」

バインズは、ランバート一家を一九六九年から知っていたと認めたが、告発については「話すことは何もない」と否定した。そしてバインズの司教であるデイリーは「疑惑を調査した」として、全面的に彼の肩を持った。バインズの評判は揺るぎないと祝福し、バインズは無実と結論づけ、一件落着を宣言した。

ランバートは「捜査」をインチキと呼んだ。教区の調査員は誰一人として彼の虐待について、彼のカウンセラーや家族の誰にも質問をした形跡はないと疑っている。「彼らは調査なんて何もしていない」と、ランバートは言った。

積極的な調査を厭《いと》うデイリーのおかげで、危機の初期、埃《ほこり》にまみれた人事ファイルをあたり、性的虐待の嫌疑を受けた司祭の名前を捜査当局に提出した全米の多くの司教区のなかに、ブルックリンは含まれなかった。「申し立てがあれば、洩《も》れなくこちらへ回すように」とのブルックリン地方検事の要請にもかかわらず。ニューヨークの新任市長マイケル・ブルームバーグがこれに反発し、市庁舎で開いた記者会見で、教会は聖職者による性的虐待の情報を手渡すべきかと問われたとき、即答で言明した。

「職業によって、どんな団体であれ法に従う必要はないという理由などない。以上だ」

デイリーはバインズへの申し立ての処理についてはは弁明したが、ボストンでのゲーガン事件の処理は後悔していると言った。被害者の大半は、性的虐待疑惑を世間に公表するよりも、内密に運ぶ方を好んだと主張した。「教会には方針があり……責任を担わなければならない。そして我々はその方針に従う」（司教がスタッフを訪ねて来るよう被害者を招いたとき、ランバートは「そこは私が一番行きたくないところです」と言ってつっぱねたのを当てこすっている）そしてその間ずっと、デイリーは依怙地《いこじ》だった。性的虐待容疑者の名前を公表しないと断言した。「一部は故人だ」とデイリー。「死んでも尊厳を守る権利がある」

しかし、四月を目の前にして、デイリーの抵抗は崩れはじめた。彼の側近がクイーンズとブルックリンの検事と会い、その数日後には、一九九〇年代はじめにクイーンズの教区司祭館で、司祭が十代の少年たちと深夜パーティを開いているとの再三の警告を無視したかどで、デイリーが起訴された。二〇〇〇年六月、その司祭は男色の罪で逮捕された。『ニューズデー』紙が報じたところでは、ジョン・マクヴァーノン神父はデイリーに四回、司祭の品行を憂慮していると伝えた。「デイリーにこう言いました。『教区司祭館で憂慮すべき事態が起きている』と。彼は熱心に聞きました。ですが、何も変わりませんでした」と、マクヴァーノンは供述した。訴えはのちに取り下げられ、この件の記録は封印された。

一九九〇年代はじめのデイリーとの最初の面会後、マクヴァーノンは司祭の品行をさらに三回、デイリーに注進した。「毎年、彼に同じ話をしました」と、彼は言った。「でも何も起きなかった」デイリーの広報担当は、司祭は逮捕後、賜暇《しか》に入っているといった。現在も休暇中だ。

『ニューヨーク・タイムズ』紙は、聖職者による性的虐待疑惑に寄せるデイリーの無関心さについて、さらに突っこんだ記事を載せた。同紙によると、一九九一年デイリーはクイーンズで六十件の児童虐待の容疑が審理中の事実を承知しながら、エンリケ・ディアス・ヒメネス神父を、ベネズエラの司教に口を極めて推薦した。ディアスがニューヨークで刑事訴追され、「非常に難しい状況を経験している」と書いたが、司祭の性的虐待問題は軽視した。デイリーの広報担当は、ニューヨークで三年間、公式に任命された司祭としてのディアスの仕事ぶりを司教は的確に讃《たた》えたと言い、推薦状と「何年もあとになって出て来た彼の行為に関する告発」を結びつけるのはフェアではないと言った。その年の終わり、裁判で三件の性的虐待に関して有罪を認めたあと、ディアス神父はベネズエラに送られた。のちにその地でも、神父は初聖体の準備をしていた十八人の少年たちを性的虐待したとして告発された。

春には、デイリーはもはや検事たちの向こうを張れなくなった。ブルックリンの司教区は四月中旬、性的虐待で告発された司祭の氏名過去二十年分を検事局に渡し、今後の申し立ては、当局に報告すると発表した。

「過去同様、我々は検察が注意を向けたどんな調査にも協力する」と、デイリーは言った。それはベルモント出身の男がボストン大司教区で学んだ処世術——地元の者《ボストニアン》から賞賛された能力だ。ブルックリン司教区の公式新聞『タブレット』は、二〇〇〇年はじめ、デイリーの司教就任二十五周年を記念した特別版を発行し、ボストンからのコメントを要請した。デイリーの元上司ロウは、元右腕に寛大な言葉を贈って寄越した。

「誇り高い生粋のボストニアンとして、彼は私にとり、かけがえのない人物でした。この地の裏も表も熟知しているだけでなく、より肝要だったのは、彼が『要人たち《プレイヤー》』をわかっていたことです」

司祭の迅速な排除と被害者の救済に関して過ちがなされた
トーマス・デイリーのみが、ニューイングランド地方の教区における過去の仕事ぶりに脅かされたニューヨークの高位聖職者ではない。

二〇〇〇年、ニューヨーク大司教区の十二番目の指導者として着任したエドワード・M・イーガン枢機卿は、全米一有名な高位聖職者として十六年間つとめたのち、脳腫瘍で死亡したジョン・J・オコンナーの衣鉢《いはつ》を継いだ。イーガンがコネチカット州をあとにして、マジソン街――全米第三位の大規模な司教区――の新居に移り、ローマ・カトリック教徒二四〇万人の霊的指導者になる頃には、中絶および避妊反対の教会の教えに極めて忠実な、保守派司教の評判を得ていた。

シカゴ出身の彼は、ニューヨークでの新たな任務には最適任と目された。教会法の弁護士として、二十年間バチカンで、教皇パウロ六世とヨハネ・パウロ二世に助言を与えてきた。補佐司教として二年間、ニューヨークのカトリック神学校を監督した。ペンシルベニア州スクラントンからニューヨークに来たオコンナー同様、イーガンは比較的小さな、辺鄙《へんぴ》な司教区で経験を積んできた。「自分が長上《ちょうじょう》という気がしない」と、聖パトリック大聖堂での就任式の前夜、彼は言った。「だが、時間が経てばそうなるだろう」

二〇〇二年三月十七日、『ハートフォード・クーラント』紙が、コネチカット州ブリッジポートの司教当時、児童に性的いたずらをしたとの告発を受けた複数の司祭を、イーガンはその後何年間も留任させていたと報じた。司祭の一人は、射精を防ぐため、オーラルセックスの際に十代の被害者のペニスを噛んだことがあると認めた。イーガンは最初、疑惑に沈黙をもって答えた。しかし、数日を経ずして、彼は小児性愛の司祭たちの行為を「忌まわしい」と非難している。被害者たちに、彼らの暴行を当局に通報するように奨励した。彼は適切に行動したと主張した。だが枢機卿は、教会が性的違法行為のすべての事件を報告するとの確約を、頑なに拒んだ。

ボストンの同僚ロウ枢機卿同様、イーガンは教会のスキャンダルを回避しようと必死に立ち回るあまり、子どもたちの安全を犠牲にしたとする者たちの批判にさらされた。

「アメリカで最高位の枢機卿の一人イーガンは、ブリッジポート司教区の事件に対し、断固とした行動に出なかった」と、『コネチカット・ポスト』紙の論説が断じた。「それらはいずれも警察と検察に任せるべき犯罪だった」

新聞社がイーガンの退任を呼びかける一方、ブリッジポート司教区は、半世紀近く前の大司教区の創設時にさかのぼって、司祭の人事ファイルを洗い直した。

『ハートフォード・クーラント』紙の容赦ない記事は、〝封印された裁判記録〟〝公判前の証言録取〟〝人事ファイル〟、それにイーガンを〝放任主義の管理者、虐待疑惑の調査には拙速で、司祭に暴行されたと告発する者を追い払うのは迅速〟と形容した教会内部のメモに基づいていた。たとえば、以前は非公開だった一九九九年の証言録取では、十二人の元侍者と教区民の、同じ司祭にいたずらされた、レイプされた、または殴打されたという嫌疑に対し、捏造《ねつぞう》ではないかと匂わせた。「疑惑は疑惑に過ぎない」と、イーガンは反論し、司祭への申し立てに対してこう結論づけた。「疑惑を証明できる人物のいる者は、ほとんどいない」

『クーラント』紙が入手した証言録取では、教区司祭への告発を、イーガンは、進んで否定しているようだ。一九六〇年代に全米各地で子どもたちに暴行を働いたことを認めたブリッジポートの司祭、ローレンス・ブレット神父による性的虐待に関する弁護士とのやりとりで、イーガンは虐待被害者への同情をほとんど示さなかった。一九九一年、司祭の履歴を調べたあと、当時ボルチモアの学校付きチャプレンだったブレットを、ブリッジポート司教区の庇護《ひご》のもと、留任させる決定をした。司祭はイーガンに「いい印象を与えた」からだ。

弁護士が、ブレットの件をどう処理したか、イーガンに質問している。イーガンは弁護士の言葉に鋭く切り込んだ。

問「ブレットはこの年少者にオーラルセックスをし、実際にペニスを嚙み、年少者に懺悔《ざんげ》はよそでするようにアドバイスしたと認めていますが？」

イーガン「あー、少し違うと思う……問題の紳士は、聖心《セイクリッド・ハート》大学の十八歳の学生だ」

問「一九六四年十二月当時、コネチカット州では二十一歳以下の個人は未成年とみなされていたことはご存知ですか？」

イーガン「私が引っかかるのは……ハッキリしたいのはだね、十八歳を『年少者』と表現する点にある」

問「わかりました――未成年、それでいいですか？」

イーガン「結構だ」

『クーラント』紙の記事が出て数日内に、イーガンはコネチカット州での行動は適切だったと抗弁した。規則通り、暴行を告発された司祭を精神療養施設に紹介したと言った。

「もし結果が良好ならば、司祭は聖職に戻った。場合によっては制限付きで、二倍の監視をつけた。良好でなければ、司祭としての職務を許されなかった」

他の地での習わしと同様、コネチカット州史上最大の聖職者による性的虐待スキャンダルの記録を、教会は世間の目から首尾よく隠しおおせた。だが一旦流出すると、ブリッジポート事件の詳細は、ニューヨーク市まで一時間の距離の教区民必読記事になった。例えば、一九九〇年のメモでは、少年を愛撫したとして、ノーウォークの司祭への「告発が広がっていく傾向」を、一人の教区当局員が心配していたが、イーガンはその司祭、チャールズ・カー神父を職務停止にも、追放にもしなかった。五年後に訴訟を起こされてから、イーガンはとうとう行動を起こし、カーを除外したものの、一九九九年、ダンベリーにある老人ホームのチャプレンのバイトに復位させた（カーは結局、イーガンの後継者、コネチカット州のウィリアム・E・ローリー司教により聖職を剝奪された）。

どの虐待疑惑を当局にまわすべきか、決定権は教会にあるべきとのイーガンの信念は、マンハッタン地方検事ロバート・M・モーゲンソーの意に沿わなかった。「児童虐待の情報を持つ宗教組織の責任者はすべからく確実に、その情報を法執行機関に提出しなければならない」と、検事は言った。「ニューヨーク大司教区が、過去の疑惑も含め、児童虐待の申し立てのすべてを、私のオフィスが参照可能とするよう期待する」

イーガンへの圧力はどんどん増し、ついに彼自ら協力を余儀なくされた。数週間以内に、イーガンは性的違法行為で告発された司祭の、過去三十年間にわたるリストをモーゲンソーに渡し、

ニューヨークのエドワード・イーガン枢機卿は、『ハートフォード・クーラント』紙の報道によれば、コネチカット州ブリッジポートに在任中、性的虐待司祭数名に職務を続ける許可を出した。
AP/WIDE WORLD PHOTOS

のちに枢機卿は、過去の虐待疑惑により彼の教区司祭六名を解任した。それでも、イーガンの監視下で起きた司祭の性的虐待に関する記事が、コネチカット州からさらに到着した。七十歳の枢機卿――前任者の温かいサービス精神をほとんど持ちあわせない、報道に慎重な男――は、説教壇からの言葉で十分とされた時代に、満足していた。

二〇〇二年の枝《えだ》の主日《しゅじつ》の説教で、彼はこう述べている。

「戦争とテロリズムと性的虐待が我々の心にあるが、我々は皆、すべての人間が罪びとであり、神から贖罪《しょくざい》を期待されているのを知っている。子どもたちに対する行いが、完全なる自己犠牲と最大限の尊敬をもって世話をするために選ばれ、任命された当の者によってなされた。我々の心の奥から発せられた声は、そのような恐怖が若人、親、愛する者の誰かに、キリストの体たる教会を通してもたらされるなどと、二度と考えたくもないという叫びだ。それは、私の心からの声でもある」

だが四月二〇日、ローマで開かれる性的虐待危機の会議に参加するため、アメリカの枢機卿の同胞たちや教皇ヨハネ・パウロ二世と合流せんと出発する前日、イーガンは明らかに条件付きの謝罪をした。

「過去十五年にわたり、ブリッジポートとニューヨークの両方で、私は長年、可能な限り最高の医療専門家と行動科学者からのアドバイスを求め、実行してきた」

大司教区全体へ向けて書かれた書簡で、枢機卿はそう述べた。

「今日我々はこの問題について、より理解を深めている。司祭の迅速な排除と被害者の救済に関

教皇ヨハネ・パウロ２世は、2002 年イースターに発行した教書で、「我々の兄弟の一部による罪」に言及した。４月、彼は合衆国の枢機卿たちをバチカンに召集して緊急集会を開き、司祭による児童の性的虐待を「犯罪」と呼んだ。
AFP PHOTO/ALESSANDRO BIANCHI

して過ちがなされたと、のちに発見されることがあれば、深くお詫びする」

イーガンは「私の力のすべてをもって、人として可能な限り、聖職者によるそのような虐待は、二度と再び起こさないと確約する。私、そして他の教会指導者から、それよりもとる行いを見ることはない」と、請けあった。

汚れ物は自宅で洗濯するのがいちばん

二〇〇二年春、教皇ヨハネ・パウロ二世が、セックス・スキャンダル対策の緊急会議のため、アメリカの枢機卿たちを召集する前でさえ、危機は全米および海外に広がっていた。その結果巻き起こった批判は、ここぞとばかりにカトリック教会を手厳しく叩《たた》いた。

「アメリカ社会に存在するあらゆる反カトリックを監視し、闘うことに私は時間を費やしてきたが、常に知的不誠実を軽蔑してきたし、もし一歩引いてみたならば、私自身を非難せねばならないだろう」と、〈宗教と市民権のためのカトリック連盟〉の委員長ウィリアム・ドノヒューは言った。「セックス・スキャンダルについて、容認すべかざる行為に対する教会ヒエラルキーの寛容度に対し、また下劣な司祭たちとのいす取りゲームに興じてきたやり方に怒りを覚えないカトリック司祭、または弁護士を、私はただの一人も知らない。これほどの怒りは、寡聞にして知らない」その怒りは、あちこちにみられた。市から市へ、教会当局が人事ファイルを調査し、聖職者による性的虐待に関する方針を書きかえると、司祭たちが次々と告訴され、大勢が解任された。

はじめに、フィラデルフィアで起きた。二月、一四〇万人のカトリック教徒を擁《よう》するアメリカで七番目に大きな大司教区が、一九五〇年代以降、三五人の司祭が五〇人の子どもを性的虐待したという「信用のおける証拠」が発見されたと発表した。教会の人事記録を洗ったあと、いまだ聖職にある複数の司祭を解任した。「ボストンでの出来事を受けて、我々はファイルおよび、過去の疑惑を調査した。我々は改善したいと願っている」と、大司教区の女性広報担当が語った。数日以内に、複数の検事がフィラデルフィア教会の指導者に、子どもを暴行した司祭の名前を公表するよう要求した。大司教区は渋った。虐待の訴えは、すべて時効になったため、名前は伏せておくと言った。

四月末、リン・M・アブラハム地方検事は、大陪審を召集して調査にあたると発表した。フィラデルフィア検事局は「死んでいようと免職されていようと引退していようと、虐待容疑の司祭はしらみつぶしに調査する」と、彼女は明言した。

クリーブランドでは、四月はじめ、一九八〇年に少女を性的虐待したとの嫌疑を話しあうために大司教の長上から召喚されたドナルド・ルーニー神父が、面談の席に現れなかった。その代わり、警察によれば、四十八歳の司祭は薬局の駐車場まで車を運転し、九ミリの拳銃で頭を撃ち抜いた。ルーニーは一行のメモを残している。そこには遺体発見者に宛てて、姉の所在地が書かれていた。

ニューヨークのすぐ東のロングアイランドでは、サフォーク郡の地方検事トーマス・J・スポタが、四月中旬に特別大陪審を召集して、虐待疑惑を調査すると発表した。スポタは教会が事件を隠蔽しているとほのめかした。

シンシナティでは、ダニエル・ピラーチェック大司教が、児童虐待の申し立ての教会記録を巡る争いで、大陪審召喚状を発行された最初のアメリカの高位聖職者となった。検事は四月末、ピラーチェックを召喚したが、教会が要請された情報を手放したあと、証言をまぬがれた。ハミルトン郡のマイケル・K・アレン検事は、カトリック教徒であり、教会から入手した情報内容は明かさなかったが、ピラーチェックの出頭命令は有効にしておくと警告した。つまり、大司教はのちに大陪審に出廷の可能性がある。

ワシントンDCでは、影響力の少なからぬ首都を管轄するローマン・カトリック教会の副主任司祭、パーシバル・ダシルバ神父が、北に位置するボストンの方を見ながら、説教壇から語った。「ロウ枢機卿は、法の上にはいない……正直に言えば……彼は良識に従い『私は退く』と言う勇気をみせるべきだった。彼は辞めるべきだ」――神父の言葉は、スタンディングオベーションで迎えられた。

デトロイトでは、過去十四年間で、大都市エリア十数名の司祭が、未成年者への性的虐待疑惑の確証がとれたとして、聖職活動から外された事実を、教会当局が認めた。二〇〇二年春には、二人の司祭が教区を去った。大司教区は過去に告発された司祭を検事に通報しなかったとして、批判を受けた。アダム・マイーダ枢機卿は、信徒に許しを乞うた。

全米一大規模な大司教区ロサンゼルスでは、ロジャー・マホニー枢機卿が、十四年前、子どもたちへの暴行で告発された司祭を、セダース―サイナイ医療センターのチャプレンに配置転換し、その際病院役員に彼にかけられた疑惑の詳細を伝えなかった過ちを認め、司祭たちに襲われ続けた子どもたちに公式に謝罪した。彼は性的虐待へのゼロ・トレランス政策を発表した。信ずるに足る申し立てを受けた司教は、二度と教会の仕事に戻ることも、大司教区でいかなる地位につくこともない。そして虐待容疑を受け、現在はほとんどが引退した八名の司祭を破門した。

一九九八年、マホニー自身が聖職者によるセンセーショナルな性的虐待裁判の矢面に立たされている。カリフォルニア州セントラル・バレーの産業都市ストックトンに住む兄弟の申し立てによると、二人は十代後半まで、ある司祭に虐待され続けたという。司祭が小児性愛者で、子どもたちに危険があるのを当時ストックトンの司教だったマホニーは知っていたと、精神科医が証言した。それを聞いた陪審は、兄弟に賠償金七六〇万ドルを与える。マホニーは司祭を別の教区に送ったが、そこでも他の子どもたちを数年間虐待した。そのときの裁判では、マホニーは司祭に対する疑惑を知らなかったと主張した。しかし、四月末、マホニーは通常、組織犯罪に適用される連邦ラケッティアリング（恐喝行為）法に基づいて告訴された。さらに別の二組の兄弟が、ロサンゼルスの教区司祭に虐待されたと裁判に訴えたためだ。

スキャンダルは、海外にも広がった。

三月の終わり、教皇と縁のある有名なポーランド大司教が辞任した。ポズナンのユリウス・パエッツ大司教は、若い聖職者に言い寄ったとして告発された。彼は否定したが、「教会のために」

辞任すると述べた。六十七歳のパエッツは、ローマの二つの名門校で修養を積み、教皇パウロ六世、ヨハネ・パウロ一世、ヨハネ・パウロ二世の側近として働いた。ヨハネ・パウロ二世の公邸管理部につとめたのち、教皇からウォムジャの司教として按手《あんしゅ》を受け、一九八二年、ポーランドに錦を飾った。司祭仲間は、パエッツが神学生の宿泊所を夜間に訪問し、公の場で若い聖職者を抱きすくめ、地下トンネルを使って寄宿生を不意に訪ねていると告発した。「人々への胸襟を開いた私の打ち解けた行為を、万人が理解しなかった。私の発言と振る舞いが、誤解を生んだ」と、パエッツは言った。

そして、四月初旬、アイルランドで、ベテランの高位聖職者が去った。アイルランド南東部ファーンズのブレンダン・コミスキー司教は、ローマ・カトリック教会のヒエラルキーのなかで、子どもたちを性的に虐待した司祭の処置を誤ったとのそしりを受け、最初に退任した一員として知られるようになった。何年も、コミスキーは小児性愛者の司祭ショーン・フォーチュン神父への対応を批判されてきた。一九九九年、少年たちを虐待した容疑で告訴されたフォーチュン神父は自殺し、フォーチュンの被害者を取りあげたBBCのドキュメンタリー番組がアイルランドで放映される前夜、コミスキーは辞任した。「私はベストを尽くした」ウェックスフォードのオフィスの外で、コミスキーは声明を読み上げ、それは三六〇万人の国民の九十パーセントがカトリックである国土を揺るがした。

「明らかに、それは充分ではなかった……司教たる私は、人々と教会活動において、司祭との架け橋であらねばならなかった。司教区と、虐待された者とに和解をもたらせると望みを抱いてき

アイルランドでは、ウェックスフォードのブレンダン・コミスキー司教が、性的虐待をした司祭をかばったとの批判を受け、2002年4月に辞意を表明した。
DAVID SLEATOR/IRISH TIMESI

た。それが、癒しへの一環になると望んだのだ。今私は、自分がそれら統一と和解の意図を達成する最適任者ではないとわかった。私の在任は、癒しの妨げとなるだろう」

九〇〇〇万人の教徒を擁し、ブラジルに次いで二番目に多いカトリック人口を形成するメキシコでは、メキシコシティのノルベルト・リベラ枢機卿が、司祭による性的虐待の申し立ては教会内部で処理すべきと主張した、全メキシコ司教協議会を拒絶した。ハラパのセルジオ・オベソ司教は、虐待司祭を警察に引き渡すべきではないと論じ、「汚れ物は自宅で洗濯するのがいちばん」と、発言した。その見解はメキシコの報道機関で攻撃され、メキシコ司法当局からあざけられ、虐待の通報を押しとどめるどのような動きも隠蔽に等しい大失策と糾弾された。リベラは同調した。枢機卿は、子どもを虐待する司祭は特別扱いに値しないと言った。「彼らは当局に通報されるべきであり、正義はなされなければならない。何人《なんぴと》も、法から免責されも特権を有しも君臨もするものではない」リベラは全国放送された説教で、そう発表した。

合衆国では、スキャンダルの衝撃と、それを和らげようとする教会の悪戦奮闘ぶりを、ロサンゼルスのラジオ放送局KFIに流出したマホニー枢機卿の極秘eメールが如実に物語っている。それは『ロサンゼルス・タイムス』紙に転載され、大司教区は裁判所に緊急の掲載差し止めを訴えたが、不首尾に終わった。上位裁判所の判事は、全米屈指の発行部数を誇る新聞から枢機卿のやりとりを除外するのは、米国憲法に反するとの判断を下したからだ。

三月二十七日の日付があるeメールで、マホニーは解任した司祭の名前を一部、警察に手渡しそこねた側近の失態に、不満を露《あら》わにした。枢機卿はコンピューター上のやりとりで、大陪審に召喚されるかもしれないと警告した。メールは「我々の痛恨のミス」と題され、水曜日の朝七時に、大司教区の顧問弁護士シスター・ジュディス・マーフィに送信されている。全米最年少の枢機卿、マホニーはこう書いた。

シスター・ジュディ

「名前」を明かせとの四方八方からの大合唱が続いているなか、いまだに私は、過去数週間で我々の犯した最悪の戦略ミスだと思っている点を指摘しなければならない。

記憶によれば、八人の当該司祭のうち、五人はすでに地元の警察機構に報告された。残るは三人だ。

マホニーのeメールは、三人の司祭について警察に相談するようにとの彼の指示に、マーフィがいかに抵抗したかを詳述している。彼は忍耐の限界が来ていると言い、迅速な行動を命じた。電子的な会話のトーンが、その頃には全米の話題となっていた危機の重さを物語る。

もし今日、三名の名前について警察と「相談」しなければ、私は大陪審手続きに引きずり出され、名前その他の提出を強要されると保証しよう。

この件はもはや、議論の余地はない。三件について警察と相談すること。

マホニーには心配するだけの理由があった。二日前、ロサンゼルス警察署長バーナード・パークスが、三人の氏名を要求してきたのだ。マホニーは大司教区の弁護士が予期していなかったことに不満を抱いた。

あなたが現状の深刻度、行きつく先を把握されているのか確信がない——メディアに限らず、警察と検察諸氏との関係において。

……もし直ちに行動しなければ、ここで果敢に応じなければ——大司教区にとっての代価は途方もないものになる。隠蔽、犯罪の隠匿等々の容疑。

どうかこの任務をあなたの今朝の最優先事項にしてくれたまえ！　もし私が八人全員を適切に報告すると保証できなければ、警察に電話して自分でやる、本日中に。そこまで切迫しているんだ。

これに関して中庸はない。我々は闘いに負けている、なぜなら三人を「隠して」いるからだ。一番いい方法は警察と「相談」して、次の一手を彼らに決めさせることだ。

ご精読ありがとう。マスメディアのプレッシャーは決して止《や》まないはずだ、それら一握りの司祭は、すべて妥当な機関に報告されたと我々が発表するまで、何年でも。

＋ＲＭＭ

最終的に、大司教区は司祭たちの名前を警察に通達し、マホニーはアメリカの高位聖職者たちのなかで、変革を支持する代表格になった。だが彼と他のアメリカの枢機卿たちがバチカンで教皇と会見したとき、マホニーが希望したように、聖職者の独身制についての真剣な議論はなかった。枢機卿たちは、子どもを性的に虐待した司祭をすべて即刻解任に処すゼロ・トレランス政策の詳細を、つめることさえできなかった。その代わり、教会のプリンスたちは、しごく伝統的な教義を受け入れた。司教は神聖たるべし。主任司祭は不和を広める者を叱責すべし。神学校はより注意深く志望者を選別すべし。

結局、枢機卿の意見が一致したのは、司教の役割をひとつ認めることだけだった。司祭たちへの手紙に、こう書いて。

「監督が行き届かず、教会をスキャンダルから守れなかったことを残念に思う」

夏が近づくと、スキャンダルは暴力化し、一つの事例では、死亡者を出した。

五月中旬、ボルチモアで、十年近く前に自分を性的に虐待した相手だと言って、男がカトリックの司祭に発砲した。一月のスキャンダル発覚以来、被害者が暴力に訴えた最初の例となった。同じ週の数日後、コネチカット州ブリッジポートから来た司祭が、メリーランド州シルバースプリングのカトリック系精神病院で自殺した。彼は複数の男性から二十年前にいたずらをしたと訴えられ、教区から外された十七日後、聖ルカ医療センターで首を吊《つ》っていたのを発見された。

第六章　失墜――教会に背を向ける人々

人々の信仰と聖職者というオーラに守られる虐待者たち

ダニエル・F・コンリーがボストンのハイドパーク地区で育ったとき、いたずらの過ぎた子どもを尼僧が引っぱたくのは、特別なことではなかった。引っぱたかれた子どもは家に帰っても、何も言わない。両親にぶたれるのが恐かったからだ。尼僧がぶつなら、ぶたれるだけの悪さをしたのだ、そうみなされた。

今とは違う時代だった。ヨロヨロ運転の車の運転手がローマンカラーを着けていたら、警官は家まで送り届けるか、警告だけで済ませた。「お気をつけて、神父様」と、声をかけて見送った。だが、それも今は昔の話。二〇〇二年三月、マサチューセッツ州サフォーク郡の地方検事ダン・コンリーが、机の上のファイルを開けると、そこには児童の性的虐待疑惑が生みだした犯罪捜査の標的がいた。モンシニョール・フレデリック・J・ライアン――約三〇年前、カトリック・メモリアル高校時代、宗教学の教師だった人物だ。

ボストンの主任検事コンリーは、敬虔《けいけん》なカトリック教徒だ。いま教会で起きていることに、彼は心を痛めていた。だが、教会の犯罪や軽罪に目をつぶっていた先代の一部捜査員と違い、目の前にあるファイルへの対処法は、考えるまでもない。コンリーは受話器をとると、隣接するミドルセックス郡の同僚マーサ・コークリー検事に電話をかけた。モンシニョールの教え子だった自分はこの件を担当できないため、彼女に代わりを頼む。

マサチューセッツ州の法執行機関全体におけるアイルランド系カトリックの優位性をもってすれば、児童の性的虐待であれどんな罪であれ、司祭の起訴全般におよび腰なのも驚くにはあたらない。近年まで、ボストンの警官を見れば、誰も彼もがアイルランド系だと顔に書いてあった。一九九二年、コンリーの前任者ラルフ・G・マーティン二世が初のアフリカ系アメリカ人としてボストン地方検事の地位についた時でさえ、ダブリンの電話帳さながらの弁護士リストを引きついでいた。

政界にしてもご多分に洩《も》れず、市庁舎や州議会議事堂、それに首都ワシントンで市や州の代表をつとめる人物に多い名前といえば、カーリー、マコーマック、オニール、フリン、そして最も有名なところではケネディがいた。ジョン・F・ケネディが選挙で選ばれた初のカトリック系大統領になったとき、就任式に招かれた最初の招待客の一人が、ボストンのリチャード・J・クッシング枢機卿《すうききょう》だった。三年後、クッシングはボストンからワシントンへ飛び、暗殺された大統領の葬儀を執《と》り行った。

政治家、警官、検事らが抱く（彼らの大半が属する）カトリック教会への服従心は、世間のそれを反映していた。だが、ゲーガン事件を発端に噴きだした子どもたちへの性的虐待の数々と、被害者の沈黙を金で買おうとする教会の行為は、法執行機関と政界の、最も敬虔なカトリック教徒たちの信仰心を揺るがせた。一世紀以上をかけて培われた恭順の文化が、数週間で崩れていくかにみえた。合衆国の他の地域でも、教会の権威に対する世間の見方に同様の変化が起きた。ロングアイランド、シンシナティ、フィラデルフィアで、地方検事は大陪審を召集して、この一大スキャンダルにおいて教会当局の果たしたやもしれぬ役割を審議した。

教会の責任をより厳しく問おうとする一部検事の新たな姿勢に対し、市井の人々の多くが、それでもまだ甘いと感じていた。司祭や司教を大陪審の前に引っぱりだし、児童虐待者の隠匿罪で刑事立件するのを大半の検事が、いまだに躊躇《ちゅうちょ》しているように映るからだ。だが検事たちは、単に適用できる法律がないからだと反論する。

世俗の権威たちが示した教会に対する態度の変化は全米規模で見られたが、なかでもボストンが最も顕著だった。司祭の行いに楯突《たてつ》くなどゆめゆめ思わなかった移民の子ども、その孫、ひ孫たちが、教会指導者に答えを求めるだけでなく、責任まで問うている。ロウ枢機卿でさえ、教会内部での権力維持に苦労しており――それまでは歯牙にもかけてこなかった――彼と当局員たちに対する外部からの風当たりが、無視できないほどに強まっていた。これまでは、政教分離を保障する米国憲法修正第一条が常に、世俗の権威が教会の問題に首をつっこむのを防いでいた。土地の慣習が、教会に手を出すことを、さらにタブーにした。司祭たちの性的虐待を世間の目から隠したロウ枢機卿は、前任者に倣っただけと言えば、確かにその通りなのだろう。だが、もはやそれでは検事や政治家のお目こぼしは望めない。教会の振る舞いへの怒りは、彼らの服従心が弱まるにつれ、いや増していった。

「『ボストン・グローブ』の最初の特集記事《スポットライト》を読んで、かっときたのを覚えている。『何てこった、相手は子どもなんだぞ！』と叫んでいたよ」

マサチューセッツ州のトップ検事であるトーマス・F・レイリー州検事総長がふり返る。レイリーの両親はアイルランド出身で、教会には極めて献身的だった。マサチューセッツ州で三番目に大きい、ボストンから約一六〇キロ西の都市スプリングフィールドに根を下ろしたアイルランド移民の大半と同じく、彼の母親はケリー州の絵のような港町ディングル出身で、父親はスプリングフィールド公共事業局で働いていた。レイリーは、メイヨー州の小さな町で育った。その地において、司祭はＶＩＰ待遇だった。レイリーの両親は、三人の兄弟と二人の姉妹に信仰心を植えつけた。十代になっても、午後七時には帰宅する決まりだった。「家族揃《そろ》ってひざまずいて、ロザリオの祈りを唱えたよ、毎晩ね」と、レイリー検事総長は言った。

彼を教えた修道女や、相談相手の司祭と過ごした記憶は、どれも好ましいものだったとレイリーは言う。カテドラル高校の教師だった聖ジョセフのシスターたちは、自分が思っている以上の自信を与えてくれた。母親と教区司祭は協力して、レイリーをノバスコシア州の聖フランシスコ・ザビエル大学に入学させた。

若き検事レイリーは、ボストン郊外で子どもを性的に虐待した司祭を立件したとき、これは例外だとみなしていた。

「社会の断面を反映したに過ぎないという文脈で、捉えていたんだと思う。その種の行状に及ぶ人間は、どこにでもいるから」

一九九二年にジェームス・ポーターの犯した虐待数の多さが知られると、レイリーはショックを受けたが、捜査にあたって、こう考えた。

「教会に、〈疑わしきは罰せず〉の原則を当てはめた。ロウ枢機卿が新しい方針を作成し、このような嫌疑には容赦なく対応すると言った。当時、彼を信じた。信じない理由はなかった」


レイリーが検事総長に昇進すると、彼の後任としてマーサ・コークリーがミドルセックス郡の地方検事となった。彼女は、教会に〈疑わしきは罰せず〉の原則を、積極的に適用しなかった。早い時期から、教会の不平等、特に信徒の半分である女性の扱いをつぶさに見てきた。若い時分、女性は祭壇に上れないのに気がつく。カトリックの学校には、女子向けのスポーツさえなかった。

コークリーはマサチューセッツ州北西部の片隅にひっそりと佇《たたず》む、古い製造業の町《ミル・タウン》ノース・アダムスで育った。ノース・アダムスでは、人種別に線が引かれていた。聖ジョセフはアイルランド系、ノートルダムはフランス系、聖アントニーはイタリア系の教区となっていた。コークリーは聖ジョセフ教区の教会へミサに行き、同区の学校に通った。父は毎日聖体を拝領し、地元の貧困者支援団体〈聖ヴィンセンシオ・ア・パウロ会〉の会長だった。二人の姉は、カトリック系の大学に行った。彼女は聖歌隊で歌った。「全般的に、教会で育った記憶は好ましいものだったわ」

と、コークリーは言う。

三十代になるまで、司祭が子どもを性的虐待するなどとは思いもよらなかった。一九九〇年代当時、検事になったコークリーは、児童への性的虐待捜査班のリーダーに「泣いて抵抗した」にもかかわらず、抜てきされた。

教会が児童を性的虐待する聖職者を大勢抱えている、という証拠を見せつけられた人々の懐疑的な反応は、性的虐待への無知から来ているとレイリーは言う。

「人々は、よだれをたらし、トレンチコートでこそこそ動き回る男を想像する。だが事件を扱いはじめたとき、虐待者の多くは子どもを預かる立場にいて、尊敬を集める人々なのが明らかになった。世間からの尊敬を隠れ蓑《みの》にして、虐待するんだ。司祭は聖職者というオーラに護《まも》られているが、その威光は性的虐待者たちにまで及んでいる。彼らの信じられないほど旧態依然としたライフスタイルが、問題に貢献しているんだ。家族を持たない独身男が教区から教区を渡り歩く。災厄の方程式だ」

レイリー同様、コークリーは当初、ポーター事件の際のロウ枢機卿の反応に勇気づけられ、一九九三年、最初の大がかりな性的虐待裁判の準備をはじめた。ポール・マニング神父という名の司祭が被告で、やっかいな事件だった。十一歳の被害者はプエルトリコ人の少年で英語がおぼつかず、非常に信心深い母親が息子の申し立てを撤回させ、マニングに不利な証言をしようとしなかった。だが別の司祭、ポール・シュグルーが名乗り出る。彼の証言は、衝撃的であるとともにマニングの有罪を立証するものだった。シュグルーがある晩、ボストン北部ウォバーンにある聖チャールズ教会の教区司祭館に戻ると、子どもの「絹を裂くような叫び声を五回」聞いた。「おそろしかった」と、シュグルーはのちに証言した。「それは苦痛に満ちた叫びでした。注意を引かずにはおれません」

シュグルーが言うには、二階に行き、踊り場から三階にあるマニングの書斎を覗くと、二組のむきだしの脚がからみあっていた。子どもはマニングの上に座り、リズミカルに上下していた。シュグルーはその光景に心が乱されたが、どうすべきか迷った。結局教区事務所に連絡を取り、教会当局はひと月待ってから、申し立てについて警察に連絡した。

被害者が証言を拒んだ以上、裁判に勝つ見こみは少ないと、コークリーにはわかっていた。だがシュグルーの証言は衝撃的で、少なくともボストン周辺では前例がなかった――司祭が結束を乱し、同僚を糾弾するなどとは。

だがコークリーが相手にせねばならなかったのは、非協力的な被害者だけはなかった。教区民は、マニングの味方をした。百人以上が彼の罪状認否に立ち会い、審理のたびに、何十人もが法廷につめかけた。司祭に、自分たちの信心を表明しているのだという。「彼らは陪審員に圧力をかけ、証人を脅して申し立てを撤回させたわ」と、コークリーは語った。

教区民は嫌疑の内容自体よりも、シュグルーが証言していることに腹を立てているようだった。弁護は教会全般、とくに司祭を本能的に敬慕する文化を利用したひとつの事例だったと、コークリーは言う。ＦＢＩエージェントがマニングの性格証人として証言した。マニングの弁護士エイリーン・ドノヒューは、ボストンの北にあり、ミル・シティの通称で親しまれるローウェルの市

左から３番目、マサチューセッツ州の検事総長トム・レイリーは、ボストンの大司教区の弁護団との面会後、記者会見を開いた。左から順に、ダン・コンリー、ケヴィン・バーク、ティム・クルーズ、ビル・キーティング、マーサ・コークリー、そしてマサチューセッツ州地方検事協会本部長ゲリーン・ウィリアムズ。
PHOTO BY JONATHAN WIGGS FOR THE BOSTON GLOBE

長をつとめる。ドノヒューはマニングを仕事熱心で思いやりのある司祭で、スペイン語に堪能な彼はヒスパニックの間でとりわけ愛されていると表現した。ドノヒューは、マニングは少年を庇《ひ》護《ご》下《か》に置いただけだと言った。少年と司祭の間に性的な接触はなく、ただ「お馬さんごっこ」をしていただけだ。五十三歳の司祭が十一歳の少年を三階の書斎に夜間連れこむのは一見うろんに思えるが、少年は教区司祭館で多くの時間を過ごしていた、「なぜなら家が貧しいからです」と、ドノヒューは言った。

三日間にわたる十五時間の審理の末、陪審はマニングを無罪とした。検察側が合理的な疑い以上の決定的な証拠を提出しなかったためだという。無罪になったものの、大司教区は彼を教区活動から外した。マニングの教区民が彼に示した無条件の忠誠心に不満を覚えるとともに、コークリーは大司教区の検察への協力と、マニングがこれ以上子どもに近づけないようにした処置に勇気づけられた。シュグルーはその後、別の教区の主任司祭に昇進した。

彼を起訴することでコークリーが稼いだと、マニングが言い立てた政治的な得点など、彼女は手にしていない。逆に、人々は彼女を罰当たり者と責めた。『ローウェル・サン』紙のコラムニストは彼女を非難し、プライベートでも、彼女の親友の母親が、司祭を起訴するなんて何様なの、となじった。

「彼らはいまだに、多くの人間にとって不可侵だったのよ」とコークリー。

反旗を翻しはじめた虐待隠蔽工作の共犯者たち

だが聖職者の裁判沙汰が増えるにつれ、風向きは変わっていった。一九九四年、ボストンの南、ヒンガムで、ジョン・ハンロン神父が侍者をレイプして有罪となった。悔い改めないハンロンには、終身刑三回の判決が下される。

不首尾に終わったマニングの起訴から八年、世間の態度は劇的に変わったとコークリーは言った。

「あの裁判で起きた脅迫のたぐいは、今日ではあり得ないわ。それに、今の陪審は、もっと有罪判決を出すのにやぶさかじゃないと思う」

判事も、より重い量刑を科すのにやぶさかではない。二〇〇二年二月、ミドルセックス郡の陪審が、公共のスイミングプールで十歳の少年の尻を握りしめるなど、ゲーガンが過去犯してきた虐待行為のうち、比較的悪質ではない行状に対し、強制わいせつによる有罪判決を下した。サンドラ・ハムリン判事は最高刑の懲役十年を科して、一部の傍聴人を唖然《あぜん》とさせた。ゲーガンは慢性的に子どもたちへの脅威になると信じるからだと、ハムリンは説明した。

ハムリンがゲーガンに最高刑を科したことは、一九八四年の性的虐待により有罪になった最初の司祭の判例から考えると隔世の感があった。マサチューセッツ州でユージーン・M・オサリバン神父に対し、ジョージ・マーフィー検事は、オサリバンが十三歳の侍者をアナルレイプしたと認めたあと、三年から五年の懲役を求刑した。これに対しウォルター・スティール判事は、司祭に子どもと接する仕事につくことを禁じる条件付きで、執行猶予を与えた。さらにボストン大司教区のロウ枢機卿はこの判決を無視し、翌年オサリバンをニュージャージー州の新たな司教区に送りこんだ。オサリバンはその後七年間で、四つの教区を渡り歩いた。

一九九一年になっても、虐待の疑いをかけられたリチャード・ラヴィーン神父――連続虐待者で、のちに三人の少年に性的いたずらをした罪を認めた――の家宅捜索令状をマサチューセッツ州西部の検察が取得に行ったとき、判事は「警察が司祭の家を捜査するなどとんでもない」と言って、令状発行を拒否した。

ゲーガンが及んだよりもはるかに悪辣な虐待を続けたにもかかわらず、ラヴィーンは一九九二年の判決で、たった十年の執行猶予を受けただけだった。「今ならもっと、重い判決を受けたはずだ」と、ラヴィーンを起訴したデヴィッド・アンジャー検事は言う。

カトリック教徒の割合が多い判事たちも、虐待の全容を世間から隠し続けた隠蔽工作の共犯だ。たとえば、一九九二年から九六年にかけ、ボストンの判事たちが、子どもたちに性的いたずらをした司祭三名の絡む五件の裁判記録を没収した。彼らの自己正当化は、担当判事いわく、「物議を醸す件につき」一般にさらすべきではないというものだ。ある裁判では、被害者が、実名を世間から伏せたいだけだと証言したにもかかわらず、判事が全記録を没収した。だが、それよりずっと以前から、教会は特別扱いが過去のものとなっているのに気がついた。一九八五年、司祭による性的虐待に関する極秘レポートが、警告を発している。

「ローマ・カトリック教徒の判事や弁護士が、司教区と聖職者を守ってくれるとの過去の頼みは消え去った」

二〇〇二年一月、その予測は、サフォーク郡上級裁判所裁判官コンスタンス・M・スウィーニーという人物により実際のものとなった。二〇〇一年九月、ゲーガン裁判で教会に不利となる文書の封印解除を求める『グローブ』紙の主張を聞いたのが、彼女だった。教会の弁護団は、スウィーニーは記録公開に同意すまいとたかをくくっていた。

五十二歳のスウィーニーは、地元スプリングフィールドでカトリック系中学校と高校を卒業後、ニュートン聖心大学に通った。判事の地位について一六年の二〇〇一年十一月、スウィーニーは、世間の知る権利は教会の文書秘匿の権利に勝る、と判断する。枢機卿の弁護団は決定に愕然《がくぜん》とし、彼女の判決に控訴した。判決は支持された。

文書の公開予定日が近づくと、弁護団は裁判を和解に持ちこもうと精力的に動いた。和解すれば文書開示の必要性が無用になると信じて。二〇〇二年一月の法廷審問中、スウィーニーは枢機卿の弁護団に、自分の決定を実行に移す意志を明確にした。「世間は、この文書を見る権利がある」と、彼女は述べた。一週間後、一万ページにおよぶ文書が公開された。

コークリー検事は世間の風向きの変化に勇気づけられたが、慎重にもなった。「もちろん、振り子は反対側に振り切れ過ぎることもある。当初、世論は〝そんなことをしでかす司祭など一人もいない〟だった。次にそれは〝まあ、なかにはいるかも、でも私の主任司祭は違う〟だった。シニシズムが行き過ぎるあまり、司祭全員がそんな輩《やから》ばかりだと憶測する人が過度に増える危険があり、それもまた公正ではないわ。私の司祭感は、警官に抱くのと一緒よ。たいていは善。でももし悪いのがいたら、私は追求する。そして少数の悪者が、残りをすべて悪者に見せてしまう」

　検察が教会に強硬姿勢を貫くのを支持する者が多数いる一方、なぜロウ枢機卿のような指導者が、ゲーガンら小児性愛者への犯罪幇助《ほうじょ》で罪に問われないのか首をひねる者もいた。とりわけ、ゲーガンたちが危険であるという警告を受けながらも、子どもたちに手を出せる地位に据えたロウが、なぜ野放しなままなのだろう。

　ワシントンDCの元連邦検事ジョセフ・ディ・ジェノヴァのような、著名な法律分析家たちのなかには、ボストン周辺のカトリック教徒の検事たちは、いまだ教会を敬愛するあまり、子どもを食い物にできる地位に虐待司祭を据えた者たちを刑事訴追できずにいると主張する者もいた。その非難は、多くの検事たちを気色ばませた。コークリーはこう語る。

「それはナンセンスだし、私や同僚に対してそんなことを言うなんて、不遜きわまりないわ。法令があれば、枢機卿だろうと誰だろうと起訴します。でもないのよ。探したわ。民法は監督不履行の救済方法を規定している。でもマサチューセッツ州ではこの分野での刑法の規定はないのよ」

　また、ほかの制約もあった。

「思い出して欲しいけど、この人たちは法執行機関に助けを求めなかった、弁護士たちもね。彼らは民事上の和解を選び、秘密保持契約を結んだ。責任の一端は原告側弁護士にあると、正直思う。けれど、それが彼らの選んだルートだった」

また、レイリー州検事総長は、承知のうえで性的虐待者を配置転換した枢機卿と教会指導者たちに、従犯および共謀の法律は適用できない、と指摘する。性的虐待者の犯罪意図を共有してはいないためだ。だがレイリーは、ロウと教会指導者たちの公訴の可能性を排除しておらず、彼の事務所は公民権法を拡大解釈した州法が、適用可能かどうか見極めようとしていると言った。一部の弁護士は民事裁判を提起し、連邦ラケッティアリング法で召喚したが、一件も成功していない。連邦検事にラケッティアリング法を使って虐待司祭たちをたらい回しにした者たちを起訴しろとせっつく弁護士もいるが、連邦検事の事務所はこの方面には立ち入っていない。

ディ・ジェノヴァはじめ、検察がヒエラルキーの追求を躊躇し、世論が確実に味方についたのを見届けたあとで、やっと動きはじめたと非難する者もいる。さらにニューヨーク大の法曹倫理学教授スティーブン・ギラーズを含めた他の者は、コークリー自身、ロウがスキャンダルの責任を取って創設した児童保護委員会でボランティア・スタッフをしていることで妥協したと言った。「彼女は教会ヒエラルキーにアドバイスをする立場にいると同時に、教会ヒエラルキーを含む可能性のある聖職者を対象とする捜査チームの一員であり、二つの役割は両立しない」

だが二〇〇二年五月、コークリーの事務所から起訴されたポール・シャンリー神父がサンディエゴで逮捕され、裁判のためにマサチューセッツ州に送還されたあと、コークリーは枢機卿の委員会を辞めている。

児童の性的虐待者を、そうと知りながら子どもたちに接する職に異動させた者を、よりたやすく刑事訴追できるようにする法律制定案に、コークリーは反対だ。

「感情のたかぶった今のような時期に、新しい法律を制定するとなると、私はえらく保守的になるの」と、彼女は言った。世評があまりにも激変したため、そして性的虐待の隠蔽を招いた秘密によって教会の利益があまりに脅かされたため、この状況が繰り返されることは、今後実質不可能と彼女は信じている。「教会に、誰を報告し誰をしないか選ばせるわけにいかない。私たちは教会に報告を義務づけさせるわ。被害者の新たな世代を、あなた方が見ることはないでしょう」

マサチューセッツ州の北岸に広がるエセックス郡の地方検事ケヴィン・バークもまた、ボストン大司教区に司祭たちの性的虐待をもっと深刻に受けとめるよう圧をかけるのに重要な役割を演じた。ロウ枢機卿を追い回した他の検事同様、敬虔なカトリック教徒の家庭に生まれたバークは、ボストンの真北にある労働者階級の都市モールデンで育ち、十歳の時にノースショアのベバリーに移った。祖父母はアイルランド移民で、祖母は毎日聖体を受けた。

「私はごく典型的な、教会と司祭に多大な敬愛の念を抱くアイルランド系カトリック一家の出である一方、旧IRAのメンバーだった祖父の反教権主義もまた、身の裡《うち》に育っていくのを意識した」と、彼は言う。たとえば、彼の祖父は修道女にベルトで打たれたバークのおじを、教区学校から引き上げさせた。「当時は前代未聞でした、公然と教会の権威に楯突くなんて。修道女は子どもを好きなだけ打擲《ちょうちゃく》でき、カトリック教徒のほとんどが異議を唱えなかった、でも祖父はしたんです」

バークの父親は子どもたちを四旬節《しじゅんせつ》の間、毎日ミサに参加させた。子ども時代、バークは司祭をこう見ていた。

「自分たちとは違う特別な人々、尊敬に値する聖なる人々として見上げていました。だが大きくなると、司祭だって一般人の持つ欠点すべてを持ちあわせているのがわかる。いつ合点がいったかはわからないが、まだ子どものとき、不親切な司祭がいて、ほかの子どもにばつの悪い思いをさせるのに気づき、それが私の見る目を変えた」

バークはまた、不平等がどんどん目につきだし、いらいらしたのを覚えている。

「私の知る修道女は全員、教会のねずみに負けないくらい貧しかった。一方で司祭は、キャディラックを乗り回していた。修道女たちは健康保険さえろくに入れないという記事を読んで、不平等さに猛烈に腹が立ったのを覚えている」

一九七八年に地方検事に初めて選ばれたあと、バークは虐待事件について話しあうため、地元のモンシニョールを訪ねた。その時のことをこう語る。

「彼はいい人物でした。私を昼食に誘ってくれ、教区司祭館のなかは、それは豪華でした。高価な陶器とパリッとした白いリネンの整ったテーブルに着いたモンシニョールが、何かを所望するたび小さな銀の鈴を鳴らして、召使いよろしく年寄りの家政婦が足を引きずって入ってくる。私がまじめな議論を試みるたび、モンシニョールは鈴を鳴らし、小柄な老女がやってきては彼の勝手気ままな要求に応えていた。席についたまま、私は司教たちが自分たちに科した生活レベル、暮らしぶりの豪華さに目を瞠《みは》り、さらには彼らにそんな特典を許したのは我々信徒であり、誰も

『おい、それは間違ってるぞ。こいつらはこんな風に暮らすべきではない、尼僧たちは健康保険すら入っていないのに』と言わないことに、呆然《ぼうぜん》となっていました。だが私がその日、鈴を鳴らし続けるモンシニョールのかたわらで悟ったのは、教会のヒエラルキーが、どれほど雲の上のものとなってしまったかでした。彼らは孤立して暮らし、完全に一般信徒の暮らしと切り離されてしまった。そして、私たちはそれを許してしまった」

やがて、司祭への疑惑が表面化すると、バークの事務所は大司教区と交渉しはじめた。彼は感心しなかった。

「大司教区は、たぶんうちの事務所が相手をした一番傲慢な集まりです。もしあなたが、私や私のアシスタントの大半と同様カトリックなら、性的虐待を追求すれば、教派を脅かすか軽んじることになると、ほのめかされた」

二〇〇〇年、教会の臨時雇いで、最終的に二〇人以上の子どもをレイプしたり、いたずらをした罪を認めたクリストファー・リアドンを、バークの事務所が起訴した。

「教会は、協力的とはほど遠かった、控え目に言えば。だが私を本当に打ちのめしたのは、大司教区とのやりとりで、彼らが被害者をこれっぽっちも気にかけていなかったことです。虐待で人生がひっくり返ってしまった年少者たちへの、ほんのささいな気づかいひとつなかった。あとから思えば、教会の指導者たちが、自らの道義的責任を果たし損なったことに慄然とします。現在、大司教区は協力的だ。だが彼らは、世間の反応を感じとっていたからで、子どもたちに悪いと思ったからじゃない。捕まったことを悔やんでいたんです。枢機卿と他の面々が一度でも本当に、自分たちの相手が子どもだということがわかっていたとは思えません。今でも見えていないでしょう。彼らは成人が名乗り出るのを見ているのであって、忌むべき行為がなされた子どもとは見ていない」

教会のヒエラルキーが、性的虐待被害者への同情に欠けていたのは、司教たち——鈴鳴らしのモンシニョールのような——が、完全に浮き世離れしていたことの証拠に、バークは思えた。レイリー検事総長も、ロウ枢機卿がゲーガンに宛てた「神の恵みを、ジャック」のへつらった手紙を読んだとき、同じ結論に達した——「枢機卿は被害者に、あのような手紙は書かなかった」。

まさしく、ロウと大司教区が虐待司教を甘やかす一方、被害者を厄介者扱いする徹底ぶりに、レイリーは心底ぞっとしたと言った。

「本当にむかつくのは、彼らに比べれば、とるに足らないことをした人々に、教会がどれほど冷酷かつ不寛容だったか、知っているからだ。離婚したカトリック教徒を賤民《せんみん》扱いし、教会での再婚を許さない彼らを見てみたらいい。ゲイの人々にどれだけ不寛容で手厳しいか、見るといい」

七十二歳の修道女、シスター・ジャネット・ノーマンディンが二人の少年を洗礼したため、ボストンの南端にある受胎告知教会のイエズス会アーバン・センターから追放されたという記事を、レイリーは二年前に読んで覚えている。教会法は、司祭または許可を受けた助祭——唯一絶対的に男性——のみが洗礼式を挙げられると定め、シスター・ノーマンディンに二度目のチャンスは与えられなかった。「人生を教会に捧げた尼僧だぞ」レイリーはそう息まく。「ひるがえって、彼らが子どもをレイプした司祭の扱いを見てみろ。我々は『虐待』という言葉を使う。穏当な、当たり障りのない言葉だ。多くの場合、虐待ではない。レイプだった。彼らは子どもたちをレイプしていたんだ。憤りはどこに？　道徳上の怒りは？　教会の不寛容と偽善が、その中心にある。これらすべてが私をぐつぐつ煮え立たせるんだ。子どもたちをレイプした者を隠蔽し、他者を容赦なく断罪する、その偽善ぶりに、ただただ恐れいるよ」

レイリーは怒りをぶつける以上のことをした。教会の射手に向かって法的な弾をお見舞いし、枢機卿と大司教区に何度となく、針路変更を強要した。『グローブ』紙の最初の報道のあと、枢機卿はテレビの記者会見で過去の過ちを謝罪し、司祭への今後の嫌疑はすべて検察当局へ報告すると約束した。レイリーとバークは、画面を見守りながら首を振った。

「いいや、それじゃ不十分だ」バークは独りごち、レイリーは枢機卿の回答は、一九九二年にポーター事件での彼の発言を思い出させると語った。「あの時、彼はこう言った。『信用しろ、疑わしきは罰せずにいてくれ。委員会を作って二度と事件を起こさないから』それはもう試し済みだ。効かなかった。私は態度をすっかり改めた。『たくさんだ。チャンスは与えた。あんたはすると言ったことをしなかった。虐待者が子どもを襲うのを許した』ポーター神父のあと、皆が警報を聞いた。そしてマニング神父のあと、私は彼らを信用した。だが、今度は信用できない。彼らを変えなければならない。自力では変われないんだ」

性的虐待歴のある司祭で職についている者はもういないと枢機卿が主張したあと、レイリーとバークは、枢機卿の遅すぎたゼロ・トレランス政策では充分ではないと、『グローブ』紙に声明を出した。公的に選出され、責任のある検察――枢機卿でも教会でもなく――が、性的虐待をした司祭の有罪性を判断するべきだ。二人は、遡及力《そきゅうりょく》のある性的虐待の通報があれば、より多くの司祭を刑事立件できるかもしれないと言った。レイリーはこう語る。

「証拠があるのなら、どんな司祭でも教会の一員でも、通報すべきだ。起訴が可能かどうかは検察に判断させて欲しい。ここで起きたことを考えれば、教会は、子どもたちへの虐待事件は委細漏らさず開示したと今一度、確かめるべきだ。児童への性的虐待に関しては、なにひとつ見逃してはならない」

それから一週間以内にロウ枢機卿は二回目の記者会見を開き、レイリーとバークのコメントに照らして考えを改め、性的虐待がなされたとの信頼にたる通報のあった司祭の名前を、当局に提出すると発表した。

「教会に信頼性を持たせる意義深い、画期的な瞬間を生みだした手柄を自慢したいが、それは単に、人生経験と道義的な怒りが生んだ反応に過ぎませんでした」と、バークが言った。「何年も、あまりにたくさんの子どもが虐待されるのを見てきた。虐待された子どもたちの映像を目にして、彼らの苦痛が、苦悩が見えた。子どもへの性的虐待の捉え方が変わったのは、一九八〇年代です。警官が実の娘を性的虐待しているビデオテープを入手し、人々はやっと、警官がそんなことをするのだと信じるようになった。次なるステップは、誰だろうと——例え司祭であろうと——虐待するのだと認識することでした。ゲーガンの文書は、二次責任に関し、私が読んだ中でもっとも驚くべきものです。もしだれかが道義的責任を負っていれば、法的責任の所在はともかく、今日何百人もの人々が苦しまずにすんだでしょう。トムと私の声明は、教会への崩れ去った社会の敬意を反映しているとはいえても、我々を勇気ある人物に仕立てたと言ってはおこがましいでしょうね」

「毎日のように、誰かがやってきて『その調子で続けてくれ』と言うんだ」と、レイリーは言う。「外出中、男が近づいてくると、私が検事総長かと聞いた。男は『年はあなたと同じぐらいだ。司祭が俺を虐待したが、誰にも言わなかった。長年一人で苦しんできた。こんなことは変えないといけない。頑張ってくれ。やつらを変えてくれ』と言ったんだ。すごく感銘を受けたよ。いったいどれだけの被害者がいて、一体どんな思いで、何年も一人で苦しんできたのだろうと思った」

ゲーガン文書はまた、レイリー以下検事たちに、教会は信用ならないと確信させた。ロウ枢機卿は当初――彼の知る限り――虐待歴のある現職の司祭はいないと言明していた。実のところ、ロウはのちに十一人の司祭、そのうち五人は主任司祭を、性的虐待の告発により解任している。

枢機卿の命令に従い、大司教区の弁護団はボストン地区の検察に、性的虐待で告発された存命の司祭全員の名前を提出する。しかし検察はリストを入手するやいなや、記録が事実上役に立たないのを悟った。被害者の名前、そして目撃者の証言を含めた司祭たちの完全な事件ファイルがなければ、検察は起訴の対象となるかどうか、誰一人、司祭を評価できない。しかし、一ヶ月近く、大司教区は検察からのさらなる情報の要求を無視した。

とうとう、レイリーと、大司教区一帯を管轄する五人の地方検事は、強硬姿勢に出ることにした。大司教区の弁護団に書簡を送り、自主的に追加情報を提出しなければ、教会指導者たちを大陪審に引きずり出すとの脅しを、あけすけに匂わせた。書簡はまた、虐待司祭に対する内密の告発および民事訴訟双方の和解の条件に、教会が要求した秘密保持契約の縛りから、被害者を解放するよう大司教区に迫った。

ロウの弁護士が書簡を受けとってから二十四時間以内に、枢機卿は被害者の名前を差し出すことと、秘密保持契約を無効にする許可を出した。何百名もの国中の存命司祭に向けられた申し立てのうち、わずか数件のみが立件可能だった。なぜなら多くの場合、出訴期限が切れていたからだ。だが検察が起訴不能だからといって、教会の免罪符になるはずもなかった。

ノーフォーク郡地方検事ウィリアム・R・キーティングとプリマス郡地方検事ティモシー・クルーズは、大陪審を召集して、教会からさらなる情報を吐き出させようとした。苦しい道のりだった。キーティングは、山のような司祭の訴追を出訴期限の壁に妨げられ、フラストレーションがたまった。教会の秘密主義で、「大勢の被害者の生活が破壊され、常習犯罪者以外の何ものでもない者たちに、法の裁きを下せずにいた」と、彼は言った。

イエス・キリストが委員会メンバーだろうと、関係ない

旧世界の秩序はもはや時代遅れになったと決めたのは、検察だけではなかった。政治家の教会への服従心もまた、ゲーガンのような数多くの虐待者が何のとがめも受けず、手厚い優遇措置を

受けた大司教区に守られて、何十人もの子どもたちを強姦し、法的権利の枠内で、世間の目から罪を隠す体制を生みだすのに多大な貢献をした。

マサチューセッツ州の立法者たち――四分の三近くがカトリック教徒――が、警官、教師、医師、ソーシャルワーカーその他児童を預かる者に対して児童虐待の疑いの通報を義務化する法案（一九八三年立法化）に、聖職者を含めるのを拒否したのは、破滅的な間違いだったとレイリーは言う。二〇〇一年八月末、ボストン大司教区の公共政策支部、マサチューセッツ州カトリック協議会は、虐待の報告義務者のなかに聖職者を含める法案はどれも、司祭と教区民の関係を破壊すると弁じた。

「これは服従心が、子どもたちを危険にさらす体制を生みだした典型例だ」と、レイリーは語った。議員たちは、児童虐待の疑惑が出たときに、カトリック教会が正しいことをするには、刑事制裁の脅しが必要とされるとそれとなくほのめかすような法律を通過させて、非難を受けたくなかっただけだと、彼は言う。

「事件のもみ消しに関する教会の方針は、秘密主義の、権威主義的な慣習によって、連綿と続けられてきた。伝えられるように、彼らは内密に処理していた。ちょっとしたミスではなく、教会の極めて意図的な判断だと思う。それは慣習というより、もはや文化と言えるものかもしれない。だがもし聖職者を報告義務者に加えられれば、むしろ教会を救うことになる」と、レイリーはつけ加えた。

五月三日、カトリック教徒のジェーン・スウィフト知事代理が、児童虐待の疑いのある件は、すべて通報する義務を聖職者に科す法案に署名した。

「願わくは、この法律が、今回の悲劇がこれ以上起きるのを防いでくれますように。私たちの責任と忠誠は何よりもまず、子どもたちに向けられているのです」州議事堂でスウィフトはそう述べた。

同日、ポール・シャンリー神父は子どもをレイプしたかどで裁判を受けるため、カリフォルニア州からマサチューセッツ州に移送された。


マリアン・ウォルシュ州議員は、ロウ枢機卿お気に入りの立法者だった。一戸建て住宅と手入れの行き届いた芝生が続く、ボストンでも中流階級のカトリック系が圧倒的多数の飛び地、ウェスト・ロックスベリーの出身で、いわゆる「レースカーテン・アイリッシュ」——異国の地になじみ、成功した人々の一員だった。

ウォルシュ家の大移動《オデッセイ》は、アイルランドでの貧困にはじまり新天地での富と成功に終わる、アメリカン・ドリームの原型となった。祖父母は船旅用のトランクひとつで合衆国に到着した。船を降りてから二年のうちに、母方の祖父であるジョン・ケリーは第二次世界大戦でアメリカ軍のために最前線で戦っていた。ボストンに戻ったのち、警官の職につき、一九一九年のボストン警察のストライキに参加して、職を失う。交通局で大工として働き、九人の子どもを全員ボストンのロズリンデール地区にある聖心教会で洗礼を受けさせ、育て上げた。教会は、コミュニティの中心だった。教会が、子どもたちを教育した。道徳規範を定めた。アメリカに来た新参者の資金繰りを支援した。

ウォルシュの父方の祖父母は、やはりアイルランドから無一文で渡って来た。だが祖母のダリア・オレイリーは、抜け目のないゴールウェイ出身者で、『ウォール・ストリート・ジャーナル』紙の隅々まで目を通した。正式な教育は受けていないが、だだっ広い自宅の部屋を貸して稼いだ金を、株に投機した。彼女の勘にはずれはなく、好機も逃さなかった。株を現金化して息子フランシスの通うボストン大の前期の授業料を払ったのは、一九二九年秋、大恐慌の一ヵ月前だった。

鍛冶屋《かじや》の息子フランシス・エクゼビア・ウォルシュは、トロリーバスに乗ってボストン大に毎日通った。卒業後、タフツ・メディカル・スクールに学び、産科医になった。彼はカトリック系の大学で修士号をふたつ取った教師、メアリー・エリザベス・ケリーと結婚した。移民してきた両親同様、二人は九人の子どもをもうけた。カトリック教会は、一族が成し遂げたもの、すべての中心だった。

「父はイエズス会で教えを受け、自分自身がイエズス会士みたいに振る舞いました」と、ボストンのビーコンヒルにあるマサチューセッツ州議会議事堂のオフィスに座り、マリアン・ウォルシュがふり返る。「父は社会正義を強く信じていました」彼はまた、毎日聖体拝領をした。「父は、有言実行の人でした」と、彼女は言う。「両親にとって、信仰が大事だったのです。二人は修養に出かけました。教会の基本的な教義に従って日々を送ろうとけんめいに努力し、教会のために多くを犠牲にしたわ」

ウォルシュのおばは修道女で、ウォルシュ自身、修道院に入ることを真剣に考えた。代わりに、ニュートン聖心大学を卒業後、ハーバード大学神学校に進んだ。生まれ育ったボストンのカトリック地域の、心地よい繭《まゆ》の外に出たのは初めてだった。「いい経験だったわ、初めて自分がマイノリティになったから」と、彼女は言った。「ハーバード神学校はプロテスタント気質《かたぎ》でした。奇妙だったけど、刺激的だったわ」

それでも、ウォルシュは勉学から離れてなお一層カトリックの教えに打ちこんだ。修道女にはならないと決めたあと、彼女はボストンのアイルランド人の間では聖職の次に地位の高い職業である政治を選んだという事実に、両親はなぐさめられた。

ウォルシュはかねてからずっとロウ枢機卿を崇めていた。とりわけ、中絶反対を唱えている点と、貧困者への献身ぶりからだ。互いに認めあう間柄だった。ロウはウォルシュを好いた。おそらく枢機卿が擁護《ようご》する立場に、これほど賛成票を投じた議員はほかにいなかったからだ。カトリックの議員のなかには中絶反対者ももちろんいるが、ウォルシュは枢機卿の側に立ち、死刑に反対する数少ない一人だ。「枢機卿と私は、法律問題に関しては見解が一致していました」と、彼女は認めた。

しかし、二〇〇二年一月、ゲーガンら性的虐待司祭への、ウォルシュ言うところのロウの不誠実な対処のやり口の記事を読み、彼女は激怒した。

「児童虐待の一番の仲介者が教会だなどとは、思いもしませんでした、教会が被害者を供給し、犯人をかばうとは。小児性愛者の行為の動機はわかる。でも今でも理解できないのは——認められないのは、教会がどうしてそんなことができるのか、なんて巧妙な悪魔的なやり口かってことよ。そして、一体何を考えれば枢機卿が陣頭指揮を執ったりできたのか、まったく理解できない」

ウォルシュは口先だけではなく、法に訴えた。性的虐待の経歴を知っているにもかかわらず、配置転換の指示を与えることを犯罪とする法案を提出した。長年、枢機卿の一番の法律同盟者だったが、十年前に成立していたら、彼を監獄行きにしたかもしれない法律の成立を、今では率先して訴えている。

四月、シャンリー神父の文書が公になると、ウォルシュは枢機卿の辞任を求める最初の州議員となった。シャンリーの性的倒錯を認識し損ねた原因を、ロウがずさんな記録管理のせいにすると、あらゆる畑の政治家が彼を猛攻撃した。共和党の上下少数党院内総務は、ロウの発言を非常に問題だとして、枢機卿の辞任を求めた。民主党の知事候補数名が、枢機卿は辞めるべきだと提言した。以前ならば卑劣な言動とみなされ、有権者の投票に響いただろうが、今回はそれほどの影響はないと見たか、もしくは構わなかったかだ。マサチューセッツ州の政治文化に、明確な変化が現れた。枢機卿は攻撃の的だった。それは、ボストン同様、教会が世俗の権力から敬して遠ざけられてきた他州の枢機卿と司教たちについても、ご同様だった。

ニューヨーク州は、そのひとつだった。教会当局は、ボストンのお仲間よりも非協力的で、エドワード・M・イーガン枢機卿は、ロウ枢機卿よりもさらに、後悔の念を示さなかった。レイリーとボストン大司教区一帯を管轄とする五人の地方検事が、教会に調査の協力をごり押しした一方、ニューヨークの同業者は、教会指導者の顔色をうかがった。

そこへ登場したのが、ウェストチェスター郡地方検事ジャニーン・ピローだ。今回で三期目をつとめる五十歳のピローは当初、子どもを性的虐待した者を、インターネットを使った囮《おとり》捜査で追いつめる検事として名を挙げた。子どもに成りすました警官が、チャットルームで子どもを漁《あさ》る虐待者と会う手配をするというものだった。聖職者による性的虐待スキャンダルが発覚すると、まったく事態を把握していなかったピローは、個人的な失策と受けとめた。

「だって、これは私が最も情熱を抱いていた分野なのよ、子どもたちを性的虐待者から守ることがね。法執行機関の役目として、これより重要なことは考えつかないわ。それなのに、まったく蚊帳《かや》の外だった。誰も検察に電話をしなかったわ。被害者も、弁護士も。教会は、ものの見事に隠しおおせてきた」

過去に失敗があったとしても、ピローは取り返す決意を固め、その過程で虎の尾を踏んでも気にしなかった。二〇〇二年四月、ピローはニューヨーク大司教区一帯を管轄する地方検事七人を集め、大司教区の代理をつとめる五人の弁護士を、ニューヨーク州ホワイト・プレインズの五階にある自分のオフィスに呼びつけた。会議の冒頭、彼女は自分が敬虔なカトリック教徒だと断ると、すぐに本題に入った。教会が性的虐待者を隠しだてしているかどうか、彼女と他の検事たちが見極めるための情報を、大司教区は持っている。教会当局が根拠ありと結論づけた場合のみ、大司教区は証拠を検察に提出するとのイーガンによる発表は、十分ではない。ピローは教会に教義を垂れたりせず、教会に検察の仕事のやり方を講釈させもしなかった。穏便にすますこともできるし、強行手段に訴えることもできる、とピローは言った。教会が記録を提出したくなければ、いつでも大陪審という手があります。そして、彼女は教会弁護団を見つめ、「どうするの、あなたたち。イエス、ノー？」と、目で問うた。

教会の弁護士たちは目を見交わした。そのなかでピローの友人である一人が、信じられない面持ちで彼女を見た。そしてまばたきをした。彼らは情報提出に同意し、被害者に沈黙を強いた秘密保持契約を取り消した。

大司教区はピローに不興を覚えたが、まったく意に介さないと彼女は言う。「私は教会で育った。教会は私の家族の重要な部分だし、今もそうよ」と彼女は言った。「今でもある程度敬意は持っている。でも彼らが犯罪を隠しだてしたとき、線を引いた。はばかりながら、教会と指導者たちは、私や他の検事たちの見ている世界が見えていない。おそらく彼らにとって、被害者は名前もなく、顔もない。私にとって、被害者は現実そのものよ」

何年も前、若き検事だった当時、大半の男が児童の性的虐待事件を扱うのを厭《いと》い、女性に回されるのが常だった頃、ピローはある姉弟に関するファイルを開いた。姉は六歳、弟は五歳だった。子どもたちのベビーシッターと、その恋人が繰り返し、彼らを強姦した。ベビーシッターと恋人は、女の子の膣《ちつ》と男の子の直腸にナイフをあてがった。「事件を公訴するために、私は子どもたちと一年過ごしたの」と、彼女はふり返る。「事件が起きたのは、そういった性的虐待について情報不足で、訴追のノウハウができる前だった。子どもたちは彼らにされたことを表現する語彙《ごい》を持たなかった。私には大工組合の知り合いがいて、解剖学的に正確な人形を作らせ、子どもたちが陪審に何が起きたか説明できるようにした」ベビーシッターは恋人を売って有罪を認め、精神科の治療を受ける条件で執行猶予を受けた。赤裸々な証拠に驚愕《きょうがく》し、判事は恋人に七十五年の懲役刑を与えたが、あとから法律では三十年が最高刑なのを知った。

十年後、判事に昇進したピローが家庭裁判所の裁判長をつとめたとき、「支援の必要な子ども」の一件が回って来た。十代の女の子が自殺を試み、福祉行政は、問題少女の対処法を見つけようとした。ピローは目の前の少女をじっと見た。それは十年前、彼女が救ったはずだった小さな女の子だった。

「彼女の目を覗《のぞ》いたとたん、あの子だとわかったわ。名前を見る前から。愛くるしい顔立ちと金髪は変わっていなかった。そして、あの目。当時のままの目をしていたわ」と、ピローが語る。ショックを受け、ピローは少女の弟に何が起きたか知ろうとした。弟は街に出て、体を売っているのがわかった。

「いいこと」と、ピロー。「ふたりは、国の庇護のもとに置かれ、傷を癒され、陪審が正義を行い、彼らにひどいことをした人間はずっとずっと刑務所に入っているのを理解したと、信じられていた子たちなのよ。それなのに、彼らはどうなったか。性的虐待が与える手ひどい傷痕、いつまでも消えない影響の強さを思い知ったわ。そして思った——それなら、信じてもらえず傷も癒されず、加害者が責任を取るのを見もしなかった子どもたちは、どうなるの？　そこが、教会の指導者たちに見えない点よ。彼らは人間関係を結ばない。彼らは子どもたちを犠牲にして、教会の評判を守りたいだけだった」

　教会指導者が児童への性的虐待を隠蔽してきた徹底ぶりが日ごとに明らかになるニュースに、ひどく気分を害したが、ピローは信心を失っていない。

「私は自分の子どもをカトリックの教義に則《のっと》って育てた、そしてそれに則って育て続けるわ。教会はたくさんの善行を行い、貧しい人々に善行を施し続けている。私はただ、子どもたちを守るのを怠った事実から、確実に教会に教訓を学ばせる決心をしたの。責任を取らせるわ」

　性的虐待を告発された司祭を調査するための委員会を作るという大司教区の提案を、ピローははねつけた。彼女のオフィスで、大司教区の幹部たちと面会した他の検事たちも拒否した。教会弁護士のひとりが、委員会メンバーの候補には元判事や検事を含めると請けあうと、ある検事がさえぎった――「はばかりながら、イエス・キリストが委員会メンバーだろうと、関係ない」。

「あれは傑作だった。私が言ってやりたかったわ」と、ピローが痛快がる。

　エセックス郡の地方検事ケヴィン・バークは、教会への服従心が社会の大部分で突如減少した今、「小さな宗教改革」を起こせると信じている。「現代のマルティン・ルターはいないが」と、バークは言った。「バチカンが注意を向けるかもわからないでしょう？」簡単ではないだろう。「中世の組織、私の祖父母や移民たちにとっては、権威の象徴たる組織と戦っているのです。人々を教育し、アメリカで居場所を与え、アイデンティティを与えたがゆえに、尊敬を受けた組織です。だが次世代がこの国に同化し、教育上、金銭上成功した現代において、平均的なカトリック教徒が教会に求めるのは、社会的でも政治的でもない、道徳と宗教的な信念です。そして教会の振る舞いは、道徳とも信念ともあまりにかけ離れている。教会の指導者には憂慮すべきことが山積みだが、今彼らが直面している敬愛の念の欠如こそ、一番恐れるべきなんだ。スキャンダルの衝撃が収まれば、再び人心が教会に戻るなんて思わない方がいい。それは決してないのだから」

第七章　法律《ロウ》を超越した枢機卿《すうききょう》

目標はアメリカ人初の教皇となること

一九八四年、当時合衆国で三番目に大きかった司教区の大司教を継いだとき、ロウは言った。

「ボストンの次は、いよいよ天国だ」

ボストンで黄金の時代を迎えるはずだったのに、まさか生き地獄になろうとは、彼には予想すらできなかった。

ロウは教会の出世街道を、深南部《ディープサウス》（アメリカ合衆国南部の保守的な地域。）の教区司祭から、カトリック教徒がまばらに散らばるオザーク郡の司教を経て、ニューヨーク、シカゴ、ボルチモア、フィラデルフィアと並ぶアメリカ創世期の大司教区のひとつ、ボストンの大司教になるまで、とんとん拍子に進んでいった。

バイブル・ベルト（聖書の基本原理を厳格に守る立場の人々であるファンダメンタリストの多い南部一帯を指す。）の場末から身を起こしたロウは、教会の至宝のひとつを統《す》べるまでになる。同輩だったニューヨーク枢機卿ジョン・オコナーが二〇〇〇年に死亡すると、ロウがアメリカで最も権威のあるカトリック高位聖職者になったといっても過言ではなく、さらに重要なことに、バチカンでもそう目されていた。彼は司教や枢機卿の〝影のボス〟だった。ホワイトハウスに電話をかければ大統領が受話器を取り上げ、意見に耳を傾けた。だが自分のお膝元で爆発した性的虐待スキャンダルの処理を誤り、すべてが水泡に帰した。枢機卿に関するもっぱらのうわさは、辞任要求に彼がどれだけ持ちこたえるかであった。

ボストンのブライトン地区に置かれた教区事務所が、大司教区の本部だ。十八年間、教区事務所と隣りあう枢機卿の住居から、ロウは年間五千万ドルの事業計画をとりしきり、さらに数億ドルもの不動産の動向に目を光らせ、電話をかけ、ときには二つ同時に対応し、裕福なカトリック教徒を丸めこんで教会経営の学校、病院、福祉計画の費用を支払わせてきた。二〇〇二年一月、不満のくすぶる冬の真《ま》っ只中《ただなか》、ロウの住まいは聖域――正しくは防空壕――になった。ニュースがスクープされて数ヶ月、ロウは囚人のように一日中働き、夜は豪華なイタリアン・ルネッサンス様式の住居にこもって滅多に外出しなかった。

テレビの『ザ・トゥナイト・ショー』で、番組ホストのジェイ・レノがスキャンダルをジョークのネタに使い、ボストンから北に行ったアンドーヴァーのレノ家の昔の教区、セント・オーガスチンの大司教について触れ、「ロウ（法律のローとかけている）を超越した枢機卿」と呼んだ。窓の外を見れば、抗議者がプラカードを掲げ、彼の辞任や裁判を要求するのが見える。リスナーの気を引きたいラジオの過激なジョッキーが、教区事務所の外で生中継をしていた。

枢機卿に辞めて欲しけりゃ車のクラクションを鳴らせ。

こんな風に終わるはずではなかった。

バーナード・フランシス・ロウは、一九三一年、メキシコのトレオンに生まれた。その地は故郷というより、ほかの場所と同様、引っ越しが常だった子ども時代の一時停止地点にすぎなかった。父親は軍人で、ときには商業パイロットの仕事につき、そのためロウは幼い頃、六回も引っ越した。父親はカトリック教徒だった。ロウがベッタリだった母親のヘレンは、長老派教会からカトリックに改宗している。ロウは米領バージン諸島の聖トーマスの高校に通った。頻繁な引っ越しに慣れない子もいるが、ロウいわく、放浪の歳月は刺激的で、人生勉強になった。両親は異なる文化や風土を積極的に楽しみ、ロウもすんなり順応した。聖トーマスのシャーロット・アマリー高校で少数派の白人だった彼は、ほとんどを黒人が占めるクラスメートのなかから、最高学年の学級長に選ばれた。

優等生のロウはハーバード大に合格し、二人のユダヤ人と南部バプテスト派の学生と同室になる。四年生になる頃には、司祭になると決めた。ハーバードでの四年間の大学生活は、振り返れば楽に思えた。さらに八年間の勉強――ルイジアナ州のベネディクト会修道院で二年、オハイオ州のポンティフィカル・カレッジで六年――が続いた。二〇名いた神学生のうち、卒業できたのは、十二名だけだった。

ボストンのバーナード・F・ロウ枢機卿は、ジョン・J・ゲーガンら児童を性的虐待した司祭の管理を誤った。事件は人々の広範囲におよぶ怒りを呼び、ローマ・カトリック教会にとっては国際的なスキャンダルに発展する。2002年1月、彼の住居で開かれた特別記者会見にて、報道陣に向かってセックス・キャンダルについて語る枢機卿。
PHOTO BY DAVID L. RYAN
FOR THE BOSTON GLOBE

ボストンのホーリー・クロス大聖堂でミサを終えたあとのロウ枢機卿。
PHOTO BY MATTHEW J. LEE
FOR THE BOSTON GLOBE

叙階後、ロウが最初に派遣された教区のミシシッピ州ヴィックスバーグに赴いたのは、一九六一年、公民権運動が活発になり、カトリック教徒初の大統領ジョン・F・ケネディが人種差別に断固立ち向かうと誓った年だ。ロウは教区新聞の編集を引きつぎ、コラム欄で人種間の平等を擁護《ようご》した。地元のへんくつ屋の一部はお高い司祭に反感を持ち、まもなくロウは脅迫状を受けとる。だが主張は引っこめなかった。

ハーバード大に寄稿した彼の二十五周年記念のレポートで、ロウはミシシッピでの日々を、嵐の目というより、歴史のるつぼのなかにいたと振り返っている。「あの重大な歴史的瞬間の一部になれた、それ自体が神の恩寵《おんちょう》、贈り物でした」と。

ロウは、野心的な司祭だった。ミシシッピの友人に、目標のひとつはアメリカ人初の教皇となることだと打ちあけた。黒人に囲まれているのに慣れた人物として、ロウの公民権運動の立場は決まっていた。芽ばえつつある教会一致運動《エキュメニズム》（キリスト教の教派を超えた結束を目指す主義、キリスト教の教会一致促進運動のこと。）の推進活動に貢献したくて、仕方がなかった。一九六八年、彼はアメリカ合衆国カトリック司教協議会の〈教会一致と異宗教問題委員会〉の事務局長の座につき、ワシントンDCで二年ばかりを過ごした。

一九七三年、司教となったロウは、ミズーリ州オザーク郡のスプリングフィールド司教区に派遣された。「彼は戦略家肌の指導者で、パットンよりは、アイゼンハワータイプだった」と、スプリングフィールドのカトリック教徒で著名なビジネスマン、テリー・ミークは言った。だがロウは理想主義の一面を持ち続けた。「夢想家で空想家、ときどき非現実的になった」と、ミズーリの司教区時代、ロウの下で働いたフィリップ・ブシェー神父が言った。「善良な人々で周りを固めて彼らの貴重な意見に耳を傾けなければ、地に足がつかなくなる」

ミズーリ州にて四万七〇〇〇人のカトリック教徒、九〇人の司祭、六三の小教区の指導者を十年間つとめたあと、ロウは二〇〇万人のカトリック教徒、一一〇〇人の司祭、四〇八の小教区を率いるため、ボストンへ異動になる。例えるなら、車の販売代理店店長からジェネラルモーターズの経営者になったようなものだった。ボストンのメディロス枢機卿の死と、ローマ教皇ヨハネ・パウロ二世の信頼が、ロウに合衆国屈指の大規模司教区の大司教になる機会を与えたに留まらず、さらなる出世が射程内に入ってきた。ロウの三人の前任者――ウィリアム・オコネル、リチャード・クッシング、メディロス――は、枢機卿に昇格していた。そのため彼が一九八四年三月ボストンに着任したとき、教会のプリンスになるのも時間の問題だとわかっていたに違いない。

彼は温かい歓迎を受け、広い執務室を与えられた。前任者は、三者三様だった。オコネルはエキセントリックなうぬぼれの強い男で、贅沢《ぜいたく》な暮らしを好み、不景気の最中にプードルを脇に座らせたリムジンで街中を走り回った。またハコモノ好きで、アメリカ・カトリック教会が右肩上がりの信者を収容するため、教会、学校、女子修道院、教区司祭館を増やす時流に乗った。クッシングは、平易な語り口の大衆迎合主義者《ポピュリスト》で、ボストンの大司教が建設会社のCEO然と振る舞う伝統を継承しながら、二〇〇万人のカトリック教徒の霊的指導者として活動した。

著作『Bare Ruined Choirs（裸の聖歌隊）』のなかで、ギャリー・ウィルスは、教区学校をごまんと作ってカトリック・コミュニティを世俗の公的教育から切り離すとともに、「商才により」出世した司祭やモンシニョールや司教の出世街道を創出するのに、教会はやっきになっていると指摘した。このシステムこそ、アメリカの教会ヒエラルキーの目標が、信徒の魂の救済ではなく、健全な収支決算を達成することになった原因だと、ウィリスは主張する。「司祭には、神学、あるいはどんな種類の研究にも割く時間はほとんどない。ビジネスマンの実利主義と実践主義にすっかりシフトしてしまった」と、ウィルスは分析する。「主任司祭が不愉快な人間なのは、教義のせいでも中途半端なネクタイ（ローマンカラーのこと。）のせいでもなく、神学教育の欠如と教区制度のせいだ」

クッシング枢機卿が死亡した一九七〇年までに、アメリカにおけるカトリック教会の長い成長期間は終焉《しゅうえん》を迎えていた。その時点で、アメリカ・カトリック教会は、アイルランド人が圧倒的に多かった。清教徒がプリマスロックに上陸してすみやかにボストンに移ってから二世紀以上、ニューイングランドの州都は、プロテスタント市民のためのプロテスタントの都だった。だが十九世紀中葉、転機が訪れた。アイルランドのジャガイモ飢饉《ききん》が起き、英国が植民地の救済措置を拒否したとき、一〇〇万人以上のアイルランド人が移民船に乗りこんだ。ほとんど一夜にして、ボストンの宗教人口は変わり、世紀末には、アイルランド生まれの市長が初めて誕生した。当初、「アイルランド人の求職無用」の看板で出迎え、毛嫌いした市を掌握するのに、アイルランド人は政治力を使った。

イタリア人、そのあとにはポーランド人や他の東欧人が、アイルランド人に続いてアメリカ・カトリック教会、いってみればアイルランド教会の一部になった。『ボストン・グローブ』紙の記者モーリーン・デゼルが、著作『Irish America: Coming into Clover（アイリッシュ・アメリカ　受け継がれるシャムロック）』で指摘したように、十九世紀後半、アメリカの神学校に入学した生徒の九十パーセントはアイルランド系の名前で、一九〇〇年までには、アメリカのカトリックのヒエラルキーは、四分の三がアイルランド人だった。アメリカ・カトリック教会で、ヒスパニックが最大エスニックグループとして台頭し、平信徒のアイルランド人はわずか一五パーセントだった一九九〇年代でさえ、司祭の三分の一、そして司教の半分がアイルランド系だった。

　クッシングの後釜、ポルトガルの西にあるアゾレス諸島の野菜農家の息子メディロスは、二人のアイルランド人司祭兼政治家タイプのオコネルやクッシングと、これ以上はないほど違っていた。オコネルとクッシングは伝説的な人物であり、エドウィン・オコナーの小説『The Last Hurrah（最後の歓呼）』から抜け出て来たようなキャラクターで、懺悔《ざんげ》室で懺悔を聞きながら、裏では強権を振るうタイプだった。メディロスは反対に内気で引っ込み思案で敬虔《けいけん》と、ビジネスマン司教の反面教師のような人物だった。

　着任から二年と経《た》たずして、メディロスは、市の公立学校に出された人種差別廃止の裁判所命令を避けるため、「ホワイト・フライト」（有色人種を避けて白人コミュニティに引っ越す現象。）に加わった疑いのある生徒は、カトリック系の学校に入学させないとのお触れを出し、たいていがアイルランド人とイタリア人の労働者階級から成るボストン大司教区の人心を、首尾よく遠ざけた。メディロスの命令は、おおっぴらに無視された。大司教区の学校は生徒数が膨れあがり、ボストンのカトリック教徒の多くが、彼らを不当に差別主義者《レイシスト》と決めつけたメディロスへの敵意に膨れあがった。彼らの多くは単に、有色人種とバス通学をともにするカオスから逃れたかっただけだ。豊かな郊外に住んでいれば、そんな目に遭う必要は何ひとつなかった。

ボストン・カレッジの歴史の教授で、『Boston Catholics（ボストン・カトリック）』の著者トーマス・H・オコナーは、メディロスは、ボストンから決して受け入れられることはなかったと述べている。メディロスは一見してアウトサイダーだった。人々は、「あの人は我々の仲間ではない」と言い、メディロスもそれを知っていた。彼はにこやかに、クッシング枢機卿が傑物だった事実に触れ、自分は彼に太刀《たち》打ちしようとは思わないと言った。メディロスの癖——両手を握りしめ仰ぎ見る、誇張された敬虔な態度——は、ラテン世界であれば、なんでもなかっただろう。だがボストンの気質には合わない。そんな調子で、決してそりが合わなかった。

アイルランド系のロウは、確かにメディロスとは違ったが、かといってオコネルとクッシングの引き写しとはならなかった。彼はオコネルの経営手腕と、クッシングの政治手腕を備えていた。クッシングは親しい間柄のジョー・ケネディと、JFKの大統領戦キャンペーンを教区事務所で一緒に練ったと、よく自慢していた。ロウは二人の前任者に欠ける知的な実直さを持っていた。第二バチカン公会議から早々に引き上げてきたクッシングは、ラテン語が分からなかったとこぼした。オコネルが自分の職務の宗教的要素を邪魔とみなしていたらしい一方、ロウはメディロスと同じぐらい敬虔に見え、だがずっと近づきやすく、気さくだった。

「ロウへの最初の反応はたいてい、『同類がやって来たぞ』だった。白人、青い目のハーバード卒業者。彼はクッシングとオコネルのようにボストン生まれではないが、アイルランド人の外見を備えている。ボストンでの反応は、『やっとローマはものがわかって、うちに身内を送ってきたぞ』だった。だがそれは、早合点だった。ロウの任期が長くなるほど、彼を仲間とみなす者は減っていった」と、オコナーは言った。「彼は〝公〟の顔と、〝私〟の顔を持っていた。公的には、彼はオコネルに似て説教壇では非常に尊大で、しゃべると母音を長引かせ、実直で、言葉に重みがあった。だが社交の場では、小集団に囲まれてチャーミングで優しく、洗練され、ユーモアがあった。彼は常に、階級と立場を意識した。彼は自分を笑いものにできたが、他人には許さなかった」

横やりを入れない説教など、真の説教ではない

クッシングと違い、ロウは情の厚い大衆迎合主義者ではなかった。形式を重んじた。スタッフに、会話中は自分を「猊下《げいか》」と呼ぶよう求め、彼らは従った。彼らは他の者にも倣うように求めた。ロウの元広報担当は、一度、電話で対話中、枢機卿を「ロウ」と呼んだ記者をとがめたことがある。本の執筆のために司祭たちにインタビューしたとき、オコナーは、彼らにボストンの枢機卿をひと言で表現してくれと頼んだ。オコネルについては、「尊大」。クッシングは、「ガラガラ声」。メディロスは、「敬虔」。だがロウについては、皆が言葉につまった。

「やっと、ロウをよく知る司祭が私に言った。「根無し草（rootless）」。私は驚いて彼を見ると、尋ねた。「無慈悲（ruthless）だって？」すると彼は言った。「違う、根無し草だ」それで、納得

が行った。ロウには故郷と呼べる場所がなかった。彼は軍人の子どもだ。文字通り、根を張る場所がなかった。その点では、彼はおそらくボストンが戴く、初のアメリカ人の枢機卿兼大司教だろう。彼はアメリカンであり、ボストニアンではなかった」

多分、彼が生粋のボストニアンではなく、この市にかつてあった偏見や遺恨と無縁だったせいだろう、ロウは移民たち――中央および南アメリカ人、ハイチ人、ベトナム人ら、変わりゆくボストンの教会で新参者の彼らに、ことさら親近感を覚えるようだった。人種的、社会的平等を擁護してきた前歴と、低所得者世帯に手頃な家を提供する不断のキャンペーンが、ロウを移民たちのヒーローにした。流ちょうなスペイン語を操る枢機卿を、ヒスパニックは愛した。枢機卿への面当てがひどくなったとき、一番忠実な支持者層は誰あろう、移民グループだった。

そして、年月が経ち、ロウの管理手腕に疑義を申し立てたのは、新参者ではなく古株だった。批判者たちは彼を横柄で、独善的で、日増しに孤立を深めているとみた。年とともに彼の影響力は増すどころか、しぼんでいった。

ボストンに着任したとき、最初にあいさつした司祭は、当時ローガン空港の司祭だったバーナード・マクローリン神父で、ロウが大司教となって、大いなる希望が生まれたと伝えたが、ロウは彼の期待に応えなかった。なぜならあまりに孤立し、群衆を閉めだして広大な邸宅に住み、間違ったアドバイスをする顧問に囲まれたためだ。「ボストンは、村社会なんです」と、マクローリン神父は言った。「枢機卿は、そこをまったくわかっていませんでした」

オコナーはその見解に同調しはじめ、ロウは外に出てもっと人とまみえ、コミュニティのより大きな側面――それがレッドソックスの試合に行くことでも、レストランに行くことでも――に参加して溶けこむ必要性を、決して認めなかったと言った。全米屈指の歴史的建造物で最も由緒ある私立図書館、ボストン・アシニアムの終身チケットを返上したと、ロウがさりげなく言ったのを覚えている。「思わず眉をひそめたよ。歴代の大司教は全員持っていたのに。値がつけられない代物だ。ボストンの初代司教シェヴェラスがアシニアムの設立を援助し、私設図書館にしていた。ロウに理由を尋ねると、『そちらへは決して足を運びませんから』とのことだった。必要なしと判断したんだ。おそらく一部の人にはとるにたらないことだろう、だがすべてをかんがみると、彼はボストンを理解しなかったとわかる。理解するのを怠ったんだ」

民衆と交わる代わり、ロウは膨大な時間を、彼の中枢たる執務室で過ごした。その場所で、オコナーはバーナード・ロウが仕事中毒で、仕切り屋なのを発見する。

「彼は強迫的に、細部にうるさかった」と、オコナーは言った。「メモが回ってくると、文法を直した。エレクトロニクス世代の申し子だった。コンピューターとファックスを持っていた。私と話すと同時に、電話に出て、誰かと話していた。人に話しかけるのは、すなわち命令を出すときだった。『職場で彼を捕まえろ。ゴルフコースにいる』あの男の凄《すさ》まじいエネルギーは、特筆に値した。そして執務中の彼を観察していたとき、ある司祭が以前ロウについて言ったことを思い出した。彼はこう言っていた。『バーニー（バーナード）はほんのお子様だってことを覚えておきなさい。オモチャを独り占めしたがる子どもです。絶対わけあおうとはしません』」

ロウがボストンに着任する頃には、人種問題はほぼ落ち着いていた。若き司祭の時分、ロウは公民権運動に情熱を注いだが、自分がヒエラルキーの一部になると、中絶反対運動に入れこんだ。一九八四年三月、ボストン大司教としての初スピーチで、ロウは中絶を「国家の不名誉」で、「現代の根源的な悪」と表現した。ロウとニューヨークのオコナーは、揃《そろ》って一九八五年に枢機卿に叙階され、二人は教皇ヨハネ・パウロ二世の教義を説くアメリカ人タッグチームとして、信徒に向かって中絶や避妊、同性愛や離婚は罪なりと糾弾したが、統計によれば、カトリック教徒の大多数が、それらは個人の問題だとみなしていた。二人の枢機卿は「ロー&オーダー（法と秩序）」のあだ名をつけられ、教皇の法を押しつけ、信徒に女性が司祭になることや、司祭が所帯を持ったり独身主義の方針を見直す案について議論することさえ禁じた。

ロウの中絶に対する攻撃的なスタンスは、ボストンのリベラルなカトリック教徒の多くを遠ざけた。ボストンの大司教は、ボストン・カレッジの卒業式で毎年スピーチをするのが伝統で、オコナーいわく、ロウが一九八四年の卒業式で最初に行った演説が、ロウとニューイングランドに位置する由緒あるカトリック大学との、のちのちの緊迫した関係を決定づけた。二年後、ボストン・カレッジの卒業式で、彼はイエズス会の大学が、カトリックとしてのアイディンティティを失いつつあると話した。「私はその場に——聴衆のなかにいたが、人々は息を飲み、自分たちの大司教がＢＣ（ボストン・カレッジ）はカトリックの伝統から離れ、もはやカトリック系の大学ではない、変革せねばならないと発言するのを聞いていた。ロウはＢＣ卒業生の多くを遠ざけたが、司教区の最大の資金源は、ＢＣ卒業生の中核だった」と、オコナーは指摘した。

それからまもなく、ロウはカトリックのビジネスマンの集団に向かって、あなた方は単に中絶反対を唱える以上のことをする「義務がある」と語った。一ヶ月後、劇的かつ前例のないことに、ロウが州議事堂の中絶反対集会に現れた。それは、マサチューセッツ州の立法家が、中絶を制限または禁止をする修正案を検討しようとしていたのと、時を一にしていた。彼が憲法の政教分離に横やりを入れていたことを指摘する声もあった。「横やりを入れない説教など、真の説教ではない」と説くロウは、ディープサウスで彼が友人とみなしていたペンテコステ派の説教師のような口ぶりだった。

故合衆国下院議長トーマス・P・〝ティップ〟・オニール・ジュニアの息子、トーマス・P・オニール三世は、ロウのリベラルな見方への不寛容は、ボストンのカトリック教徒を多数、オニールと同世代に限らず父親の世代をもいらだたせたのを覚えている。「両者を比べるのは興味深かった」と、マサチューセッツ州副知事からPR会社経営に鞍《くら》替《が》えしたオニールは言う。「ボストンにやってきた大司教には、実直さがあった。とくに市民権に関して。だが私は、権力を持った大勢の人々が腐敗し、孤立し、切り捨てられるのを見てきた。父は大物で権力があったが、一般人の感覚を失わなかった。父は市井の人々を遠ざけることはなく、彼らの考えを常に把握していた。枢機卿はよそからやって来て、決してボストンを理解せず、町を理解し損ねたために段々と孤立していった。ここは帰属意識が強く、カトリシズム（カトリックの教義・信仰。）には真摯にのぞむ。だが、貧しく持たざる者には諸手《もろて》を上げる。そして、この町で、中絶や避妊に対する教会の見解に賛同しないからお前はカトリックとして劣ると言われたら、気分を害すのは必至だ。

この地へやって来たとき、ロウ枢機卿はあるひとつの問題で、市民と政治家を選別した。つまり、中絶問題だ。まるで、到着早々こう言ったようなものだ。『ボストン、お前は独自にやってきた。だが新教皇がいて、新枢機卿がいて、新保守主義があり、我々はここにいる。お前は進歩的すぎる、お前はリベラルすぎる。これは変えなきゃならん』とね」

一九九四年十二月三〇日、ジョン・サルヴィという名の狂信的なカトリック教徒が、ボストン郊外、ジョン・F・ケネディの生地ブルックラインの中絶クリニックにやってくると、受付担当者を射殺した。彼は二軒目のクリニックに行って、別の受付を殺した。サルヴィの発砲事件直後、ロウは教区事務所の電話に出た。大司教区の妊娠中絶反対事務所の所長、バーバラ・ソープからで、受話器の向こうで泣いていた。ソープが事件の詳細を語り終えると、枢機卿は受話器を置いて私設チャペルへまっすぐ向かい祈りを捧《ささ》げ、殺人事件への対応をまとめた。ロウは当面、中絶クリニック前での抗議活動を中止させた。中絶反対派は激怒した。クリニックに抗議活動を行い、過激な言葉を使って煽《あお》った〈オペレーション・レスキュー〉やその他の中絶反対デモ隊にはサルヴィのような殺人者に対して責任があると非難する者へ、ロウが攻撃材料を与えたとなじった。ロウの抗議活動禁止令は短命に終わった――五ヶ月後には解いた――が、殺人事件が彼を激しく揺すぶったことを如実に示した。

中絶擁護派たちでさえ、年月とともに少しずつ表現を変えていったロウを認めた。「煽情的《せんじょうてき》な言葉のリストを作ったら、オコナーのそれはロウのよりも十倍長くなるわ」と、ワシントンのロビー活動グループ〈自由な選択のためのカトリック教徒たち〉の代表、フランセス・キスリングは語った。

ディープサウスと、のちにミズーリ州で司教になったとき、ロウが教会一致運動に熱心だったのは、実践上も神学上も必要にかられたからだった。両方の地で、中には敵がい心を向ける者もいるプロテスタントに比べて、カトリック教徒は絶対的に少数派だった。

そこは、かつてクー・クラックス・クランが、カトリック教徒をほとんど黒人同様に憎んだ地だ。彼の初の司教区ジャクソンでは、カトリック教徒は人口の三パーセント以下だった。次の任地ミズーリ州では、五パーセント以下だ。だがボストンでは、カトリック教徒は主流派だ。ないがしろにされた少数派だった他の郡よりも、ボストンのカトリック教徒は権力があり、ときにそれを、相手に利用した。バイブル・ベルトで彼がしたように、ロウはボストンのプロテスタントと融和した。だが彼は、とりわけ密《みつ》に、ユダヤ教徒と親交を結んだ。ここは結局、ナット・ヘントフが『ボストン・ボーイ——ナット・ヘントフ自伝』で回想したように、アイルランド人とイタリア人の子どもが、カトリックの学校で、ユダヤ人がイエス・キリストを殺したと教わる町だ。そのような教えが、反ユダヤ主義を助長した。ヘントフはギャングに殴られた。ボストン警官が割って入るとすれば、襲った者の責任を問うより、襲われたユダヤ人少年のまぬけさをとがめたはずだ。ロウがユダヤ人と親交を求めたのは、ボストンの歴史に反した。ユダヤ人たちは、熱狂的に反応した。

「彼は本当に我々に配慮している、そして真に理解がある。ロウ枢機卿は反ユダヤ主義について、そして教会がそれに反対する重要性を理解していた」と、ニューイングランド名誉毀損防止組合の組合長を長年つとめてきたレオナルド・ザキムが語った。

ザキムが癌《がん》のため六十四歳で死亡したとき、ロウは当初抵抗したポール・セルッチ知事に圧力をかけ、チャールズ川に架かる新しい橋にザキムの名前を入れさせた。セルッチは今回は従った。

一九九九年、ロウが知事に二人の判事の任命を再考するよう迫ったとき、彼は枢機卿の要求を拒否した。枢機卿は二人の女性――マーガレット・マーシャルとジュディス・コーウィン――が、反カトリックで「私には問題と思われる態度とメンタリティ」を持っているとほのめかした。ロウはとりわけ州の最高裁にマーシャルが昇進するのを止めたかった。マーシャルはロウ同様、人種問題に長い間取り組んで来た。彼女は出身地の南アフリカで、アパルトヘイトに反対した大学生のリーダーとして名を馳《は》せ、危険視されて祖国を追放された。だが判事になる前、彼女は枢機卿と最も親交の深い顧問の一人を非難し、枢機卿と衝突した。その顧問、ハーバード・ロースクール教授メアリー・アン・グレンドンは、当時ハーバードの主席法律顧問だったマーシャルの指示により、中絶反対運動にハーバードのレターセットを使用することを禁じられた。


さて、猊下、『説明していただきましょうか』

ポーター神父のスキャンダルに尻をたたかれ、ロウ枢機卿は、彼が呼ぶところの「性的虐待の罪」で告発された司祭の処し方を助言してもらうため、一般信徒を含む九人の委員会メンバーを任命したと発表した。いまだに枢機卿は、教会の汚れ物は内部で洗濯しようと心に決めていた。司祭が告発された場合、大司教区は民間の当局へ提出する義務を負う方針を作るようにとの要請を彼は無視し、治療を済ませた加害者は教区へ戻す意図を表明した。

一九九三年五月、大司教区の虐待司祭への対応を向上させようと、枢機卿は児童への性的虐待問題の著名な専門家で、その業績が全国的に評価されている夫婦チーム二組を彼の住まいに呼び寄せた。

パワーランチだった。小児精神分析医のキャロリン・ニューバーガーと小児科医の夫エリは、有名な精神分析医であるテッドとキャロル・ネーデルソン夫妻と、大きなテーブルの端に座った。テーブルの反対側には枢機卿が、二人の司祭、ウィリアム・F・マーフィーとジョン・B・マコーマックを伴って座っていた。二人とも、未成年者を虐待する司祭たちの問題の火消し役に、ロウが指名した人物だ。「中世から抜け出たような光景に、感慨を覚えました」と、キャロリン・ニューバーガーは振り返った。「聖職者の身なりをした司祭が片方にいて、もう片方には世俗のユダヤ人専門家、そして、修道女たちが給仕をしている」

ユダヤ人医師たちは枢機卿を尊敬していた。ひとつには、彼はユダヤ人コミュニティへの支援でよく知られていたからだ。キャロルたちに声をかけたのは、小児性愛と、未成年への性的虐待の専門家として全米でも指折りだからだとロウが説明すると、気をよくした。キャロル・ネーデルソンは、米国精神医学会初の女性会長だ。だが、彼らは早々に――前菜の皿が下げられるよりも前に――気がついた。枢機卿は、彼らの話に格別耳を傾けるつもりはないと。

「四人の意見は一致していました」と、キャロリン・ニューバーガーは語った。「現行の教会の対応は間違っており、子どもたちを危険にさらしていると言ったのです。事件を民間当局に報告する重要性を強調しました。それから、司祭が治ったと考えようが、問題を起こしたのは過去のことだと思おうが、彼らはまず確実に、再び罪を犯すと教えました」

要点を明確にしようと、ニューバーガーはアリゾナの一件について、ひとしきり話した。非常に幼いときに虐待された男の子が、養子に引き取られた家庭でつつがなくやっていたが、ある司祭がその子にまたもや性的にいたずらをした。虐待の最中にほかの司祭がやってきたが、止めることなく行ってしまった。

「少年は、自分のきょうだいを虐待しました」と、ニューバーガー。「私は虐待の影響の深さ、子どもだけでなく、身内にまで深手を負わせる点を強調するために、この件を持ちだしました。事実を強調するだけでなく、枢機卿と司祭たちの注意を、被害者に向けさせようとしたのです」

だが、ニューバーガーも他の同僚も、ひとりの人間として彼らの琴線に触れたとは思えなかった。専門家たちが現実世界の話をした一方、司祭らは天上の王国のことで頭がいっぱいのようだった。

「枢機卿は、教会法を念頭に置かなければならないと返答しました。私たちは顔を見あわせたわ。私たちが何を言おうと、相手はのれんに腕押しでした」と、ニューバーガーが言った。「教会法なんて、我々には無意味でした。子どもが虐待されている一方で、性的虐待者は守られている。教会法は何の関係もありません。なのに彼らはこの問題、そして対応を、内々に収めようと決心していました」

ランチの終わりに、ニューバーガーと専門家たちは、司祭による未成年者への性的虐待の大元《おおもと》を根絶する新しいアプローチを形づくる手助けをすると、枢機卿に提案した。ニューバーガーによれば、枢機卿は微笑んで相手の目を覗《のぞ》きこみながら握手をし、彼らに感謝を述べた。だが彼は、二度と誰にも連絡を取らなかった。

「カトリック教徒ではないけれど、裏切られた思いでした」と、キャロリン・ニューバーガーは言った。「霊的指導者には全員、倫理性を期待します。教会のこの問題への対応は、倫理的ではなかった。意見を求めながら無視を決めこんだ枢機卿に、腹が立ちました」

皮肉なことに、ニューバーガーにはよそから声がかかった。ボストンのサフォーク郡地方検事事務所で性的虐待班を指揮する検事、デイヴィッド・デーキンからだった。現在彼女はボストン検察局の顧問をつとめている。大司教区の損失が、検察局の得点となったようだった。

次に枢機卿が性的虐待司祭たちの扱いについて話し合うため、グループを彼の住まいに呼び寄せたときは、より同情的な聞き手を期待した。実際、二〇〇二年二月十九日の朝に招かれた者の多くが、十七年前、ロウが枢機卿に叙階されたとき、ローマに同行した。暖かい春の宵《よい》、彼らは二時間ばかり辛抱強く立ちつくして待ち、彼らの新しい枢機卿と握手をした。

今一度ロウに挨拶しながら、彼らは枢機卿と教会の未来を脅かすスキャンダルについて、思いを巡らせた。会議をとりまとめたのは、大司教区の病院組織の代表、マイケル・コリンズ医師と、ボストン史上最大の広告代理店の創立者で、カトリック慈善サークルの長年のキーマン、ジャック・コナーズ・ジュニアだ。

コリンズとコナーズに招集をかけられた業界生え抜きのメディア担当アドバイザー、弁護士、ビジネスマンたちが、急激に高まる危機の乗り切り方について、枢機卿にアドバイスを与える。それは、ボストンのカトリック教徒におけるエリート紳士録だった。トム・オニール、元代議員でビジネスグループ〈ニューイングランド・カウンシル〉の代表ジェームス・ブレット、市でも名うての弁護士であり影の実力者R・ロバート・ポペオ、マサチューセッツ大学の学長ウィリアム・バルジャー、レッドソックスの元CEOジョン・L・ハリントン、ニューイングランドのソブリン銀行CEOジョン・ハミル、ボストン・カレッジの学長ウィリアム・レイヒー神父、ABCのボストン系列WCVBテレビの社長兼統括マネージャーのポール・ラ・カメラ、建設機器ビジネスで成功した大司教区の大口パトロン、ジャック・ショーネシー・シニア、ボストンのワールド・トレード・センター社長ジョン・ドリュー。会議の紅一点ドナ・ラトソン・ギテンズは、この地域では数少ない黒人経営のマーケティング会社社長で、唯一の非白人だ。カトリックではない唯一の人物は、老舗法律事務所ヘイル&ドーアのユダヤ人弁護士で、ロウの「反ユダヤ主義への断固とした反対」に恩義を感じ、無料奉仕を申し出た。会合に呼ばれた者の多くが裕福で、教会に何百万ドルもの寄付や資金集めをした人々だった。

枢機卿がこの席を激励会になると思っていたとすれば、すぐにガッカリしたはずだ。少数は確かに、何が起きようと忠義を守った。ブレットは、ロウを見捨てないだろう。妻の両親が亡くなったときに見せたような、家族に示した枢機卿の心遣いをかんがみれば、なおさらだ。ショーネシーは、枢機卿の熱烈な支持者だ。ギテンズも、彼を見捨てないと言った。だが、その日招かれた十四名のうち、ロウの無条件支持者は明らかに少数派だった。コナーズがその場の緊張を破ろうとして、テレビ番組『アイ・ラブ・ルーシー』からのカビの生えたギャグを引用した。「さて、猊下」コナーズが口火を切った「リッキーがルーシーによく言うように、『説明していただきましょうか』」

テーブルを囲んだにやけ顔からすると、みんなに受けたようだ。枢機卿をのぞいて。彼はポーカーフェイスだった。だがその能面のような表情は、集まった大半の者が見通しの暗さを説明するにつれ、すぐに変わった。

友好的だとロウが考えていたグループが、危機管理の手際を批判するにつれ、枢機卿のボディランゲージが変わったのに気がついたと、オニールは言った。「彼は私たちに、『ずっとあなたの味方ですよ、猊下』と言って欲しかったんだと思う。だがまったくそうはならなかった」

ロウが先に二十分ばかり話した。ひどく言い訳がましかったと、オニールは思い返す。

枢機卿が、危機への対処が「甘かった」と認めると、バルジャーが柄に合わず彼をさえぎって、問題のとてつもない矮小化《わいしょう》と彼がみなす表現に異議を唱えた。マサチューセッツ州議会の議長を十七年間つとめたあとに学問畑に移った、並外れてボキャブラリーに堪能《たんのう》な男バルジャーにとって、「甘かった」は不適当だった。「『大失態』です」とバルジャーが言うと、テーブルを囲む面々がうなずいた。

バルジャーのロウへの公然とした反論は、とてつもなく象徴的な意味合いのある非難だった。ボストンの大司教たちが一世紀以上享受してきた服従心が、外部のみならず、枢機卿の邸宅に置かれたばかでかいテーブルを囲む教会の内部者から、攻撃を受けたことを意味した。

コナーズは大多数の憂慮を代弁して、こう言った。今回の危機によって、教会の善行――カトリック教会が資金を提供した社会福祉機関、貧者のための病院、移民を次々に受け入れている学校――の、すべてが脅かされた。ラ・カメラは慎重に、辞任の可能性を挙げた。「もし辞任をお考えでしたら……」だが枢機卿にその意図は皆無だった。ロウは、もし申し出ても、教皇が受け入れないだろうと言った。「皆で辞任案は俎上《そじょう》に残しておくべきだと言い張ったが、彼は即座に却下した」と、ラ・カメラは言った。

どう改革されるにせよ、もっと女性の意見を取りいれるべきだと、ハミルが発言した。教会は、もっと女性を取りこまなければ。オニールがその議題を取りあげ、ロウにこう言った「女性をもっと、話しあいの席に着かせるべきです」PR会社経営のオニールは、枢機卿に、今回の危機をPRキャンペーン扱いすることはできないと言った。真の変革をしなければ。司祭職に、修復すべき機能不全がある。ロウは「中国におけるニクソン」になれると提案した。ニクソンが反共を脇に置いて中国共産党と和平を結べたならば、とオニールが説得にかかる。アメリカで最も保守的な枢機卿が、教皇に教会の包括的な改革を受け入れさせることだってできる。

だがギテンズがオニールに、女性を代弁するのは厚かましいと、ピシャリと言った。コリンズ医師は、女性をもっと招いたが、皆来られなかったと弁解した。

会合は結論が出ずじまいでお開きとなり、枢機卿は提案を検討すると約束した。数週間、数ヶ月が過ぎ、会議の出席者たちは、枢機卿は他者に助言を求めたとしても、聞き入れるのは自分の意見だけだと結論づけた。

あれほど才能に恵まれた者が、なぜああも盲目だったのか？

熱意をもって忠告したカトリック教徒の大物たちが、彼から離れていった。それは三月三日に始まった。ラ・カメラが自分のテレビ局の論説コーナーで、ロウは大義を説く倫理的権威を失い、辞任を求めると述べた。二週間後、枢機卿のボストン・メディア畑の友人のなかでは最も大物の『ボストン・ヘラルド』紙発行人パトリック・J・パーセルが、辞任を求める社説を個人的に承認した。

『ヘラルド』は一九八四年にロウが着任以来、不動の支持をしてきたが、パーセルはロウの行為は子どもたち、そして自分の家族への裏切りだと怒った。一家の教区はウェストンの聖ジュリアで、ジョン・ゲーガンはパーセルの娘の結婚式を執り行った。パーセルの妻モーリーンは、教区で宗教学を教えており、ゲーガンが指導していた。パーセルと妻が、ゲーガンの推薦人として聖ジュリアの主任司祭への立候補を訴えるロビー活動をしたとき、枢機卿は友人に、小児性愛者を推していることは教えなかった。

三月、教区事務所で大がかりな会議が持たれたひと月後、ジャック・コナーズは『グローブ』紙に、枢機卿の顧問を辞したと告げた。コナーズは教区事務所に呼ばれ、ロウから叱りつけられたという。ミサで笑ったことを主任司祭に怒られた、いたずらっ子の侍者のような恰好だ。コナーズはのちにオニールに、冗談交じりに「破門されたらしい」と話した。

最も裕福、最も有力なカトリック教徒の一部は、ロウを見捨てなかった。だが、大半が見捨てた。マサチューセッツ州最大の民間社会福祉団体〈カトリック・チャリティーズ〉は、二〇〇一年に枢機卿の邸宅で開かれた毎年恒例のガーデンパーティで、一四〇万ドル以上の資金を集めた。だが二十六年前に創設以来、はじめてパーティがキャンセルされた。裕福な支援者が、枢機卿が関わっている限り、もう寄付はしないと通告してきたからだ。彼がローマで紅い帽子を戴いた日、参列して何時間も握手を待った多くの者が、パーティで列に並んで彼と記念写真を撮ったあと、小切手を落としていく習慣をよしとしなかった。

一年前、卒業式の講演者にロウを切望したカトリック系大学が、彼の出席は晴れがましい式典に水を差すと知らせてきた。ほぼ毎年、卒業式でロウが冒頭の祈りを捧げてきたボストン・カレッジは、もはや彼を歓迎しなくなった。

ロウの一日は長く、夜はたいてい孤独だった。旧友のレナード・フローレンスが立ち寄って、土曜の夜恒例のピンポンをするとき、退屈は薄まった。七十歳のロシア系ユダヤ人であるフローレンスは、銀器ビジネスで巨万の富を築いた。彼は枢機卿のユダヤ人優遇に感謝し、長年カトリックの団体に寄付をしてきた。シャンリー文書が発表される前夜の土曜日、フローレンスが顔を出して毎週恒例の対戦をしていると、枢機卿がひどく心配そうなのに気づいた。「あの夜はいい試合だった」と、フローレンスはいう。「彼は私を負かして、気が晴れたと思う」

四月八日、シャンリー文書が新聞に載った日、ロウはメイン州に車を走らせ、ある司教の葬式を執り行った。『グローブ』紙と『ヘラルド』紙が隣の座席に置いてあったが、読まなかった。翌晩ボストンに戻ると、ロウはシャンリー文書が巻き起こした世間の怒りを知った。彼の主席顧問の一人によれば、ロウは当初、シャンリーの事件を暴露した新聞社を批判する声明を発表したがった。だが教会外部の顧問との電話会議のあと、ロウは何も言わないと決めた。切る前に、枢機卿は翌日、自分の進退を助言する電話を入れてくれと頼んだ。

翌日、顧問たちは、大司教区を率いる能力を失ったとして、ロウに退位を迫った。一人はやんわり伝えようと、これは不幸でおそらく不当でさえあるが、辞任は教会の信頼を回復するベストな方法だと言った。

だが、ロウはセカンドオピニオンを欲した。彼は翌日進退を決めるといい、それから六人の司教と、信頼を寄せる司祭の一団からなる彼の「ご意見番」と協議した。役員は枢機卿の太鼓持ちで、実際、枢機卿の運命の行方は、彼らと一蓮托生《いちれんたくしょう》だと言われた。予想通り、彼らはここが踏ん張りどころだと彼に助言した。ロウは世俗の顧問団に電話して、ワシントンにいるローマ教皇大使と協議すると告げた。『グローブ』紙は、ロウが大使に辞任を考えているが、手続きについては教皇と側近の指示を仰ぐと話したと報じた。

翌日の四月十二日、ロウ枢機卿はボストンを発《た》って、ローマへ向かった。それは異例なことではなかった。枢機卿はバチカンの重要な委員会に何度となく出席しており、ほぼ毎月ローマへ渡っていた。だがロウのルートは変則的だった。教区事務所からはたった三十分、十六キロの距離のローガン空港に向かう代わり、ロウは三二〇キロ先のニューアーク国際空港へ、五時間車を走らせた。人目を避けるためだ。シャンリー文書が解禁になってから、猛抗議が起きた。世間の怒りが高まっていた。枢機卿の動向はどんどん隠密行動になっていった。報道機関を避け、常にあとをついて回る抗議者たちを避け、ついにはあらゆる人間を避けた。

発表で、枢機卿はのちに彼が教皇とバチカン上層部に会いに行ったと認め、「会見の題目は、シャンリー以下の性的虐待事件が世間一般に、およびとりわけ大司教区の信徒に与える影響についてだった。私の辞任が必須だとの助言を受けた事実は、プレゼンテーションの一部として伝えた」と話した。

辞任を申し出たのかどうか、または教皇が辞意を受け入れたのかどうか、ロウは言葉を濁した。バチカンの研究者たちは、教皇はロウの辞任に消極的だったと踏んでいる。これが前例となり、虐待司祭を被害者に手が届くところに留めて、犯罪のグルになった他の枢機卿や司教に、累が及ぶのを恐れたのだ。ドミノ効果への警戒心が、ロウを失脚から踏みとどまらせたと見た。

だが、ロウの同胞、十二人のアメリカ人枢機卿がいら立っていたとの指摘があった。表向き、一部は支持の言葉をかけた。しかし裏では、ロウが辞任すれば、教会全体が被《かぶ》っている火の粉をいくぶんかでも払えると考える向きもいたようだった。四月十五日、ロウがいまだバチカンに身を隠している間、教皇はアメリカ人枢機卿たちをローマに呼んで、司祭による未成年への性的虐待について討議する二日間の会議を持った。

　ロウがボストンに戻ったときには、会議のお膳立てができていることを知らずにいた。数日後、枢機卿たちとまみえるためにローマにとって返したときは、同胞はファーストクラスを利用したが、ロウ枢機卿はエコノミーだった。ほかの枢機卿が取り巻きを引き連れていったのに対し、彼の連れは側近が一名、ボストン・カトリック・テレビジョンのディレクター、モンシニョール・ポール・マキナリーだけだった。ローマの空港で大きな旅行鞄《かばん》を転がしていると、バーナード・ロウは教会のプリンスというよりまごついたツーリストに見えた。彼は出口を見つけられなかった。メディアの一群に取り囲まれては、なおさらだ。ロウはレポーターの人数と、朝の七時という時間に驚いて見えた。枢機卿はレポーターが詰めよるとよろけた。不安で疲れてみえた。「なんたる」と、彼は言った。「なんたることだ、こんなに朝も早くから、君たちときたら」ロウはターミナル出口を見つけられず、引き返して人垣で隠れた出口を探した。近くにいた人間がロウに出口を教えると、多少落ち着いたようだった。

「昨夜のレッドソックスの成績は?」枢機卿が聞いた。それはロウが、記者とにこやかに軽口を交わした昔日を思い起こさせる一瞬だった。誰かが成績を教えた。だがやりとりに温かみはなく、緊張は隠しがたかった。

　ロウと他のアメリカ人枢機卿たちとの関係にも、変化があった。ローマ会議の前日、『ロサンゼルス・タイムズ』紙は、アメリカ人枢機卿の一人が同紙に、枢機卿数名がバチカン上層部に頼んで、教皇にロウの辞任を求めさせる腹づもりを伝えたと報じた。同紙によれば、アメリカの司教の多くが、ロウは退位すべきだと考えた。ある司教が発言を裏づけて、合衆国の司教の大半がロウは速やかに辞めるべきとの考えだとつけ加えた。多くの者が、記事の情報源はロサンゼルスのロジャー・マホニー枢機卿だと疑っていた。数週間前、マホニーはロウへの支持を表明する機会をはねつけ、暗にロウを批判して、もし自分が怠慢の罪を犯したとすれば、教会の内陣に足を踏み入れることなど出来ないだろうと言った。『タイムズ』紙の記事が出たあと、同紙はのちに、別の三人の枢機卿が実名で述べた、ロウは退くべきではないとの意見を引用したが、マホニーの意見は地元紙に引用されなかった。

ローマに着いたマホニーは、枢機卿仲間の背中を刺したとのほのめかしに敏感だった。『グローブ』のチャールズ・セノット記者が、ローマでエレベーターに飛び乗ってマホニーと一緒になったとき、批判意見の情報源は自分ではないと否定した。

ロウが辞任すべきか質問されると、マホニー枢機卿の答えは、熱烈な支持とはほど遠かった。

「それは、ロウ枢機卿とローマ教皇の胸ひとつだ」

アメリカ人枢機卿の多くが、ノース・アメリカン・カレッジの広大なキャンパスに宿泊して、記者たちにわずらわされた。ロウはバチカン市国を訪れる聖職者御用達ホテルのサン・マルタ館に泊まった。スイス衛兵が警護する門の奥に建つここなら、記者の立ち入りは不可だった。ロウに次ぐ渦中の人、反骨精神旺盛なイーガン枢機卿は、パンテオンそばの五ツ星ホテルに泊まった。

他の枢機卿がミニバスでバチカン宮殿へ向かうかたわら、ロウは自分で運転した。

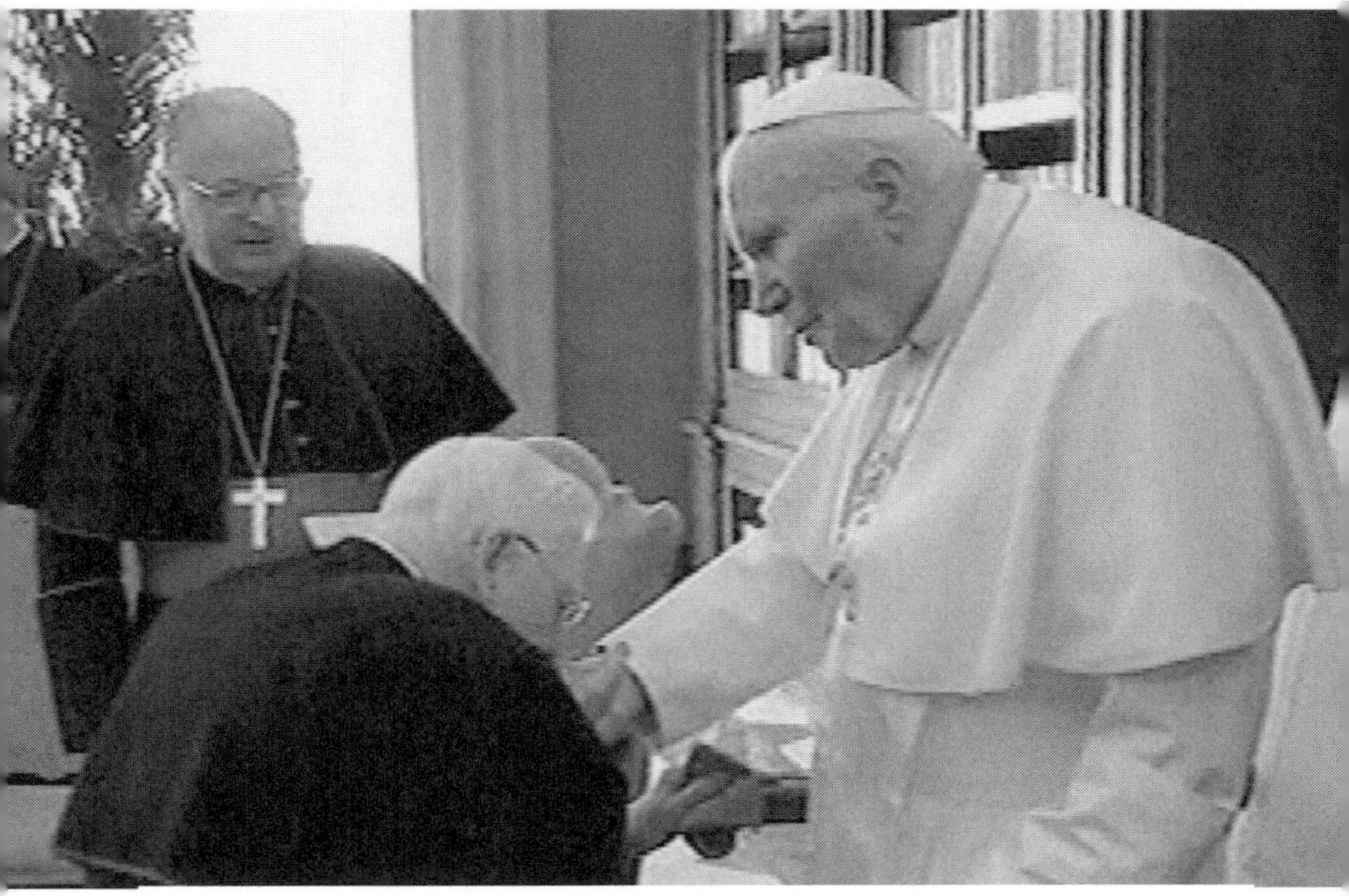

教皇の指輪に口づけるロウ枢機卿。４月に教皇がバチカンで開いた異例の会議にて。
AP/WIDE WORLD PHOTOS

バチカン宮殿のなかでは、教皇と同胞に囲まれ、ロウは謙虚に後悔の念を表した。一段と孤立して見えた。「ある意味、ひどい過ちを私が犯していなければ、私たちはここにいなかったでしょう。その点を謝罪いたします」その場に居合わせた数名の証言によれば、ロウはそう話した。

二日間の会議がはけると、待ち構えた記者たちに、姿を見せた枢機卿は全員質問に答えるとのお達しがあった。だが現れたのは、ワシントンのセオドア・マカリック枢機卿と、シカゴのフランシス・ジョージ枢機卿のみだった。記者たちはロウに質問したかったのに、再びかわされてしまった。

仲間に見捨てられたかもしれないとの考えは、ロウにとって胸の潰れる思いだったに違いないと、ボストン・カレッジで歴史を教えるオコナー教授は言う。

「インタビューをした司祭の誰もが口を揃えたのは、病気を患ったり死を目前にした聖職者たちを病院に訪ねたとき、ロウは同情的で繊細な気遣いをみせたということだった。その同情心は家族にも及んだ。ある宴席で、誰かが司祭の母親が心臓発作を起こしたと言うと、ロウはモンシニュール・マキナニーに声をかけ、司祭を病院に送ってやれと指示した。それは本心からの温かい思いやりだった。彼は司祭のための司祭だった。

同様の同情心を、ロウ枢機卿は司祭に虐待された被害者たちに示せなかった。もしくは示す意志を持たず、ほかでもないその落ち度によって大勢の司祭が彼に背を向け、その盲点が彼の転落を招いたというのは、皮肉というほかはない。被害者への同情心の欠如は、どうにも解せない。彼は確かに同情心を持ちあわせていた。理解に苦しむのは、彼が非常に有能な人物だからだ。あれほど才能に恵まれ、多様な分野において優れた者が、なぜああも盲目だったのだろうか」

ローマから戻ると、ロウ枢機卿はふたたび屋敷の聖域にこもって、仕事に戻った。ローマで仲間内に示した謙虚さは、日増しに勢いを増す怒れる平《ひら》信徒に対するときには、みじんも表さなかった。トップの側近に司祭宛ての手紙を書かせ、教区評議会の連携の提案には、厳しく当たった。ロウから見れば、平信徒の集まりが、教会同士の共通した問題にともにあたるという案は、「不必要でおそらく不和の元」だった。平信徒の教会への変革の望みは「教会のヒエラルキー構造内で」表現すべきだった。言いかえれば、黙って引っこんでいろということだ。

「教会が身内のメンバー、教会を愛し、教会が正しい道に戻るために何でも差し出すだろう人々との対話を、そんなにも恐れているというのは、私には驚きでした」と、教区評議会の指導者デイヴィッド・ジジクは言った。評議会同士が連携する案を持ちだした人物だ。

ジジクら平信徒への慰めになるかわからないが、社会正義と道徳心の問題を声高に語るロウの口を事実上封じた性的虐待危機で生まれた真空を、団結して埋めようとしていた司祭たちにも、ロウは手加減しなかった。ロウの補佐司教たちが、揺籃《ようらん》期の司祭連合の指導者たちを召喚しはじめ、グループをある程度コントロールしようと画策していた。

教会法の専門家によると、枢機卿は反対意見の可能性を握りつぶす権利を存分に持っていた。だがそれを行使したタイミングは、ローマでの屈辱の直後、彼が今立たされている苦境の主原因だと指摘された傲慢さが、真に変わったと納得させるものではなかった。

そして、性的虐待被害者への謝罪を何度も繰り返し、深い後悔の念をあれだけ表明しておきながら、彼らの感情を勘定に入れる段になると、ロウはいまだに、到底理解しているとは思えなかった。六歳の少年に性的いたずらをしたシャンリーの告発に対する彼の最初の法的な弁明には、少年と両親の怠慢が、虐待に貢献したとの主張を含んでいた。

被害者の代理人をつとめるボストンの弁護士カーメン・ダーソは、そのような無神経な言葉の使用は、たとえどれほど法律的に適切な用語だろうと、傲慢や無知、または両方を露呈していると言った。

「はじめから、この危機にあたる大司教区のやり方は、とんでもなくお粗末だった。そしてそれ以上悪くしようがない事態を、奇跡のようにさらに悪化させた」

シャンリーが初めてレイプしたとき、まだ六つだった少年の父親ロドニー・フォードは、怒りのあまり言葉を失った。二週間後、大司教区はゲーガンの被害者八六人に賠償金を支払う契約を反故《ほご》にした。被害者の弁護士ミッチェル・ガラベディアンは、枢機卿を「卑劣な人間」と呼んだ。

コンスタンス・スウィーニー判事は、ロウに速やかな証言録取を命じた。バチカンが彼をローマに呼び寄せ、ゲーガンの被害者の弁護士が質問したくとも出来なくなるおそれがあったからだ。五月八日、ロウは教会のプリンスとしてとった行動によって、宣誓尋問された最初の枢機卿になった。彼が耐え忍ばねばならない最悪の屈辱的瞬間だった。ロウはスモークグラスの車でサフォーク郡裁判所の地下倉庫に密《ひそ》かに運ばれ、裏手のエレベータを使って、ロビーの無数のカメラを避けた。だが数名のカメラマンが、素早くエレベーターから出たロウが、尋問を受けるため尋問初日、ゲーガンのよに閉じられた裁判室に向かう様子を捉えた。どうみても、犯罪者の連行然としていた。子どもたちに性的いたずらをしたため、ゲーガンを聖ブレンダンから聖ジュリアに送ると急遽《きゅうきょ》決定するに至った一九八四年の重要な出来事を、ロウは何も思い出せないと言った。ゲーガンのような問題司祭が起こした案件は、優秀な側近に処理を任せていたと証言した。

被害者は怒り狂い、抗議者たちが邸宅の外に集まっても、ロウは頑として敷地を出なかった。大聖堂でミサを行うために外出するときは、デモ隊がついて回った。

テレビでは、成功した地元っ子、ジェイ・レノが『ザ・トゥナイト・ショー』でジョークを連発していた。「明日の夜、『ＥＲ』の特別版がある」と、レノが単調な調子でしゃべる。「ボストンの医者が、ロウ枢機卿の口から足を必死にとりだそう（失言したの意）とする話だ」

もし猊下が観ていたら、笑わなかったに違いない。

第八章　セックスと嘘と教会

なぜ司祭たちは未成年者に惹《ひ》かれるのか

ピーター・アイズリーは七歳の頃から、家族が自分をローマ・カトリックの司祭にするつもりだとわかっていた。ウィスコンシン州の辺鄙《へんぴ》なフォンジュラック郡で、敬虔《けいけん》なカトリック一家に生まれた六人兄弟の一人だった彼は、マウント・カルヴァリーのそばにぽつんとそびえる建物――一八五七年に、二人のカプチン会修道士によって建てられた小さな神学校に、自分の未来を託した。

初期の司祭像のモデルは、地元教区のモンシニョールで、週ごとのお布施が少ないとみなした教区民の名前を説教壇から読み上げる、とっつきにくい人物だった。「教区の駐車場にいたのを覚えています」と、アイズリーは言った。「ごつごつの手――石像みたいな――で私の手をとり、まっすぐ私を見ました。神が私をご覧になっているようでした。そして、こう言ったのです。『ピーター、お前は司祭になりなさい』」

アイズリーの母親は、その案が気に入った。ピーターぼうやはアイズリー家初の神学生になる。そして一時期、彼はそうだった。

十三歳で、アイズリーはくだんの丘を上り、聖ローレンス神学校に入学した。そこでは思春期の少年に、厳格な大学レベルの神学校に進む準備をさせていた。いわば神学校の予備校だ。学校の守護聖人が、生意気盛りな子ども心に自慢だったのをアイズリーはいまだに覚えている。「殉教者として殺された――火あぶりにされて――聖ローレンスが、今生《こんじょう》の言葉を聞かれて『反対側もよく焼いてくれ』と言ったという逸話でした」

真偽がどうだろうと、その手の話は学生に受けがいい。ゲール・レイフィールド神父は、社交的でほがらかで――上から目線で話さない「シビレる」司祭だった。現代史を教える彼に、生徒は夢中になった。そしてレイフィールドは、ピーター・アイズリー少年をことさら――あまりにことさら過ぎたと、のちに判明する――目にかけた。ある日、レイフィールドが事務室にアイズリーを呼びつけた。クラスは初の口頭試験に備えていた。レイフィールドは机の奥で椅子にふんぞり返り、パイプをくゆらせながら、アイズリーに「国粋主義」について質問した。つい最近、暗記させられた概念だ。

「私は正確に覚えた答えを言ったのに、彼は身を乗り出して言いました。『違う』と」

何年もあと、アイズリーは記憶を呼び覚ましながらインタビューに答えた。

「私はうぶで、彼を信じ切っていたので混乱して、わけがわからなくなりました。私は固まりました。彼は椅子を離れてやって来て、肩をさすりはじめました。さっぱりわかりませんでした。

頭が、いや体がガスで充てんされたみたいな感じです。まるで麻酔のような。彼の手が体の下に移動して、下着のなかに入り、愛撫《あいぶ》しはじめました。それから、止《や》めました。何もなかったみたいに」

レイフィールドはアイズリーをさらに何度か愛撫し、人気の教師お気に入りのこの生徒は、彼に近づかないことを学んだ。アイズリーの体重は激減し、睡眠障害になり、成績はがた落ちした。レイフィールドは結局、ニューメキシコの〈聖霊のしもべ〉センターに送られて一通りの治療を受けたが、アイズリーを虐待したことは頑として認めなかった。だが、一九九四年の証言録取で、他の者を虐待したことは認めた。アイズリーは自分を責めた。

「自分にはどこかひどく邪悪なところがあって、知らず知らずに彼にあんなことをやらせたのだと思いました」

なぜレイフィールドは、神学生たちを虐待したのか？　思春期の少年に欲情を覚えるような気質があったのか？　聖職者の生活に、そのような行動を目覚めさせるような何かがあったのか？レイフィールドは己の解釈を墓場に持っていった。心理療法士になり、一九九〇年に、聖職者による性的虐待被害者のための治療プログラムをウィスコンシン州で立ちあげたアイズリーには、いまでもわからない。

「彼のしたことは、彼の心のなかでは、愛に満ちた特別な体験への儀式の一種とみなしていたのではないでしょうか」と、アイズリーは言った。「私は愛を必要とした少年で、あれが彼にとっての愛情表現だった。ですが私にとってはまったくの威圧、無理強い、恐怖でしかなかったのです」

何千人もの未成年者が、信用して自分を預けた司祭一五〇〇人以上によって、性的虐待を受けた。裁判が終わって久しく、新しい方針が施行され、ゲーガンやシャンリーといった名前が記憶の波にのまれても、事実が白日の下にさらされた二十世紀後半に一体何が起きたのか、教会や人間心理の権威たちは、今後も議論を戦わせていくだろう。議論は理念に流され――進歩派は、独身生活と聖職者主義を責めるのに忙しく、伝統主義派は、ホモセクシャリティと性の解放のせいにしたがる。そして、虐待者には固有の事情があり、しばしば真相はそのときどきによってそれぞれの要素が作用し、簡単には説明つかない。

修道士から転じて心理療法士になったA・W・リチャード・サイプは言う。

「これは大変な難問です。なぜ司祭たちが、未成年者に対して性的な振る舞いをするのか。答えは、〝現代社会の反映〟で片づけてしまうより、はるかに複雑なのです。人々は、複雑な要素が絡み合う現実と向き合うのを好みません。しかしこれは、複雑な要素が絡み合う現実なのです。原因は、ひとつじゃありません。司祭職は、権力があり忍耐強く清らかで生産的な文化であるとともに、深い深い闇の面を抱えていると、理解せねばならない」

社会科学はいまだ、聖職者による未成年者の虐待について、これと言える成果を出しておらず――教会自体も、そしてこのおそろしい現象の頻度や性質をある程度解明するはずの、厳密で膨大な研究に着手したメンタルヘルスに詳しい学者たちも、また然《しか》りだった。だが、性的虐待司祭のスキャンダルが次々と明るみに出てくるため、教会の最も保守的な者でさえ、司祭職は大人が子どもを相手にする他の職業と似たり寄ったりだとの主張は打ち捨てた。〈宗教と市民権のためのカトリック連盟〉の会長ウィリアム・ドノヒューはこう語る。「とどのつまり、問題は少数の腐ったトマトでは無いのです。これは大問題です。今はカトリック教徒が守りに入るときではないと思う。組織を愛し、同時にこれを除外する必要性を理解することは可能です」

物証の不在にかかわらず次々に明らかになるのは、あらゆる宗教の聖職者の一定数が、子どもたちに性的な過ちを犯しているものの、カトリック教会ほど、この問題に大々的に蝕《むしば》まれている宗教はないという点だ。

「その数はプロテスタントの比ではない」と、フォートウェインのインディアナ大学―パーデュ大学で、聖職者の違法行為を調査しているアンソン・D・シュペ社会学教授は言う。「もし劇的な事例を見つけられれば、私のキャリアの助けになるが、見つかったためしがない。強欲で常習的な子どもへの性的虐待者はプロテスタントにいないし、プロテスタント組織はカトリック組織のように寛容ではない」

カトリック教会当局もまた、司祭による性的虐待が、それ以外の犯行による児童への性的虐待とは性質が異なることを認識している。司祭に虐待された被害者の大半が、十代の思春期後の男子だ。したがって、思春期前の子どもに興味を覚えるペドフィリア（小児性愛）と一線を画すため、〝エフェボフィリア〟という新語を使う研究者もいる。

「ほとんどすべてのケースは思春期の少年を対象とし、それゆえに、真に小児性愛とは言えない」――二〇〇二年四月、バチカンでの会議のあと、アメリカ人の枢機卿たちは合同公式声明で、そう発表した。

司祭による性的虐待の発生率が高い要因のひとつは、司祭職の制度そのものに内在すると言えるだろう。孤独な職務であり、それゆえにメンバーには特権が与えられ――現在の危機が発覚する以前、少なくとも数年前まで――若者たち、とりわけ少年と接する機会が多々あった。

「両親にすれば、いつでも歓迎だった、司祭が男の子を野球や、狩りや魚釣りやキャンプに連れていってくれるのは――司祭は、彼らのお目付役《シャペロン》兼お供《コンパニオン》のような存在で――慣習的に、疑いの目を向ける者は誰もいなかった。もし司祭が、女の子を散歩や水泳やそういった社交的、あるいはアスレチックなイベントに連れて行けば、多かれ少なかれ疑念をもたれる。女の子を一人で司祭に預けることに、両親はもう少し慎重になると思う」

イエズス会の司祭であり、シカゴのカトリック神学連合で〈人間性衝動クリスチャン研究所〉の院長をつとめる医師のジェームズ・J・ギル神父はそう語った。

サイプが言うには、「司祭職はホモソーシャル・カルチャーだ。教会文化内の価値観はすべて男性中心で、司祭や司教による性的行為に役員たちがあれほど寛容だったのは、男の子はいくつになっても悪さが好き、という空気があったためだ。霊《スピリチュアル》的な友愛会――大学の友愛会に似ているが、ただし霊的なオーラが取り巻いている」

聖職者文化のなかでたくさんの時間を過ごした多くの者同様、元ボストンの神学生エドワード・カードーザは、権力とチャンス、二つの利点を指摘する。

「司祭職は大勢の子どもたちに囲まれる職業であり、コミュニティのなかでたちまちにして、ある程度の尊敬と地位を与えられる。子どもたちのような無防備な者に接触する機会を持ち、そして権力をもって個人的に近づくのが可能ならば、害をなすのは簡単だ。大損害へ至る方程式だ」

教会内部の者は、二〇〇一年の最近まで、聖職者による性的虐待はボーイスカウトのリーダーがやらかすものと変わりないと一蹴してきたが、この偏った見方を改め、カトリックの聖職者の異質な面を認めるようになった。

「いろんな要素があったと思う」ボストンの聖ジョン神学校のインストラクター、クリストファー・J・コイン神父が言う。「一番単純な答えは、人によっては司祭の日々のつとめを、求められるほど実践しなかったから起きたということだ。だがなぜそうなったのか？　例えば一九五〇年代を振り返れば、厳正な適性検査なしに神学校に入学許可を許された男性の数は膨大で、彼らを大規模クラスで指導していけば、中には割れ目に落ちる者もいる。それに、二番目の要素がある。親密さと性の問題に対峙《たいじ》する必要性が、認識されていなかった。全力で避けてこられた。もし思春期に神学校に入って自分の性的嗜好《セクシュアリティ》を自覚する機会を持たず、一度も他者との親密な関係を結ばずに終われば、矛先をむける相手は誰になる？　そう、身近にいる若者たちだ。そしてそれが、あらゆる破滅の原因だ」

司祭と一般の男性との明確な違いは禁欲主義であり、大勢の批判者は禁欲主義と、カトリック教会が全般にセックスの話題を避けて通る傾向が、一部司祭が子どもたちに性欲のはけ口を求める悪《あ》しき聖職者文化に貢献していると非難したがる。だが教会当局は、児童への性的虐待は、既婚者の男性によってなされることが多く、独身主義が実際に性的虐待の原因とする研究はないと指摘する。

二〇〇二年春、別の側面が、聖職者による性的虐待の理由に関する議論でクローズアップされた。ホモセクシュアリティをやり玉にあげると、たいてい議論は白熱化する――確かにゲイの司祭の比率は不自然なほど高く、被害者には思春期の少年が多数を占めるが、ふたつの要素に関連性があるか、確かなところはわからない。ゲイの司祭の大半が、ストレートの司祭同様、性的虐待をするわけではない。ストレートの司祭のなかにも、一部のゲイの司祭同様、思春期の少年と性的関係を結ぶ者がいる。研究者たちは、思春期の少年に対するゲイの司祭の不品行が、世間一般のゲイ男性と何か違いがある――またはない――のか、証拠はないと言う。また、ゲイとストレートの男性と、思春期または年少の子どもたちとの関係に、異なるパターンが見られるという証拠もない。

「成人のヘテロセクシャルの男性が、性的行為を少女に求めるより、大人のゲイ男性が、性的行為を少年に求めがちだという証拠はないのです」と、ボルチモアで〈全米性的外傷研究・予防および治療機関〉を設立したフレッド・S・バーリン医師は言った。被害者のまずほとんどが少年だという理由を尋ねられ、バーリンはギルの分析をくり返した。

「もし成人男性が十代の少女といたら、人はおそらくお目付役を求める意識があったはずで、それが過ちの起きるリスクを低めたのでしょう。おそらく思春期の少年が司祭といても、その必要を感じなかったのでしょうね。だが、これらの障害の統計はないのです……よりどころが何もないんですよ」

データの欠如にかかわらず、聖職者におけるホモセクシュアリティの影響について、教会当局は憂慮を深めているようだった。

司祭が女の子といると警戒されるが、男の子なら誰も不審に思わない。教会の危機が国中の司教区を引き裂いていく中、教皇は当初沈黙を守った。だが三月はじめ、スキャンダルは変わらず増え続け、教皇の広報担当は、もはや問題について直接言及するのを避けられなくなった。そしていざ声明が発表されると、聖職者による性的虐待危機のさなか、ピリピリしていた人々の神経をひどく逆撫《さかな》でした。「こういった傾向の者たちは、叙階できない」広報担当のスペイン人精神科医、ホアキン・ナバロ＝バルス医師がゲイの司祭たちを指して『ニューヨーク・タイムズ』紙に宣告した。「これはホモセクシャルの人々への最終的な審判ではない。だがカトリックの司牧者への道は閉ざされている」

ナバロ＝バルスのコメントは、予想通り即刻、多くの学者やゲイの権利団体から、バチカンが非難の矛先を変えようとしていると糾弾された。

「教会の対応は、被害者への意味ある補償をし、法執行機関と協力して加害者に制裁し、同時に未来の虐待を防ぐ方法を学ぶというものであったはずよ」アメリカで最も歴史が古い最大規模のカトリック教徒のゲイ団体〈ディグニティＵＳＡ〉の会長、メアリー・ルイーズ・セルボーネは言った。「そのかわり、彼らはゲイの司祭たちを、何十年も続いた犯罪的虐待のスケープゴートにしたわ」

より現実的な心配を持ちだす声もある。ローマが本当に神学校からゲイの男性を閉めだしたいなら――バチカンが考慮中の提案だった――さらに空っぽの説教壇と、不毛な祭壇に直面するだろう。教会の専門家によっては、アメリカの司祭四万五〇〇〇人のうち、三〇～五〇パーセントがゲイだと見積もる。「もし彼らがホモセクシュアル志向の者を排除したら、聖職者の人数は激減し、壊滅的なダメージを教会に与えるだろう」と、サイプが言った。「同時にそれは、教会の伝統に真っ向から反している。多数の聖人にゲイ志向があった。そして多数の教皇にゲイ志向があった。性的嗜好を差別するのは、問題の解決にならない」

だがこの問題が、今では俎上《そじょう》に上げられた。全米カトリック司教協議会議長をつとめるイリノイ州ベルヴィルのウィルトン・D・グレゴリー司教は、バチカンの会議で、ゲイ司祭が増加する事態への憂慮を記者に語った。

「神学校のキャンパスやリクルートで直面している課題のひとつが、ホモセクシュアル的な雰囲気や流れがあると、ヘテロセクシャルの男性が聖職につくことに、二の足を踏む傾向だ」

ハラスメントを受けることを恐れてだという。

「これは、今も続いている闘いだ。最も重要な闘い、カトリックの聖職者はホモセクシュアルの男性であふれているわけではないし、私たちの受け入れる志願者が、あらゆる面――肉体的、感情的、霊的、知的――に健康であると、確信づける闘いだ」デトロイトのアダム・J・マイーダ枢機卿《すうききょう》は、聖職者の性的虐待は「小児性愛タイプの問題ではなく、ホモセクシャルタイプの問題だ……ホモセクシャルの一面が存在することを認め、どの程度我々の神学校と司祭に浸透しており、どう対応するべきか、検討しなければならない」と、論じる。司教は、カトリックの神学校に蔓延《まんえん》するホモセクシュアルの問題に、「上手く対処し、とり組む」必要があると言った。フィラデルフィアのアンソニー・J・ベヴィラクア枢機卿は、ゲイの男性が司祭職につくことを許さないと発言した。「ホモセクシュアル志向のある人物は、たとえ一度もそういった行為に及んだことがなくとも、司祭職の志願者には適さないと考える」

クリスチャン的憐れみの心が生み出した治療センター

過去数十年の間、子どもたちに性的虐待をした司祭に対するカトリック教会の主な処置は、教会と縁《ゆかり》の深い何ヶ所かの精神療養センターに送りこむことだった。

ジェイ・M・ムーリン神父も、そうした司祭の一人だ。一九六九年に叙階され、二十三年間司祭職にいたが、当時ロウ枢機卿の司牧担当課長をつとめ、現在はニューハンプシャー州マンチェスターの司教となったジョン・B・マコーマック神父から、教会事務所に呼び出されたとき、そのキャリアに終わりを告げた。ムーリンはボストンまで気を揉《も》みながら運転したが、それには理由があった。ムーリンがボストン近郊の労働者階級の町オールストンの新任司祭だった当時、二十年前十代だった告発者が、彼に性的いたずらをされたと申し立てた。ムーリンは疑惑を否定したが、告発者に和解金一万ドルを寄付することに同意し、大司教区は彼を教区から外して、カトリック教会が密《ひそ》かに何百万ドルも費やしてきた精神科病院に入院治療するまで戻れないと告げた。

かくして、一九九二年の終わり、ムーリンは教会の命じるまま、メリーランド州郊外に建つカトリック系精神科病院聖ルカ医療センターにやってきた。医者の守護聖人にちなんで名づけられたこの病院は、ゲイで、一九八七年にエイズで死去したワシントンの医師マイケル・ピーターソン神父によって設立された。そこでの七日間、教会が試みた性的虐待司祭の治療法でムーリンが体験したのは、一対一のセラピー、セックス中毒のサポートグループ、そして「ピーター・メーター」――ペニスの円周を測って男性の性的興奮レベルを調べるため、水銀入りリングのついた器具で、冗談めかしてそう呼ばれた――だった。ムーリンがその時のことを振り返る。

「部屋に入ると、ジョンズ・ホプキンス病院から来た医者がいて、個室に案内される。医者は患者に自慰をさせ、ペニスの寸法を測った。それから一時間かそこらして、ポルノ画像――まず男女の絡みを見せる。それから女と女、男と男。年齢は二十代から三十代まで、様々だった。部屋には私一人だが、彼らは別室でそれを観察し、ビデオ録画している。さらに〝メーター〟の反応を見ている。最後に見せるのは、幼児ポルノだ。あそこでポルノ産業全種目を初体験したよ。決して楽しいものではなかった」

ゲーガンのような司祭が、性的虐待事件を起こして教会を窮地に立たせる数十年も前、カトリック教会は聖ルカに類する場所を、レイプ常習犯の最適な対処方法とみなしていた。メリーランドのセンターや、ジェームズ・スプリングスとセントルイスにある修道会運営の〈聖霊のしもべ〉センター、民間施設〈ハートフォードくらしの病院《リビング・イン・ハートフォード》〉、それにオンタリオのカトリック系サウスダウン病院といった同様の施設が、宗教雑誌の隅っこの広告スペースで紹介されていた。司教たちは最もやっかいな司祭たちを施設へ送りこんだ。精神分析医が司祭を診断し、再発のリスクを見積もり、監督している司教に報告書を渡し、往々にして患者を元の教区に送り返した。このプロセスは、高くついた――サイプの見積もりでは、教会は二十五年間で五〇〇〇万ドルを治療に費やした。そして、人件費も高くついた――ゲーガンのような司祭は、何度も異なる施設を訪れたあとでさえ、再犯に及んだ。批判的な者たちは、教会は心理学を隠蔽工作に悪用していると責めた。司祭は短期間の治療を受けたあと、教区に戻ったが、なかには子どもたちと今後の接触を禁じる精神医療的な助言をされた者もいた。被害者、とりわけ治療を受けた司祭に性的虐待を受けた者たちは、なぜ教会は、身内の療養所を使ったのかと苦々しく思う。

「自分を取り締まれる組織など存在しない」と、〈聖職者虐待被害者の会〉代表デイヴィッド・クロヘシーは言った。「教会が信用回復を図るなら、指導者はこれらの施設についてもっとオープンになるべきだ。もし化学薬品会社が『信用してくれ――ダイオキシンを送ってくれれば洗浄するから』と言ったって、庶民は警戒するだけだ」

治療センターは、クリスチャン的憐れみの心から生まれた。大恐慌のどん底の最中、風の強い夜、ジェラルド・フィッツジェラルド神父がボストンのブライトン地区にある教区司祭館にいた時、裏手のドアがノックされるのを聞いた。食べ物とコートを物乞いに与えると、男は暗闇に消えていく前に、振り返って自分も司祭だったと打ち明けた。それが、問題を抱えた司祭の世話を使命とする修道会〈聖霊のしもべ〉が生まれたきっかけだった。

一九四七年、フィッツジェラルドは問題を抱えた、またはアル中司祭のために、ジェームズ・スプリングス保養所を開く。当時、性的違法行為は対象の一部ではなかった。フィッツジェラルドが児童虐待者について質問を受けると、〈聖霊のしもべ〉のしもべ長ピーター・レヒナー神父によれば、カリブ海の小さな島を買って、そこに押しこめるという答えだった。だが一九六〇年代なかば、〈聖霊〉保養所は増えつつある小児性愛者と、より大勢のエフェボフィリアを受け入れはじめた。

一九六〇年代全般、性的障害は民間の病院で、精神分析医が治療した――今では疑問視されているアプローチ――が、〈聖霊〉たちは、それよりも遅れをとっていた。一九七〇年代、ジェームズ・スプリングスは「現代の基準に沿ったアプローチ」をはじめたと、レヒナーは言う。保養所は定期的なセラピーと、専属の精神科医を雇った。一九七六年、〈聖霊〉は性心理障害者のための最初の治療センターを開く。

精神分析医ジェイ・フェイアマンは一九九五年までに、性的障害の司祭一千人以上を診断した。「世界の誰よりも、知識がありました」――ダラスの弁護士で、のちにジェームズ・スプリングスの患者に虐待された被害者たちの代理人をつとめたシルヴィア・M・デマレストは言う。一九八七年に、一週間センターで過ごした『ロッキー・マウンテン・ニュース』紙の記者は、施設の雰囲気を、奨励された感情の発露と表現した。入院司祭は、サイコドラマ・セラピーとロールプレイングを受け、すすり泣いた。セラピストは性衝動を押し殺すなと励ました。プログラムの主任精神分析医フェイアマン医師は、「司祭は愛情を示してはならぬ、恋に落ちてはならぬ、性的存在であってはならぬ」との教会のメッセージについて不満を述べた。

〈聖霊〉センターの職員は、司祭が聖職に復帰する準備が出来たかどうか、最終判断を下した——だがのちに、判断のいくつかはひどい誤りとみなされた。一九四七年から一九六八年にかけて、ジェームズ・スプリングスで治療を受けた二〇〇〇人の司祭のうち、十名が退院後に犯罪を犯したと、レヒナーは言った。一九六〇年代と一九七〇年代の「卒業生」——ジェームズ・R・ポーター、ジェイソン・シグラー、ルディ・コス、デヴィッド・ホリーら長期に及ぶ虐待で告発された男たちの一部は、〈聖霊〉が週末に地元の教区へ送り出して儀式を挙げさせたとき、未成年に性的いたずらをした。一九九三年、〈聖霊〉センターは五二万五〇〇〇ドルを支払うよう命じられ、ポーターに襲われたと申し出た二五人の原告との和解のため、保険会社はさらに七六〇万ドルを支払った。また、ホリーを訴えた十七人の原告とも和解した。ホリーは子どもたちを虐待して、二七五年の懲役に服している。

ポーター事件の被害者の弁護人ブルース・パスターナックは、治療センターのおかげで、ニューメキシコが世界一の「くず聖職者のゴミ捨て場」になったと言った。コスの被害者の代理人デマレストは、コスが受けた治療を、いまだに侮蔑をこめて話した。「内情を教えてあげましょう。施設は鮮魚や特別な食材を空輸して取り寄せ、野山にハイキングに行き、週末には地元の教区に患者を解放し、そこで司祭は子どもたちを虐待した。被害者のことを気にかけた人間が一人でもいるという証拠は、一片もありません」〈聖霊〉の神父たちは、一九九四年、ニューメキシコの性的障害治療センターを閉鎖した。再開の予定はない。

一九八一年、新手の司祭が、東海岸に新手の治療センターを建設しはじめた。マイケル・ピーターソンは、カトリックに改宗して聖職に就く以前、精神科医だった。経験豊富な虐待カウンセラーの彼は、アル中の治療を意図して聖ルカ医療センターを設立した。だが一九八〇年代中盤になると、性的違法行為で告発された司祭が、患者たちに続々加わるようになった。ゲーガン、コス、ギルバート・ゴーテ、モンシニョール・マイケル・ハリスのような患者が入所したが、近所の者には、彼らが「訓練期間中」だと触れこんでいたと、十四年間施設の向かいに住むナニー・プレスリーは語った。

一九九〇年代半ばの司祭虐待スキャンダルで、教会と医師の関係にひびが入る。ミネアポリスの精神科医ゲイリー・R・ショーナーは、当時のミネアポリス―セント・ポールの大司教ジョン・R・ローチから、慌ただしい電話を受けたのを覚えている。ローチは大司教区が、聖ルカ医療センター、今はもうなき〈信心の家《ハウス・オブ・アファーメーション》〉、それにニューメキシコの〈聖霊のしもべ〉の各センターから送られてきた治療中の司祭の記録を、ショーナーに調べてもらいたがった。「大司教はこう言いました、『教えて欲しい、我々は悪いアドバイスを受けたのだろうか？』」と、ショーナーが思い返す。「彼らは間違ったテストをしているのだろうか？　患者を誤解している？　いずれかのセンターの方が他のよりもましだろうか？」二、三週間後、ショーナーは報告を返した。彼は、精神科のレポートに感心し、民間の病院でも通用すると請けあった。だが、センターが教会の調査を額面通りに受け入れている点を非難した。被害者に連絡を取らず、司祭の属する司教区との協力体制を取らなかった。つまり、精神科医らは教会を上司とみなしていた。そして、彼らはボスのご機嫌を取りたがったと結論づけた。「彼らの考えは、患者を送り返せば、不思議なことに、治癒するというものだった」と、ショーナーは話した。「医師たちが間違いの元凶です。教会も同罪だ。双方に非がある」

デマレスト弁護士は、教会当局は治療センターを誤使用したという。「治療機関のせいにするのはフェアではないと思うわ。問題なのは、施設のやり方ではなく、司教たちが医師の意見を聞き入れたのかどうかです。問題はそこ。司教たちが、彼らを群れに戻したのよ」そして、二〇〇二年三月、〈ハートフォードくらしの病院〉の精神科医は、彼らの医療上のアドバイスを意図的に無視し――ときに壊滅的な結果を起こし――たとして、教会指導者たちを訴えた。緑豊かな三十五エーカーのキャンパスに建つ民間の精神医療病院は、聖職者を治療するための特別プログラムを開発し、毎年数名の司祭を受け入れていた。エドワード・M・イーガン枢機卿は、施設の精神治療レポートを、司祭を聖職に戻した根拠とした。施設の主たる精神科医たちは、即座にイーガンに反撃した。彼らは、教会指導者たちが、精神科医のアドバイスを、危険性のある司祭を尚早に聖職へ戻したことをとりつくろうのに使ったと『ハートフォード・クーラント』紙に話した。「彼らは、我々の提案にほとんど従わなかったのがわかりました」と、病院の心療内科の責任者、レスリー・M・ロステインは語った。

「彼らは司祭たちを仕事に戻し、いまだ無防備な児童に接触を許した」ロステインのコメントは、新たな問題点を——そしてくっきりとした溝を——教会と精神科医の間に刻みこんだ。

ムーリンの件では、精神科医たちは彼に対する告発の正当性を判断できなかった。一九九二年十一月に書かれた極秘の報告書で、精神科医たちは、ムーリンが車を借りて告発者のもとに行き、「学習指導をする間に背中をさすり、乳首をつねって馬鹿騒ぎをし、バークシャーに泊まりがけの旅行に行き、愛していると伝え、死亡時の生命保険金の受取人にした」ことを認めたと、精神科医が記している。ムーリンは、自分の行動は未熟だったかもしれないが、性的ではないと言った。

「ムーリン神父は、少年との性行為と性的興味の両方を、否定し続けた」と、レポートは伝えている。レポートは十年後、聖ルカ医療センターでトラウマ的な治療を受けたあと、ムーリンが気前よく『グローブ』紙記者に提供した。

「それでも、彼が認める行動、例えば少年の乳首をつねるなどは、非常に憂慮すべき根拠になると、我々は信じる。ほとんどの人間は、大人と少年の間のそのような行為を、少なくとも不適切で性的な意味があると解釈すると、我々は信じる」

治療のあと、ムーリンはしばらく停職処分状態だったが、六年後、マサチューセッツ州ウェイランドの教会に、めでたく派遣された。

二〇〇二年、凍るような寒さのケープコッドの夕べ、ムーリンはこぢんまりした閑静な自宅の道路に面した部屋で、晩冬の冷えこみに対抗してカーディガンの前をしっかり引きあわせた。おぼろげなランプの明かりを浴びた安楽椅子に大柄な体を押しこめ、聖職位が剥奪された経緯を冷静に語る。聖ルカの存在を、教会の憂慮の証《あか》しとしてとらえて言った。「あのような場所があるとは知らなかった。すっかりこの目で見たが、司教たちは私たちの送り先をよく分かっているようだった。彼らは問題の大きさが分かっていた」だが、彼は自分の行動を問題の一部だと、一度でもみなしたことはなかった。「あれは思春期の、青臭い人間がよくやるゲームみたいなものだった……性的関心の部類じゃなかった」

現世に、神の王国を建設するために――われわれは独身男性でいる定めだ

何年も――おそらく何世紀も――教会は将来の司祭たちに、性教育をしてこなかった。神学生たちは生涯独身の生を送る意味を自分で見つけなければならず、多くが苦労した。「何もなかった」一九五六年、ボストンの聖ジョン神学校で教育を受けたロバート・W・ブルック神父は回想した。「まったく話題にのぼらなかった。そしてその後私たちは、この非常に男性的な、抑制された環境から、まったく異なる世界に出て行くはめになり、多くの神学生にとってそれはおそろしいことだった。振り返ると、もっと備えさせてもらえれば良かったと思う」

神学校によっては、教会がセックスにはひどく動揺するという考えを補強するような体験を味

あわせた。作家のポール・ヘンドリクソンはアラバマ州の神学校に十五歳から二十歳まで五年間在学し、性欲の意味を指導するとされるスピリチュアル・ディレクターを定期的に訪ねた。

「私は自ら進んでそうした。不純な誘惑を克服するという名目で」と、著者『Seminary: A Search（神学校　ある探索）』のなかでヘンドリクソンは書いている。「それは彼の案だった。彼の処方箋、彼のシナリオだった。ときには毎週起きた。ときには真夜中に起きた。ときには勉強時間の直前、または夕べの会議のあと、またはジムから出た直後に起きた。私は部屋に入り、彼の机の脇に置かれた緑の椅子に腰かけ、ズボンのチャックを下ろし、十字架（ミッショナリー・クロスと呼ばれ、磔《はりつけ》になった救世主の足もとに、色あせた緑色の頭蓋骨と骨がついていた）を取りあげて、不純なことを浮き浮きと考えはじめ、それから、完全に勃起したら、卑しいわが身と欲望の克服を望む理由をすべて数え上げる。『神父様、用意が出来ました』と、私が言う。彼にうながされて大罪の崖っぷちまで自分を連れて行ったあと、文字通り、激しく自分を引きずり戻す。左手のなかの、磔にされたイエス様のパワーで。ディレクターはいつもそこにいて、私を導き、私を煽り、私と一緒に祈った」

だが一九九二年、ひとつは公式、もうひとつは非公式な二つの出来事があり、カトリック教会は未来の司祭の指導法について、劇的に考えを改めた。最初は、神学校の教育を全面的に見直し、もっとオープンに性衝動と禁欲について議論せよとの、教皇のお達しだ。二つ目は、ポーター神父事件だった。マサチューセッツ州フォール・リバーの教区から、連続小児性愛者のニュースがマスコミで連日のように詳しく報道され、司祭の間で議論される格好の話題となった。

その年の三月、教皇ヨハネ・パウロ二世が、使徒的勧告「現代の司祭養成」を発布し、「現代の状況」に照らして神学校教育を再構築せよと、世界中の司教に指示を与えた。背景には、司祭志願者の慢性的な不足と、それによる燃えつき症候群の聖職者の上昇が含まれた。「ある程度長期にわたり、精力的に司牧活動に従事してきた司祭は、増えるばかりの職務のため、今日多大な消耗に苦しんでいるようだ」と、教皇は書いた。「同様に、現代文化と社会の問題に直面し、司祭は信仰生活と使命の優先事項について見直しを迫られており、現行の養成の必要事項をひしひしと認識しつつある」

「養成」とは教会用語で教育、修練、人格育成を指し、教皇は神学校を再構成し、新人司祭の教育を四つの構造エリアに集中するよう力説した。人間性、知性、司祭職、霊性。教皇は人間性の養成に特に重きを置き、「すべての司牧者養成の礎《いしずえ》」と呼んだ。そして、人間としての司祭養成の鍵となる要素は、自分の性的嗜好《しこう》を明確に理解することである。「重要度が高いのは、他者と繋《つな》がりを持つ受容力」だと教皇は書いた。「この文脈においての情緒面の成熟、それは真実の、責任ある愛のなかでの教育の成果であり、牧者志願者の養成に、重要かつ決定的な要素である」そして、教皇は宣言した。性的嗜好が「消費社会における商品でしかなくなった」時代、神学校はとりわけ慎重でなければならない。「性教育はより難しくなったが、より急務にもなった。それは真に、かつ完全に個人的であるべきであり、しかして承認と愛をもったやり方で、貞節を提示すべきである」

神学校が教皇の指示を取り入れたとしても、ポーター事件が聖職者による性的虐待、とくにマサチューセッツ州で発生している事件に、大きな注目を振り向けはじめた。神学校は入学条件を絞りはじめ、神学生をより徹底して観察するようになった。

「一九九二年、ポーター事件が神学校を襲った時、どう手を打てばいいのかわからなかった。しかし、何をおいてもこの問題にとりくまなければならないのは知っていた」と、一九九〇年代をボストンの聖ジョン小教区の神学生として過ごしたのち、聖職者になるのを止《や》めたエドワード・カードーザが振り返る。「ある会議で、スピリチュアル・ディレクターが立ち上がり、実際にこう言ったのを覚えている。『教会にとって、これがひどい状況であると同時に、清めのときだと証明できるかもしれない』」神学生は毎月会議に出席し、人間性の養成を話し合い、スピリチュアル・ディレクターと個人生活について話し、そして尼僧が教える人間の性的嗜好のクラスをとった。「禁欲主義を守っても、他者に惹かれること、衝動、欲望はいまだにあると教えられた。だから最初に必要なのは、自分がどれほど気高く敬虔だろうと、それらの情熱から決して切り離せないと心得ること。だが大事なのは、賢明な選択をすることだ。背を向けなさい。独身主義は根本的な神の召命だ。そして、欲望にまかせた行動はしないと、あなたは決断した」

今日《こんにち》、神学校は志願者を厳格に選考するという。たとえばボストンでは、若者は願書を提出する一年前に召命担当と対話をはじめなければならず、その後の出願プロセスは、最低四ヶ月かかる。神学校の多くがプログラムをはじめる前に、志願者に五年間の禁欲を要求する。実践をテストするためであり、生徒は神学校生活の間は禁欲を通し、召命された聖職者が送るセックスレスの生活に順応できるか、自問し続けることを期待される。

神学校によっては、男性に性的に惹かれると発言した志願者をふるい落とすというが、たいていはしない。性的嗜好が禁欲生活の能力を左右するという証拠は何もないのが理由だ。神学校は、児童虐待の可能性のある者を、国と地方の犯罪履歴をチェックして、排除しようとしている。だが目下、一度も子どもを性的に虐待したことのない男が、未来に犯す可能性を正確に予測する心理テストはない。そのため神学校の職員は、選考過程と神学校での修練を通し、大人と通常の関係を結べない人物、または異常に子どもに興味を持つ人物を警戒しているという。可能性のある志願者が大勢神学校から却下され、さらに毎年何名かの生徒が退学させられる。

「不足しているからといって、基準を下げるべきではない」と、〈米国カトリック司教団の召命および司祭養成事務局〉局長エドワード・J・バーンズ神父は言った。「神学校に志願したとき、志願者は、様々な方法で分析される。心理テストを実施して、精神的な性的成熟度を図る。なぜなら自分のアイデンティティを明確に把握することが重要だからだ。テストはあらゆるタイプの精神病、または不安定な精神をも浮き彫りにする。血液検査も実施している。そして、テストに限らず——校内で我々は彼らと寝食をともにし、信仰生活の実態をオープンにしている。どんな警報にも目を光らせている」

現在の神学校職員の多くが、今ではは っきりしていることを認識している。過去の選考基準は、不適当だった。「皆、神学校が生徒であふれていた栄光の日々の話を聞かされる。だが彼らのうち、決して聖職者になるべきではなかった者がどれほどいたのかは疑問だ。ノートルダム大学を創立した宗教集団、聖十字架修道会インディアナ教区の召命担当ジェームズ・キング神父はこう語る。

「聖職者への道は望ましい、家族が満足する職業だった。話題にしているのは、選考の必要性にまったく考え及ばなかった時代、そこにいた人々のことだ。神学校が心理面の査定について無知だった時代、心理的に未熟な人間が紛れていた」

今日、野心に燃える司祭志願者と机をはさんで面接する際、求めているのはテストの最高得点者、もしくは立派な履歴書、あるいは賞や優秀な成績をたくさん修めた者ではないと、キングは言った。彼は誠実さを求める。真摯で率直な人物を。そして彼ははっきりさせた、聖職における禁欲主義――マスターベーションをふくめ、どのような種類の性的活動もない生活――の必要性は、この使命の副次的な部分ではない。

「周知すべきは、独身主義は絶対必要条件ということです」と、キングは言った。「だれでも欲求はある。結婚した人々も葛藤する。彼等はセックスをするが、他人とはしないし、夫婦の契りに貞節を守る。性欲のない人間は一人もいない。だが我々は健全な方法で、それを抑制せねばならない。いろんな意味で、夫婦は我々と同じぐらい葛藤する。独身主義は神からの思《おぼ》し召しだ、だが万人向けではない」

独身生活を送るうえで、魔法のトリックは無い。神学校の教師は、司祭とてセクシャルな感情を持つと認め、だが自分をその種の感情を高めるような状況に置かないように励ます。彼らは司祭に己の強さを信じろとアドバイスする。そして彼らは頻繁に、夫婦との比較に立ち返る。教会は彼らに相手以外の人間と性的関係を持たないように期待し、独身の人間には、禁欲生活をすすめる。

「私が召命担当だったときのことを、決して忘れない。カレッジの学生が、こう尋ねた。『欲求が起きたときはすればいいんですか？』まるで、司祭以外は誰も性的衝動を抑える必要がないみたいに」と、バーンズは言った。「誰でも神聖さが求められる、とりわけ性生活にはね。性的欲望をどう抑えるか？　品位ある人間になることだ。他人の性的嗜好を、そして自分自身の性的嗜好を尊重しながら。禁欲主義は、他者に奉仕をする人生のための、我々が与える恩寵《おんちょう》なのだ。それは、神の思し召しだ。われわれは独身男性でいる定めだ。現世に、神の王国を建設するために」

今日の神学生は一般的に、以前より高齢であり、神学校の召命担当は彼らが成熟していることを望む。神学校は全米で九校を残すのみで、入門する者はたいてい、大学を修めた後に入門する。多くはデートの経験があり、結婚していた者もいる。そして司教区は現在、養成を続け、司祭に一種の社会人教育を施し、叙階されたばかりの司祭が、教区での生活で出会う試練に適応する手助けをしている。

もちろん全員が戒律を遵守しているわけではない。神学生によっては、そして多数の司祭によっては、禁欲の誓いを破る。結婚した者が、一夫一婦制を破るように。

フロリダ州セント・ピーターズバーグ司教区の召命担当レン・プラゼウスキ神父は、規律を守った、健全な司牧生活を送るレシピを持っており、彼が監督している神学生に教えている。それは信じられないくらいシンプルだ。司牧生活の内と外に、友達を作れ。常に「神父」として接する必要のない仲間を。リラックスする時間をつくれ。神は大切だが、スポーツや芸術や旅行も大切だ。禁欲生活を送りやすくするために、趣味、もしくは暇つぶしを持て。「当然、もし私の趣味がストリップクラブに行くことだったり、インターネットでポルノ画像を漁《あさ》ることだったら、それは禁欲生活の助けにならない。だが、魔法の薬は無い……私は思い当たるに至った。ある意味、一人の女性へ捧《ささ》げる愛は私には充分ではない。私の愛は、一人の人間や一人の家族に限定できない。然《しか》り、私は独身だ。否、私はセックスをしていない。だが、私には愛がある。愛は私の生活の大事な一部分だ」

教会当局者は繰り返し、一九九〇年代に叙階された司祭たちの起こす事件が比較的少ないことを、彼らの新しい選考法と訓練プロセスが成功している証拠として挙げる。だが批判者は懐疑的だ。虐待司祭たちは今後単に、もっと注意深くなるだけだと論じる。

「教会の上層部に、道徳的もしくは人間的視点でこの危機を処理する能力があるとは思えないわ」と、デマレストは言った。現に最近もいくつか事件が起きている。二〇〇二年一月、マサチューセッツ州ハバーヒルの警察が、一九九九年に叙階を受けた三十三歳のケルビン・E・イグアビタ神父を逮捕し、教区司祭館で十五歳の少女を二度レイプした容疑で起訴した。それでも、楽観的な一人、プラゼウスキは、教会は現在過去の清算をしている最中で、物事は好転していると信じる。「いいニュースは、今我々が扱っているそれらの虐待事件は、神学校のシステムが今とはちがう時代から来たということだ。たくさんの努力がなされ、その努力は実を結ぶはずだよ」

第九章　変革の苦しみ

だったら、どうして『ゲーガンは地獄行きだ』って言わないんですかね？

二〇〇二年春、バチカン宮殿の豪奢《ごうしゃ》なボローニャの間に集う十二名のアメリカ人枢機卿《すうききょう》は、どこから見ても風変わりな一行だった――平均年齢七十二歳の、独身男の団体。うち二人は、未成年者への性的虐待で告発された司祭を処分し誤ったとして、非難にさらされていた。だが、いまだ彼らは教会のプリンスであり、教会への忠節と信心の印に赤い帽子を戴き、それは彼らの重要度と影響力を象徴していた。そして、スキャンダルに苛《さいな》まれた自らの教派を、軌道修正する任を負っていた。スキャンダルのあまりの大きさに、嵐の目のバーナード・ロウ枢機卿をして「カトリック教会の使命を傷つけている」と、礼拝者に向かって言わしめたほどだった。

会議前の晩さん会に出席するため、枢機卿たちがバチカン市に到着した四月同日の午後遅く、六五〇〇キロほど離れたボストン郊外のにぎやかな町ウェルズリーで、もう一つの会合が開かれていた。そこでもまた、性的虐待の危機によって人生を揺さぶられたカトリックの集団が、問題を正すために自分たちに何ができるか、話し合っていた。タペストリーに囲まれたバチカンの使徒座宮殿で会議に臨む代わりに、それらのカトリック教徒たちは、三ヵ月間、毎週月曜日の夜にカトリック学校の地下室に集まり、カフェテリアのテーブルをどけて、急速に増えていく心ある一般信徒たちのための空間を作っていた。彼ら郊外の熱心な信者たちは、多くがカトリック系の学校を卒業し、様々な教えに賛成しかねながらも、カトリシズムに寄りそった人生を送り、献金箱にお金を落とし、教区委員会に時間を割き、子どもを教区学校に通わせてきた。だが、今彼らは、聖ジョン福音学校のリノリウムの床に広げた折り畳み椅子に座っている。かたわらのコンクリート製の壁には、モットーを綴《つづ》ったアルファベットの紙が飾ってあり、大きな十字架の上には「信仰を貫け」とあった。その下には「教会を変革せよ」とある。

波に乗っていた一九六〇年代はじめに、教皇ヨハネ二十三世が世界中の司教をローマに召集した第二バチカン公会議以来、これほどまでにカトリシズムの未来が不確かな時期はなかった。

小児性愛司祭のニュースにはじまる危機は、カトリックで何十年もくすぶってきたパンドラの箱を開けてしまった。ホモセクシャリティ、女性の役割、権威の本質。教会生活の余白でのみ交わされた長年の議論が、突如センターステージに躍り出た。既婚者もしくは女性に、司祭職を与えるべきか？　司教の選出や司祭の任命を含め、教会の管理運営に一般信徒をもっと登用すべきか？　アメリカ・カトリックの教徒は、なぜ一五〇〇名以上の司祭が未成年を虐待し、無数の司教が問題司祭をクビにして検察に引き渡すかわりに教区から教区へたらい回しにしたのか、そのわけを理解しようと努めた。

十六世紀のプロテスタントの宗教改革と同様の波を期待するカトリック教徒もいる。あの時代、教会が聖職者の腐敗を制御出来なくなった結果、マルティン・ルターに神学を批判する委員会を立ちあげる隙を与え、西欧のキリスト教をカトリックとプロテスタントに分裂させることになった。いわば地理的な分裂をして、アメリカ・カトリックがローマから袂《たもと》を分かつことを思い描く者もいた。どちらも、神学家の支持はたいして得られなかったものの、教皇ヨハネ・パウロ二世でさえ、二〇〇二年のスキャンダルは、カトリシズムを永遠に変えてしまったかもしれないと認める。

「この試練の時が、カトリックの共同体全般の浄化をもたらすと、信じなければならない」豪華な私設図書館で、教皇は合衆国から訪ねてきた枢機卿たちに語りかけた。「浄化はすぐにも必要だ。もし教会が、解放する力をもってより効果的に、キリストの福音を説教するつもりであれば」

最初の軍隊召集は、ハーバード大ケネディ・スクールの公共政策学教授で、地元ボストンのドーチェスター地区聖ウィリアム教会の教区協議会会員メアリー・ジョー・ベインによって発せられた。ベインが声を上げるのは初めてではない——クリントンの福祉改革案推進が貧困層に対して不平等だと判断すると、抗議のためクリントン政権の高級官僚職を辞して、全国的な注意を引いた。だがかつて、彼女は人間福祉援護者《アドボカシー》兼行政官としての長いキャリアを歩んでいくため、カトリックの社会福祉教義に頼った。今は世俗の「闘技場」で受けたレッスンに頼り、自らを鼓

2002 年 4 月、バチカンの私設図書館にて、アメリカ・カトリック教会の指導者たちへ性的虐待について語る教皇。ロウ枢機卿は左から五人目。
AP/WIDE WORLD PHOTOS

舞して教会に闘いを挑んでいる。

「私は、現在の危機を生み出した構造的・文化的欠点を正す段階が踏まれるまで、大司教区に献金しない」と、ベインは新聞の論説面で宣言した。「カトリック教徒の同胞にも、これに倣うようにお願いする。そうすればおそらく、教会を愛し、起きてしまったことに腹を立て、だが将来に希望を抱く私たちに、枢機卿は注意を向けてくれるだろう」

カトリック教徒の多くにとって、未成年を虐待した司祭を甘やかし放題の教会の姿勢は、彼らが子どもの頃の扱い、ちょっと悪さをしただけで「永遠に地獄行き」と脅しつけられたのとは正反対に映った。「一九五〇年代は、金曜日に肉を食べたり、教会に帽子やベールを被《かぶ》って行かなかったり、聖体拝領前に朝食を食べたら、地獄で焼かれるぞ、と言われてました」と、カトリックの一般信徒、ヴィクター・コンローグは言う。「だったら、どうして『ゲーガンは地獄行きだ』って言わないんですかね？」

さらに悪いのは、とんでもない偽善の証《あか》しを、大勢が目にしたことだ。教会は子どもをレイプした司祭に小切手を切り続ける一方、成人女性と結婚した司祭への手当をカットした。少年の性器に触り、体と魂を穢《けが》した司祭をおうおうにして追放しなかった教会が、赤ん坊の額を水で濡《ぬ》らして洗礼をしたかどで、七十二歳の修道女ジャネット・ノーマンディンを二〇〇〇年に解雇して追い払った。

「子どもを虐待したその手で、司祭にワインとパンを聖別するのを許した枢機卿の心根は、想像もつきません」と、サン・アントニオの六十七歳の平信徒、メアリー・レヴェックが言った。

「隠蔽しようとした枢機卿と司教は、罪人だわ」

神の聖なる民は、キリストの祭司職をも共有する

多くの者にとり、聖職者の性的虐待スキャンダルは、教会ヒエラルキーとの関係に見切りをつける最後の一押しとなった。それは、民主主義と平等精神のアメリカ的価値観と、権威と聖職権主義のカトリックの解釈の間でバランスを保とうと努力していくうち、合衆国国民のカトリックが数世代にわたってすり減らしてきた関係性だった。何千人もが教会を離れ――人によっては他の教派へ改宗した。多くが教会とは絶縁し、文化的にはカトリックのままだが、その政策を嫌悪する教会中心の生活を続けていく意志をなくすか、困難になった。改革を進めるために組織を立ちあげた者は、教会の指導者から、末端、底辺、非カトリックとまで言われた。たとえば、ボストンでは、ロウが女性の司祭任命を推進する団体〈マサチューセッツ女性教会《ウィメン・チャーチ》〉に、教会施設での集会を禁止した――統計上、常に合衆国のカトリックの一定数が、女性司祭の任命と、司祭の独身制解除を支持しているにもかかわらず。

教会の道徳的権威が本格的に崩れはじめたのは、一九六八年、教皇パウロ六世が回勅《かいちょく》「フマーネ・ヴィテ（人間の生命）」で、人口的な産児制限に再度反対したときだと、多くの学者は言う。その教義は広く無視され、カトリック教徒が他の教義、とりわけ性に関する問題を、信仰を捨て

ぬままに拒否する道を拓《ひら》いたという者もいる。カトリックの権威の崩壊は、社会的な側面も確かに貢献していた。多くのアメリカ人が、信教に関わりなく社会組織に従わなくなっていき、自分独自の性的規範を定義づけようと決意しはじめた。統計に次ぐ統計で、カトリック教徒の大半が、産児制限、離婚、婚前交渉、同性愛について、教会の教義に賛同しないと認め、多くが中絶問題についても同意しないと言った。それらの不一致は、一種の宗教的な認知の不協和音に導かれていき、カトリック教徒は性的な倫理問題に関する教義を拒否し、無視した一方、カトリックの信仰に対する基本的な説教や豊かな典礼の実践を受け入れた。

無論アメリカの教会とて、反対意見を通して繁栄していくより大きなアメリカ社会の一部であることはまぬがれず、その社会では、会社に不満があれば株主と公的圧力を通して変化を要求し、政府の批判者は投票箱を通じて変化を強いる。この伝で司教を羊飼い、平信徒を羊に例えてもむなしく響くばかりだが、一般信徒が改革の音頭をとるには、絶好のタイミングだった。かつて合衆国で大部の移民グループだったカトリック教会が、今ではかつてないほど高い教育を受け、裕福になった。その結果、彼らは他の公共機関におけるのと同様、教会でも責任ある役割を要求できるだけの能力があるとの自信を日増しにつけていった。一九六二年から六五年まで、世界中の司教の集まり、第二バチカン公会議が開催され、教会の改革の時代がはじまった。それは、ラテン語ではなく自国語での礼拝を許し、祈りの際、司祭が礼拝堂の奥の祭壇ではなく、礼拝者に向かい合うのを許す決定に最も象徴されている。その後数十年、司祭や修道女の数が急降下するにつれ、平信徒が教会で重要な役割を担いはじめ、しばしば教区教会を監視し、管理し、カトリッ

2002年4月、マサチューセッツ州ウェルズリーの聖ジョン福音教会の地下室に集まったカトリックの一般信徒が、教会を揺さぶる危機を話しあった。
PHOTO BY JUSTINE ELLEMENT FOR THE BOSTON GLOBE

ク学校や社会奉仕プログラムを運営し、神学の教職員に名を連ねた。教会における平信徒の重要性が増加している兆候のひとつが、二〇〇一年に現れた。アメリカ合衆国最古のカトリック系大学、ジョージタウン大が四十八代目の学長にジョン・J・デジョイアを選任し、一七八九年にカトリックのジョン・キャロル枢機卿によって創立された由緒ある学校を平信徒が初めて率いることとなった。

カトリックの学業成績が上がっただけでなく、カトリックの平信徒の間に増えているマイノリティも、自分たちの信仰の原理について知識を増やしていった。ボストンの聖ジョン神学校は一度、司祭たちが平信徒に神学と聖職を訓練できるように、教室を使わせた。第二バチカン公会議の「センースース・フィデリウム（信仰心の感覚）」は聞き入れられなければいけないとの約束に、大勢が希望を見た。「神の聖なる民は、キリストの祭司職をも共有する」と、教会憲章は宣言する。「……信徒全体は、聖なる者より指名されたのであり、信仰の問題においては間違いを犯せない」折り畳み椅子に座るカトリック教徒に、それは明白に思えた。バチカンに集う枢機卿には違ったとしても。

改革の叫びが、一般信徒の奥深くに浸透したことに疑いがあったとしても、二〇〇二年三月九日、ボストン港に面したワールド・トレード・センターで開催されたロウの年次集会に、大司教区中から数千人の平信徒リーダーが集まった際に払拭した。

多数のカトリック教徒が、厳重な警備が敷かれた集会に懐疑的だった。なぜなら参加者は、教区司祭によって選ばれたからだ。

「ロウ枢機卿の三月九日の集会は、うわさ通り独演会か、激励会になるのでは？」と、とある平信徒の女性、ボストン郊外アクトンのヘレン・オブライエンは予測した。だが、司祭による未成年への性的虐待が暴露され、衝撃を受けた地元のカトリック教徒が見守る側《そば》で、多数の平信徒のリーダーたちが面と向かい、ロウに教会の全面的構造改革を望むと言った。大司教区は六つの「講演」セッションへの記者の出席を拒否したが、出席者によれば、ロウは自分に向けられた怒りに驚いたようだった。あとで指摘されたことだが、彼はこのとき初めて、多数のカトリック教徒は、彼が自分たちを裏切ったと感じているのを悟ったのだ。一部の一般信者はラベンダー色のリボンをつけ、司祭に虐待された被害者が経験した苦しみへの悲哀を表現した。「我らの司祭とともに」と書かれた白いボタンをつけている者は、性的虐待スキャンダルが虐待者ではない司祭に与えた精神的衝撃について、教区民に広がる支援の表明を意図していた。ウェルズリーから来た女性の一団は赤い服を身につけ、教会の行いに対する後悔を表していると言った。「ここにいるのは激怒している一群です」と、その日、ウェルズリーのポール・A・バイアーが言った。「そしてこれが、教会の中核です。休日を進んで犠牲にした、三〇〇〇人の献身的な信者たちであり、そのうち五十～八十パーセントの者が怒っているならば、問題です」

突如として、教区評議会の会員や、宗教教育の教師たちが、それまでは〈コール・トゥ・アクション〉〈未来の教会〉〈カトリック信者の諸権利協会〉などの活動家団体にのみ聞かれた憂慮の声を、上げはじめた。「教会の権力構造全体を改革しなくてはいけません」と、ボストンの西にある高級住宅地ニュートンから来た聖体奉仕者で、宗教教育の教師ボニー・シャンボッティは言う。「もっと女性が必要です。権力と男性優位と秘密主義が、そもそものはじまりだもの」

「この状況が、おかしな具合にカトリック信者や一般の司祭たちに大きな力を与えてくれたの」と、ニュートンは聖イグナシアス教会に所属する教区評議会のメンバー、パトリシア・ケイシーが言った。「一種の境界線を越えたのよ。でも、後戻りはしないわ。みんなは聞くでしょう、来年はいつ集まるのかって。『これによって教会の何が変わったか?』それが、今日の疑問ね」別の参加者、ジェーン・オードリー・ニューハウザーが言った。「この刷新と改革を望む声がユニークなのは、カトリック教会の分派からじゃなくて、大司教区の教区内部の指導者、労働者、司祭から上がっている点よ」

セッションで挙げられたさらに大胆な提案のなかには、第三回バチカン公会議を求める声や、ボストンで補佐司教を任命して、ロウに子どもたちを守ることに専念してもらう間、大司教区を管理させるというものがあった。ひとりの話し手が、新たな宗教改革を目指すには、大がかりな変化が教会に必要だと言った。

「私の印象では、とても明晰《めいせき》な、教養の高い、深く心を動かされた一団によって真実が語られようとしている」と、ボストンのチャールズタウン地区にある聖キャサリン・オブ・シエナ教会の主任司祭、ロバート・J・ボワーズ神父が言った。「最高の忠誠心を目にしていた。彼らは教会が何か別のものに、新しく生まれ変わるのを見たがっていた」

ロウはメッセージを受けとったと言った。「情熱的に、祈るがごとく教会がもっと開かれるよう訴える声を、聞き届けた……そして教会の生活に、平信徒にもっと意味ある関与をさせろとの、特に教会の生活に女性を増やせとの。今日私の聞いたことすべての答えはまだ持っていない……たくさんのことを聞いた。私には時間が必要だ……あなた方の差し出したものを真に理解するのに」だが一ヶ月後、ローマで彼の目標の概略を話しながら、ロウは女性重用《ちょうよう》の件には触れず、会議が終わると、危機から生まれ、教区評議会の連携を提案してロウが「不和のもと」と警告した、主要な一般信徒組織の弾圧を命じた。

ジェームズ・E・ミューラー博士は、インディアナ州で過ごした少年時代、侍者として仕えたミサで、カルメル修道会の修道院の黒いカーテンの後ろから響く、おじが唱えたグレゴリオ聖歌をまだ覚えている。彼の心の目には、大規模なインディアナポリス教区の主任司祭だったポールおじ、オハイオ州マウント聖ジョセフ・カレッジの副学長をつとめたシスター・オブ・チャリティのリーおばが見えた。インディアナポリスのジャンヌ・ダルク小学校とカテドラル高校、彼自身と兄弟と父親とおじが入学し、のちに息子を送り出したノートルダム大学、そして単位を履修したジョージタウン大学のカトリックの教師が見えた。ローマ教皇ヨハネ二十三世が一九六三年に発した平和に関する回勅「パーチェム・イン・テリス（地上の平和）」（四月十一日にローマ教皇から「すべての善意の人びと」に宛てて書かれた文書。人間個人が有する生存、尊厳、自由、教育といった権利とともに、核兵器や軍拡競争を終わらせるための平和への取組みについて言及されたもの。）と、トマス・マートン（米合衆国のカトリック教会厳律シトー会の修道司祭であり作家。）の文章を暗唱できた。ふたつに触発されて、ミューラーは一九八〇年、核戦争防止国際医師会議を共同設立、一九八五年にノーベル平和賞を受賞した。そして、二〇〇二年一月、突如として自分の信仰に抱いた恥辱の感覚を覚えている。カトリックの価値観を祝って受けたガラス製の額を、たたき割りたくなった。妻とともに、記憶の限りでは初めて意図的にミサをさぼり、今後戻る日が来るのか疑問に思ったのを覚えている。教会から逃げだそうか、熟考した。だが残って、代わりに内部からの闘いを決意した。

現在、ハーバード医科大の有名な心臓専門医にして、マサチューセッツ総合病院の臨床医である五十九歳のミューラーは、教区学校聖ジョン福音学校の地下室から、火事のごとく広がりゆく運動を指揮していた。〈信徒の声《ボイス・オブ・フェイスフル》〉の集会は、何百名ものカトリック教徒で埋まり、ウェブサイトの電子掲示板では怒りの飛び交う議論の司会をつとめ、バチカン市を含めた世界中からアクセスがあった。立ち上げからたった三ヶ月で、団体はボストン大司教区と世界二十一ヶ国から、六八〇〇名の支持者を集めた。

熱狂が頂点に達した瞬間、ミューラーは前例のない変化を夢見た。

「我々は世界規模で、位階制度組織、カトリック教会の大炎上を目撃している」と、彼は言った。「うっそうとした暗い森で朽ちかけた木々が、火事の熾火《おきび》でくすぶっている。数ヶ月以内には灰の中から新しい命が現れる。灰色を背景にしみるような緑はいまだもろいが、少し経《た》つと、完全な暖かい生命を宿した風景が現れる――〈信徒の声〉で潤ったカトリック教会、何世紀もの闇の中から、巡礼者の教会が再び芽を吹く」

彼の夢は、想像の及ばないほど野心的に思えた。世界のカトリック教徒の半数、あらゆる教区の支部から、五億人の人々に、一般信徒の国際会議へ参加してもらう。そこでは今後の方針につ

2002 年 3 月 29 日、バーナド・ロウ枢機卿が聖金曜日の礼拝を挙げているホーリー・クロス大聖堂の外では、デモ隊が彼の辞任を叫ぶ。
REUTERS/BRIAN SNYDER

いて討議し、そののち教会の未来を形作る信徒の立場を代表する。ミューラーは似たような組織だが、もっと小規模のプロテスタントやユダヤ教の諸派の存在に癒しを求め、そしてこれが平和運動と対をなすと主張した。

「一九八〇年代、政府は核戦争に勝利する話をした。人々は政府に異を唱える声を持たなかった。そこで我々は、核戦争に反対する人々の声を見つけようとし、それは米ソ対立の空気を変えた。今、ヒエラルキーに異を唱える、声を持たない十億人ものカトリックの信徒がいる。我々は、人類の五分の一を占めるカトリック教徒が声を持てる構造を作り出そうとしているんだ」

歩みは遅々としていた。使命記述書《ミッション・ステートメント》のたたき台を作ろうとするだけで、組織は三週間かかった。ロウの退位を呼びかける声明の合意をとろうとして九名の反対にあい、あきらめた。会合を持つたび、何かの動議が出されるたびに、一握りの人々が反対した。教会の財源への資金的なボイコットなど、誰かが俗世的な行動を提案するたび、別の誰かが立ち上がり、ロザリオの祈りや断食の日を設けては、と提案する。ミューラーは希望を抱いてはいるが現実的でもあった。

「最悪のシナリオは、教会が変わらずに聖職者による性的虐待問題を隠蔽し続け、虐待を生む権力構造もまた無傷で残ることだ。それゆえに、我々は迅速に立ちまわり、週に四回の会合を持っている。この機会を逃してはいけない」

独身主義がすたれても、何の問題もないね

一般信徒が長い、不安なまどろみから覚めたように、司祭たちもまた、目覚めつつあった。当初、彼らはショックを受け、恥じ、恐れ、怒った。ロウがボストンにいるときはいつもミサを挙げていたホーリー・クロス大聖堂の教区司教代理ロバート・J・カー神父は、ナシュア・ストリート刑務所で囚人のためにミサを挙げたあと、司祭館に歩いて戻る途中、建設作業員からブーイングを浴びたことを報告した。チャールズタウンの主任司祭ロバート・ボワーズ神父は、ハロウィーン・パーティで誰かが小児性愛司祭の恰好で現れたのを覚えている。

「今、会衆を見渡しながら、『私をどう思っているのだろう?』との考えがよぎる」ボストンから南西の郊外、ノーフォークの聖ジュード教会主任司祭モンシニョール・ピーター・V・コンリーは、そう話す。「教区司祭館の外で立っていたら、スピードを緩めた車が近づいてきて、男に『よお、変態野郎《ペドフェリア》!』とどなられた司祭を知っている。何日もおびえていたよ」

だがすぐに、一部の司祭はまた、新しい力を手に入れる感覚を覚えはじめた。ロウ枢機卿が影響力を失っていくにつれ、司祭たちは力を得ていった。二月と四月にとられた統計では、ロウの人気が急降下しても、司教よりも信徒たちに寄りそった思いやりのお返しに、教区司祭たちの人気はうなぎのぼりだった。

どんな些細《ささい》なミスさえ、即刻司祭たちを教区から外すので知られたロウが、もはや権威を振りかざすことができないのを、多くの司祭が感じていた。枢機卿自身が「我が兄弟の司祭たち」と関係を改善しようと、雑音をたてはじめた。司祭たちは組織作りをはじめた。少数はすでに、小さな支援グループを立ち上げており、燃えつき症候群や孤独について話しあい、そのグループが種をまいて、より大きな組織、最終的に「司祭フォーラム」と呼ばれる大規模な組織に成長し、指導者から孤立しているように感じる司祭に声を提供する約束をした。ノートルダム大の神学者リチャード・P・マクブライアンや、『The Changing Face of the priesthood（聖職の変貌）』の著者ドナルド・B・コゼンス神父など、聖職の事情に精通した指導的な思想家たちを連れてきた。彼らは難題について議論を戦わせるのを期待した。おそらくは、ひんぱんな外遊を控えてボストンのニーズに集中するようロウに提案し、説教や礼拝スタイルが教会の保守派からひんしゅくを買った司祭を再登用するのを止《や》めるよう奨励するだろう。一部はさらに突っこんで、独身主義について話したがった。

「我々はその件について対話の機会を持ち、神学的な結果について議論しあう必要があった」と、ニュートンの聖バーナード教会主任司祭ポール・E・キルロイ神父が言った。「あらゆる問題を一挙に解決しようとしているのではない、だが燃えつきないように、新たな職務を作り出す方法を見つけなければならない」

だが平信徒による組織同様、全体の合意を得るのは一筋縄では行かなかった。一部の司祭はグループ内でロウの辞職勧告を求めたものの、他方は反対し、司祭は司教に忠実でいる義務があると譲らなかった。

「フォーラムを、できるだけ多くの司祭たちで、前向きにはじめたかった」と、フォーラムのリーダーの一人、ニュートンの〈キリスト信者の助け手聖マリア《アワ・レディ・ヘルプ・オブ・クリスチャン》教会〉のウォルター・H・キューニン神父が説明した。にもかかわらず、教区事務所当局はナーバスになっていた。四月中旬になると、ロウの補佐司教がフォーラムの八人の司祭を呼びつけ、叱責ともとれる話しあいをした。司祭の一部はロウが最終的にグループを禁止しようとするだろうと予想した。中には労働組合の結成を考える司祭さえいた。

「何一つ、もとには戻らない」ボストンの南、マサチューセッツ州シャロンの郊外で、教会に面した教区司祭館の部屋に座って、七十二歳の主任司祭ロバート・W・バロック神父が言った。「激動を経験しようとしている」

聖職者による性的虐待の危機で、ひとつだけ確かな変化がある。アメリカ合衆国のカトリック教会は今後、性的虐待をした司祭を子どもに近づけることは決してないということだ。国中で、かつて違法行為で告発されたことのある司祭は、司教が教会から叩《たた》き出した。ロウ枢機卿を含めた無数の司教たちが、虐待で告発された何十人もの司祭の名前を、自主的に検察に提出しはじめた。多くの州ではそのような行為は、すでに義務になっていた。マサチューセッツ州とコロラド州を含めた州も、それに倣おうとしている。

全米カトリック司教協議会は、二〇〇二年六月にダラスで開かれた集会で、聖職者による性的虐待問題に専念することで同意し、合衆国の一九四の司教区で、司教協議会がほとんど二十年近く抵抗してきたことを義務づける承認を、初めて行う予定だった。新たな義務づけは、未成年者を性的に虐待したすべての司祭を教区から外して検察に通報し、大司教区には被害者を支援し、教会で働く者に、子どもが傷つけられているかもしれない兆候を見つけて通報する訓練を求めるだろう。

だが改革者は、さらに要求した。虐待司祭へのヒエラルキーの扱いは、教会の根本的な問題を露呈したと、多数が主張した。

「枢機卿だけじゃない。我々自身もだ」と、バロックは言った。「構造的な問題がある。何が我々司祭をして、そうも無気力にさせ、立ち上がってリスクを冒そうとさせなかったのか？　何かとんでもないことが起きているときに言葉を発し、事を公にしなかったのか？　指導者は子どもたちを守らなかった、そして我々も子どもたちを守らなかった」

ある者にとって、答えは明白だった。全員独身男性の司祭職が、自分の性的嗜好《しこう》に居心地の悪い思いをしている者を引きつけ、作り出し、または助長し、そして一定の割合で、彼らは性的な異常発達を不適当な方法で処理した。多数が疑問を呈し始めた。もし女性が司祭だったら、または教会の権力構造に何らかの役割を担っていたら、もっと迅速に子どもたちを守るため、行動しただろうか？　そのような疑問は何年も水面下で沸騰してきた。ただ今では、一般信徒たちが議論への自由な参加を許されたように感じた。

独身主義がキリスト教の創世期から尊重され、四世紀に初めて義務化されたとしても、広まったのは十二世紀に入ってからに過ぎないと、多数が指摘した。独身主義の擁護者はそれを賜物《たまもの》、カリスマと神聖さの証人と呼ぶ。だが批判者は、独身主義は教会の所有物が司祭から彼の子どもに渡る問題を避けるために規制化されたと指摘してきた。また今日《こんにち》、東方典礼教会は結婚した男性でも司祭に叙階され、ローマ・カトリック教会でさえ、一握りながら妻帯者が司祭をしている。聖公会から転会した司祭たちだ。

「この問題の鍵は、司祭職の改革にある」とトム・オニールが言った。「枢機卿が将来に自分の居場所を求めるなら、教皇のもとへ行って、変革のリーダーシップをとるべきだ。もし必要とされるたぐいのリーダーシップを発揮できないなら、彼は信徒たちを呼び戻すことも、危機管理失敗の汚名を雪《すす》ぐことも出来ないだろう」

独身主義こそ、合衆国の司祭数が激減している主原因だと、無数の学者が論じた。社会学的な要素が排除できないのは、確かだ。第二バチカン公会議のあと、数十年間で、合衆国では何千人もの男性が司祭職を離れており、一番の理由が女性と結婚するためだった。司祭の人数は二三パーセントまで落ち、ジョージタウン大学の〈使徒職におけるリサーチ・センター〉によると、一九六五年の五万八六三二人から、二〇〇一年の四万五一九一人に減った。そしてリサーチ・センターは別の問題の兆候も発見した。同じ年月、司祭不在の教区の数が、五四九件から三一五一に急上昇し、一九九九年まで司教区の司祭の平均年齢は五十九歳に上がった。司教区の全司祭たちの二四パーセントが七十歳以上だった。聖職について大々的に研究したアメリカ・カトリック大学の社会学者ディーン・ホージェは、独身主義による不満が、司祭が最初の五年間で辞職する主な理由なのを発見し、もし独身主義を選択制にすれば、神学校の数は四倍に増えると予測した。

一部の教会指導者たちは、おおっぴらに独身主義の強制に疑問を唱えはじめた。教会は、女性の叙階は、イエスが女性を一人も使徒と呼ばなかった以上、神学上可能性は皆無と主張していたが、結婚したローマ・カトリックの司祭の追放は、教義ではなく、教皇の意見によって変えられる。

「独身主義がすたれても、何の問題もないね」スコットランド司教協議会の議長、キース・オブライエン大司教が言った。「終わらせることに、神学上の問題はない。独身主義がなくなれば、司祭に神から賜りし愛とセックスを実行する自由を享受でき、生涯禁欲を通さねばならないと思わずにすむ」

司祭の独身主義に関する議論について、記者会見で質問されたとき、ロサンゼルスのロジャー・M・マホニー枢機卿は言った。「その分野の質問は、議論の余地がある」そして全米司教協議会副議長、スポケーンのウィリアム・S・スカイスタッド司教いわく、独身主義は「教義上の問題ではなく、規律の問題だ。たくさんの利点があると思うが、結論は出ていない」

とはいえ、バチカンの信徒評議会会長J・フランシス・スタッフォード枢機卿が『ニューヨーク・タイムズ』紙に語ったところでは、合衆国の枢機卿たちがローマに集まったとき、独身主義に関する討議を予測していたが、ローマ教皇は言下に却下した。

「主と教会へ自身を完璧な捧げ物とする独身主義の価値観は、慎重に保護されなければならない」と、訪れたナイジェリアの司教団に語ったという。

教皇ヨハネ・パウロ二世自身、教会の変革において、信徒の支持の重要性を公にしてきた。

「アメリカでの教会の改革は、平信徒の存在なしには不可能だろう」と、一九九九年、使徒的勧告「エクレシア・イン・アメリカ（アメリカにおける教会）」で語った。「それゆえ、教会の未来に大きく責任がある」にもかかわらず、カトリック教会の変化を阻む障害は無限にあった。

進歩派と中道派が一大変化を求めて叫ぶなり、伝統主義派は正統への回帰を求めて立ち上がる。進歩派が改革――女性や妻帯者の叙階、司教の選出などの決定における平信徒の役割強化――を叫べば、保守派は復興を呼びかける。独身主義の今一度の強調、ゲイの神学生の禁止、司祭養成における、より伝統的な教育基準。「極左と極右の人々は、教会には悪いニュース、自分たちには良いニュースで挨拶する。極左は『言わんこっちゃない――改革が十分じゃなかった』と笑い、極右は『改革しすぎた、だから第二回バチカン公会議以前に戻ろう』と言う」と、〈宗教と市民権のためのカトリック連盟〉のウィリアム・ドノヒューは言った。「教会の性道徳に関する教え全般を、長年改革したくてしかたなかった極左の人々は、この機に乗じる。そして右側では、教会はヤワになりすぎて信念を貫く勇気がないと、たくさんの人間が長い間主張してきた」

カトリック教徒の一部は、異議を唱える声の信用を貶《おとし》めようと画策する。リチャード・マクブライアン神父のような進歩派の司祭が、テレビや新聞で発言を引用されると、彼らは文句を言った。ミサにほとんど行かないような人の意見を含めた統計結果にケチをつけたが、教会自体はそのような人々をもカトリック教徒として頭数に入れている。正統派カトリック教徒の一部は、〈信徒の声〉の指導者たちの、産児制限のような問題について横やりを入れ、教会の教えすべてに同意できる指導者のみが、真のカトリック教徒になれると言った。他にも、電子掲示板にコメントを投書して、不満のあるカトリック教徒はプロテスタントになればいいなどと提案した。ウィリアム・J・ベネット、ウィリアム・F・バックリー・ジュニア、パトリック・J・ブキャナンなどのカトリックのコメンテーターたちは、新聞のコラム欄で保守派の懸念を表明した。「道徳的権威を回復するために教会が必要なのは、現代の道徳の衝突に立ち上がることであり、享受することではない」と、ブキャナンは書いた。「そっちは破滅の道だ」保守派で有名な『ウォール・ストリート・ジャーナル』紙は、「教会が潰れて貶められるままにしておくことを真の狙いとする輩《やから》に加担するつもりはない」と、警告した。そしてカリフォルニアの保守系カトリック学校トマス・アクィナス・カレッジの名誉学長ロナルド・P・マッカーサーは、「教会内部から、いわゆる神学者や典礼学者や指導者によって、文字通り他の宗教を産み出そうとする試みがあり、それは神学校や、教会の信仰生活の中で悪影響を及ぼしてきた。今起きている現象は、言わずもがなだが、伝統的信仰からの背反と表裏一体なのは間違いない」

そして、もちろん、無関心の罠があった。聖職者の性的虐待スキャンダルが引き金となり、怒りのeメールや、〈信徒の声〉参加の波が起きても、街の抗議デモと署名運動はボストン周辺で二、三〇〇人の参加者を引きつけるに留まり、大司教区二〇〇万人以上のカトリック教徒に比べると、微々たるものだった。無数の学者や活動家たちが、平信徒がパワーを得る唯一の手段は献金から手を引くことだと提案するが、ある種の財政的なボイコットに合意を得るのは無理があった。なぜなら大勢が、教会の活動の恩恵を受けている貧しい者に、影響が出るのを懸念したためだ。「アメリカ人は、興味が続かないのよ——みんな、あれやこれやに怒って、波が収まるやいなや、次に進む」と、ボストン・カレッジの神学者リサ・ソウル・ケーヒルは言った。「教会の底辺階層が、本当にこの勢いを続けていけるのかしら。たとえ大司教や枢機卿の首がすげ変わっても……それが真の疑問ね」

過去数十年、あらゆる種類の社会情勢や宗教が変わったにもかかわらず、カトリック教会は世界を代表する伝統宗教、一番の位階制度組織であり続け、ヨハネ・パウロ二世は二十四年以上の在位期間中、伝統主義の――ときに復古主義と呼ばれた――見解を共有する何百名もの司教や枢機卿を叙階してきた。驚くにはあたらないが、聖職者による性的虐待危機への対応として徹底的な改革を、という声に、バチカンは耳を貸さなかった。「ローマは教義を変えることに、積極的にはなれない」と、スタッフォード枢機卿は『ニューヨーク・タイムズ』紙に語った。「教義は神からの賜物《たまもの》であり、ローマにそれを変える力はない。教皇や司教の力は限られており、謙虚にそれを認めねばならない」

バチカンはまた、アメリカ人の変革指向が世界的ではないことに、刮目《かつもく》している。合衆国六〇〇〇万人超のカトリック教徒は、活気ある、豊かな教会の一部を成しているが、世界のカトリック教徒の六パーセントに過ぎず、ローマ教皇庁当局員の多くが、変革への望みは、カトリシズムよりもアメリカニズム（アメリカ気質のこと。）の反映だと信じた。聖職者による性的虐待事件は世界中で報告されたが、明らかに合衆国が一番多かった。カトリック教徒の多くはもっと、日々の生活を気にかけた。聖職者による性的虐待に関するバチカンの最初の記者会見で、教皇庁聖職者省長官、コロンビアのダリオ・カストゥリリョン・オヨス枢機卿は、質問の大半が英語でなされた点を指摘し、それを「問題のエックス線写真」と呼んだ。

合衆国でさえ、司教のなかには、透明化の必要を認める一方、元に戻る者がいた。子どもたちを守るモデルケースとして賞賛された司教区ダラスでは、チャールズ・V・グラマン司教が、彼の許可なしに、司祭がニュースメディアと接触するのを禁止した。ボストンでは、ロウ枢機卿が「教会と社会全体両方の内部で、しばしば癒しを密《ひそ》かに妨げ、他者を危険にさらしてきたことを我々は悟った」と公表したが、彼の広報担当、ドナ・M・モリッセイは、記者からの電話に応対するのをパッタリ止《や》め、ニュースの大半を大司教区からのコメントなしで流すに任せた。ロウはまた、被害者への憂慮を繰り返し口にしたが、六歳の少年の両親による怠慢が、ポール・R・シャンリー神父の少年への虐待に影響したとする法律文書を、弁護士に提出させた。

そして、ボストンの多くの人間を激怒させた措置が、ローマで枢機卿たちの集会が終わった夜に起こった。ロウは司教総代理のウォルター・J・エディーベーンに電話して司祭全員に文書をファックスさせ、教区主任司祭評議会の提案を支援することを禁じた。加えて主任司祭に、「この試みへの参加、促進、宣伝をしてはならない」と申しつけた。

「クリスチャン全員が『威厳と行動に関して真の平等を……状況に応じて』所有していると、エディーベーンは教会法を引用して書いた。「この平等は、教会の階層構造の中から生まれた。この構造の中で、司教、司祭、助祭が、教え、清め、統《す》べる機能のうちに、特別な役割を果たす」

悪から善が生まれるの――いつも起きているように

教皇ヨハネ・パウロ二世の膝元にアメリカ人の枢機卿全員を召集させた四月、かつては生気に満ちていた教皇は、八十二歳の誕生日を控えた、弱々しい老人になっていた。一九八一年の暗殺計画を生き延び、一九九四年に人工股関節置換手術を受けたあとは慢性的な関節炎問題に悩まされたが、今は足を引きずり、滑舌が悪くなり、明らかにパーキンソン病を患っていた。

この教皇は、歴史上六番目に長く在位につき、霊的指導者として、また聖性のシンボルとして愛され、頑固な反共産主義と、教派間の仲をとりもつ教会一致運動の前例のない試みで知られた。ただ、教会内部の問題に関する彼の姿勢は記録をあたると、物議をかもすものであった。教会生活の様々な面に関し、議論に閉鎖的だったと見られていたからだ。一九八六年、教皇庁は、リベラルすぎるという理由でシアトルのレイモンド・G・ハンサウゼン大司教を辞任に追いこみ、チャールズ・カラン神父をカトリックの教義から踏み外した講義を行なったとして、アメリカ・カトリック大学の教職から追放した。一九九九年、バチカンはシスター・ジャニーン・グラミックとロバート・ニュージェント司祭が、ホモセクシュアル活動を糾弾することを拒否したため、ゲイやレズビアン相手の活動を止めさせた。二〇〇一年、アメリカのカトリック神学者たちは、カトリック系カレッジや総合大学で教えるために地元の司教の許可を求めるよう教会に否応なく要求させ、進歩派の神学者への弾圧ととれるなか、バチカンはマサチューセッツ州の神学者ロジャー・ハイト神父に、東部ケンブリッジのウエストン・イエズス会神学大学で教鞭《きょうべん》を取るのを禁じ、その間救済に関する彼の著作を検閲した。

「世界にとって、彼は素晴らしい教皇だったが、教会にとっての彼の遺産は、もっと議論を呼ぶものになった。なぜなら数え切れないほどの分裂が、今日カトリック・コミュニティの中に生じているからだ」と、ボストン・カレッジの神学者トーマス・H・グルーメは語った。ローマで教皇と額を寄せあい、聖職者による性的虐待問題を話しあった枢機卿たちが発した公式声明では、ヒエラルキーが、足かせのない議論にちっとも興味を示していないことを改めて強調していた。「教会の主任司祭たちは、教会の正しき道徳の教えを粛々《しゅくしゅく》と促進し、公に異論を広める個人を懲戒する必要がある」と、公式発表した。

教皇ヨハネ・パウロ二世が仕切っている限り、教会の構造組織は変わらないだろう。そして司祭職を独身男性に限る方針は変更になるまい。他のバチカンの指導者同様、教皇も、聖職者による性的虐待を教会内部の構造的な問題の反映ではなく、社会的問題の一部としてとらえていた。「若者への虐待は、教会のみならず、社会全体に影響を与えた重大な危機だ」と、彼は合衆国の枢機卿たちに述べた。「性的道徳性と人間関係に深く根付いた危機であり、第一被害者は家族と若者だ。教会は明解かつ断固として虐待問題にあたり、危機の渦中にある社会が、理解し対処できるよう助けなければならない」

だが、多くの神学者たちはすでに、ヨハネ・パウロ二世以後の教会について思い巡らせはじめた。教皇の逝去についてあからさまに語る人間は少数だったが、教皇が病に伏した――二〇〇二年の聖週間に二回、ミサを終えられなかった――のは広く知られており、誰がサン・ピエトロの次の聖座に座るかの憶測がはじまった。世間一般の通念では、次の教皇は等しく保守的な人物とされた。ヨハネ・パウロ二世は長期にわたる在位中、枢機卿をわんさと任命してきたからだ。だが世間一般の考えは、しばしば間違う。

「メディアのコメンテーターたちは、定期的に『切り札を切る』というフレーズを使い、自身のイメージと好みで枢機卿たちを作り出すことによって、ヨハネ・パウロ二世が、次の教皇選挙の結果に影響を与えたという考えを表現した」と『ナショナル・カトリック・レポーター』紙のバチカン派遣通信員ジョン・L・アレン・ジュニアは書いている。「だが、歴史は、違う見解をほのめかす。生前の教皇に指名された枢機卿であふれたコンクラーベ（カトリック教会においてローマの司教たる教皇を選出する選挙システム。）では、自分を指名した人物の生き写しは選ばない。しばしば、その反対が現実になる。彼らは異なる見解を持った教皇を選ぶ」

枢機卿が第三回バチカン公会議を支援する人物を選ぶと予想する者は少ない。そこでは改革問題が討論されるのは必至だからだ。だが、なかには、新しい聖なる父が、変革の提案をする一般信徒にもっと温情的な耳を持つことを期待した。そして教皇庁を観察することで生計を立てているジャーナリストの一団、バチカニスタは、次の教皇は短命な者だろうとみた――枢機卿たちは、高齢のお仲間の中から選び、次の教皇が短命な確率を増やすだろう。なぜなら長い在位期間は、ローマに権力を集中させる傾向があり、ヨハネ・パウロ二世の異常なほどの長い支配のあと、多くの司教は、いくばくかの権力を教皇庁から自分たちの司教区に委譲してもらえるように望みを抱いていた。

ウェルズリーでは、〈信徒の声〉の会員が、二〇〇二年の春中も増えつづけた。集会は、昔風の集まりに変わり、カリスマ的な司会者メアリー・スキャンロン・カルカテラは、新顔が立ち上がって、なぜグループに加わったのか自己紹介をしたあとで、「主をたたえよ」と叫ぶようなタイプだった。

「私は六十一歳で、十七年間カトリックの教育を受け、常になんらかの教会の活動に関わってきました。アラスカで一年伝道活動をし、司教区事務所で働き、CCDで数年間教え、主任司祭評議会に籍を置き、聖体奉仕者になり、ボストン・カトリック・テレビジョンで十三回シリーズを担当しました」と、新入会員の一人、メアリー・アン・キースが言った。

「教会を愛する者として、私の希望は、この大きな苦しみから、私たちの教会が続いていく新しい方法が現れることです」と、また別の加入者、ドナ・サラキュースが宣言した。「〈信徒の声〉は私に希望をもたらし、第二バチカン公会議によって、一般信徒も聖職者と共に教会に立つ役割を与えられました。一般信徒は才能とエネルギーの豊かな宝庫です。我々は教会内に正しい場所を求め、皆が直面する困難とともに立ち向かいましょう。決して再び、会衆席に座る声のない人々になってはいけない」

惑星の運行は太陽が中心だとヒエラルキーを確信させたのは、ガリレオに率いられた平信徒たちだったと話すのが好きなミューラー博士に煽《あお》られた一部の一般信徒は、自分たちのヴィジョンを極めて明確に持っていた。

「我々は、ヒエラルキーを彼ら自身から救おうとしている。それ自身の偏狭さから、それ自身の秘密主義傾向から、それ自身の中世的宗教体質から、独自のアイディアを持った一般信徒を持ちこむことでね」と、会の指導者の一人、ルイーズ・ケーヒル・ディートリヒが言った。「彼らには私たちが必要だわ。彼らは自分たち自身を取り締まる方法を知らない。彼らは人間の性欲について、何も知らない、民主主義プロセス、女性の平等についても。そして彼らは自分たち自身を守るのに忙しいあまりに、共感と愛を失った。それがイエス様のすべてであるのに」

一部には、ワールドワイドなインターネットのおかげで、会の支援者たちは全米、そして世界中から集まりはじめた。四月のある週末、一二〇〇名がグループに会員登録した。彼らは大会を計画しはじめ、職員を雇う資金を集め、国際的な組織を作り出す方法について考え、被害者たちと会い、枢機卿を通して慈善貢献をするのはごめんだというカトリック教徒のために、資金集めを設定した。「私は自分自身を熱心なクリスチャンで、カトリックだとみなしている。そして聖職者、とりわけ司教たちは、彼らが俗人と呼ぶ我々の声を聞かなければならないと感じている」と、カリフォルニア州サン・ホアキンのリチャード・W・ローバッチャーは言った。

神学者たちは、何か目を瞠《みは》るようなことが起きていると感じていた――聖職者の性的虐待危機は、長い間沈黙していたカトリック教徒を活性化した。

「教会を変えたいと望む人間はいた、左にも右にも。だがインパクトを与えられなかった。しかし、この危機が、教会の大きな中間層を、満足して安穏としていた人々を動かした」と、ボストン・カレッジ神学部学部長スティーブン・J・ポープは言った。

「主流の者たちがたくさんいる。新しい方法で教会に対して行動せよと、背中を押されたように感じている中道派のカトリック教徒が。それは、この危機の大事な要素の一つだ」だが、彼らの誰も、正確にはどこへ向かっているのかわからないようだった。

「最後に何が待っているのかはわからない。でも今は、とても大切な時期よ」と、ボストン公衆衛生委員会の仕事をしている心理学者で、ニュートンの〈キリスト信者の助け手聖マリア〉の教区民ギセラ・モラレス＝バレートは言った。

「性的虐待の被害者たちは、恐ろしい苦痛とトラウマに耐えてきた。そこから善が生まれ、支援しようと人々がひとつになって、教会の変化を求めながらも信仰を持ち続けている。いつも起きているように、悪から善が生まれるの」

二〇一五年版へのあとがき

二〇〇二年の一月と二月、謝罪の大盤振る舞いのあと、ロウ枢機卿《すうききょう》はどうやって嵐から抜け出そうかと思案した。

彼はカトリックの一般信者の指導者たちと会合をもった。ボストンのトップ・ビジネスマン、政治家、医者、弁護士――たとえば、ボストンの大手広告代理店の創業者の一人、ジャック・コナーズや、マサチューセッツ大学の当時の学長にして、マサチューセッツ州議会の議長でもあったウィリアム・バルジャーなどだ。部屋に会したのは、ロウの長年の支援者だった。だが、今彼らは枢機卿に、釈明を求めた。

「さて、猊下《げいか》」コナーズがロウに言った。「リッキーがルーシーによく言うように、『説明していただきましょうか』」

ロウが危機への対応を「甘かった」と説明しだすと、バルジャーが割って入った。「正しくは『大失態』です」と、彼は言った。

ボストンの最も裕福で、最も有力なカトリック教徒の大半が、枢機卿を見捨てはじめた。マサチューセッツ州最大の民間社会福祉団体〈カトリック・チャリティーズ〉は、枢機卿の屋敷で開く例年の資金集めイベントを、初めてキャンセルした。後援者たちが、ロウが呼ばれているなら寄付しないと言ったからだ。

四月はじめ、ひとりの虐待司祭、ポール・シャンリー神父の悪行を暴き出す文書が公開され、またもやマスコミのバッシングがひとしきり続いたあと、ロウの顧問たちが彼に辞任を勧告した。ロウは六人の司教と、信頼を寄せる司祭の一団からなる彼の「ご意見番」に、セカンドオピニオンを求めた。案の定、ロウの太鼓持ちの彼らは、ここが踏んばりどころだと助言した。

枢機卿はそのあと、お忍びでローマに出発し――ボストンのローガン空港で人目につくのを避け、ニューアーク経由で――虐待危機の対応を相談するため、教皇やバチカンの長上《ちょうじょう》たちを訪ねた。四月十五日、ロウがまだバチカンで秘密の討議中、教皇ヨハネ・パウロ二世はアメリカ人枢機卿たちをローマに召集し、二日間の会議で問題を話しあった。

教皇と同胞たちとのミーティングで、ロウはかしこまった。「私がひどい過ちを犯していなければ、我々はここにいなかったでしょう」居合わせた数名の人物によれば、彼はそう言った。「その点を謝罪いたします」

教皇から少なくとも一時的な執行猶予をもらったあと、ボストンに戻ったロウは、なりをひそめていた。毎年恒例だった大学の卒業式典でのゲストスピーチを二〇〇二年はキャンセルし、名誉学位を辞退した。めでたい場に彼が出席すれば、大きなひんしゅくを買うのはわかっていた。

だが、防空壕にこもって数ヶ月後、ロウは虐待者たちに更正の余地がないことと、子どもたちの保護の重要性を今では理解し、反省した男として、公の場に舞い戻ろうとした。六月にダラスで開かれた全米司教協議会の春期大会で、ロウは一人五分ずつ、ボストンの新聞各社やテレビレポーターと面談し、公式の場への復帰に向けてリハビリをした。八十四件のゲーガン訴訟で和解し、比較的手頃な一千万ドルで――当初の予想よりもずっと少ない額でまとまった。そして、どんどん苦しくなるばかりの大司教区の財政対策に、ロウは〈コロンブス騎士会〉から三八〇〇万ドルの融資をとりつけるのに成功した。

枢機卿の再浮上は、十月はじめに加速したようだった。チャールズ川に架かるレオナルド・P・ザキム・バンカー・ヒル橋の落成式に姿を見せたロウは、ブルース・スプリングスティーンが教皇とのなれそめを話す間、辛抱強く座っていた。落成式の四日後、ロウはホーリー・クロス大聖堂で、ボストンの用務員ストライキのために、特別ミサを挙げた。そういったイベントは、一年前なら普通だったろうが、公共政策に対するロウのかつては大きかった影響力は、今ではほとんど丸ごと消え去っていた。そのため彼にとり、労働争議に口を出すのは、新しい意味合いを帯びていた。

十一月、ワシントンで司教たちの集会が開かれる頃には、ロウはほとんど平常運転に戻る準備ができたようだった。彼は廊下を闊歩《かっぽ》し、兄弟たる司教たちと握手をし、三年間の国際政策委員会の功労に対し、拍手まで受けた。最も際だっていたのは、見下げ果てたモラルの見本として何ヶ月もやり玉にあげられたあと、今日の喫緊のモラル問題――合衆国はイラク侵攻を正当化できるのか――に関する二日間の討論会で司教たちをリードし、そのあと二つの記者会見に顔を出し、軍の動きについて議論してみせたことだ。

ロウは司祭と信徒たちに対するアプローチを変えた。大司教区の聖職者多数と会い、カトリックの平信徒《ひらしんと》のグループ〈信徒の声〉の指導者とも会った。教会に、性的虐待危機にもっと真摯に取り組むよう迫るために結成された組織は、ボストンの真夏の集会で、四〇〇〇人を集めた。

最も劇的な変化は、被害者に対するアプローチで、ロウは謝罪ツアーともいうべきものを敢行した。

「謝罪はささやかなことだが、他にどうはじめたらいいのかわからない」秋の夜、マサチューセッツ州の小さな北東の町ドラカットに集まった七五人のグループに、彼は語りかけた。七五人全員、一人の司祭にかつて性的虐待された者たちだ――ジョセフ・E・バーミンガム神父に。「許しを乞うのも、そして与えるのも、とても難しいことだと理解している、なぜなら傷はあまりに深く、記憶はあまりに生々しく、痛みはあまりに辛《つら》いから」

そのあとの十月、ドラカットの被害者の要求に従い、ロウは大聖堂で劇的な、公式の謝罪を表明した。児童虐待の対応を誤ったことに、初めて個人的責任を認めたかのようだった。

「私は、性的虐待を犯した司祭たちを、確かに派遣した」と、ときに声をつまらせながら、彼は言った。「神の寛大な愛が、私の行ったことのせいで苦しんだ方たちに許しを乞う勇気を、私にお与えくださされた。今一度、今となっては明らかに間違っていたとわかる判断に対し、私の責任を公に認めたい」

だが、言葉は虚しく響くばかりだった。その数は少なすぎ、タイミングは遅すぎた。スキャンダルの一年は、かつて未来の教皇として人々の口の端《は》に上った男の評判に、取り返しのつかない傷をつけた。ゲーガン神父にはじまるニュースは、あまりにたくさんの人物が登場するため、全員を追うことができた者はほとんどいない。ボストンの司祭百名以上が、五〇〇名以上の者から性的虐待で告発され、大司教区を訴えた裁判は、一億ドルの値がついた。

世間のプレッシャーのもと、もしくは訴訟のため、ボストン、ロサンゼルス、シカゴを含む全国の複数の司教区で、訴えられた司祭の人事ファイルが公開された。その過程で、シカゴのウィリアム・J・クルティエのような身の毛のよだつ話が飛び出した。彼は十三歳の少年を夏の別荘でレイプし、それから銃を取りだし、もしこのことを誰かに話せば殺すと少年を脅したかどで、告発された。

ボストンでは、人事ファイルの滴《しずく》がしたたり続け、地元のカトリック教徒たちには、もはや飲みこみきれなくなった。二〇〇二年の十二月はじめまで、疑惑の文書で露呈されたことには、一人の司祭が家政婦を脅しつけて殴り、別の司祭はコカインとセックスを交換し、三人目は若い女の子たちに「キリストの再臨だ」と吹きこんで誘惑した。ロウの辞任要求が、大司教区中で叫ばれ出した。だが一番大きな声は、最も予想しなかった方面から上がった。彼の部下の司祭たち五八人が、ロウに、もう潮時だと告げる書面に署名をした。

怒号が増すと、ロウはワシントンに移動して、教皇の大使、ガブリエル・モンタルボ大司教と面会した。バチカンが合衆国に遣わした使者の頂点にいる人物だ。ロウはモンタルボに、辞任を決めたと話した。

ワシントンからローマに飛んだ枢機卿は、十二月十三日、教皇ヨハネ・パウロ二世に謁見《えっけん》し、辞任の意向を伝えた。ボストンの大司教としてつとめた十八年間のキャリアは、バチカンからの味気ない、法律用語で埋められた声明とともに、公式に終わりを告げる。司祭、子どもたち、または教会の危機には、一切触れられなかった。教皇のその日の完璧な執務のひとつとして、使徒座は以下のように発表した。「教会法四百一条第二節に従い、アメリカ合衆国ボストン大司教区付主任司祭、バーナード・フランシス・ロウ枢機卿による、退任の要請を受諾した」

教会当局は、辞任に最大限ポジティブな光を当てようと試みて、少なくとも教会は前進できるとほのめかした。

ボルチモアのウィリアム・H・キーラー枢機卿が、宣言した。「ロウ枢機卿とともに祈ろう、これが教会にとって浄化の行いとなり、癒しと和解のはじまりとなるように。大勢の人々が苦しんだ。信用が裏切られた。だが、今は背を向けるときではない。皆がひとつとなり、証《あか》しと奉仕もてスキャンダルに応えるときだ」

だが、被害者は満足しなかった、他の司教たちも追放され、裁判にかけられるところを見たいと言った。ロウの退任二日後、デモ隊がボストンのホーリー・クロス大聖堂に現れた。「ロウは去った――闘いは続く」ある看板は、そう書いてある。「ドミノを倒そう」と、ほかの看板が主張する。ひとつはウィンストン・チャーチルを引用していた。「これは終わりではない。終わりのはじまりでさえない。だが、たぶん、はじまりの終わりだ」

失意のロウ枢機卿が最後に公の場へ顔を見せたのは、二〇〇二年、彼の住居にほど近い教会の図書館でのことで、あわただしく呼び集められた記者の一団を前に、三分間で終わった。彼の表情のすべてを捉えてカメラのシャッター音が響き渡るなか、ロウはこんな結末を迎えるとは、想像もしなかったと話した。

八ヵ月後、ロウが一部お膳立てをした司祭による虐待絵巻のショッキングな終止符として、十年前に公共プールで少年を愛撫《あいぶ》した罪により、九年から十年の刑に服していたゲーガンが、刑務所で殺害された。六十八歳のゲーガンは、白人至上主義の死刑囚に、絞め殺された。

翌年、失脚したロウは、教皇ヨハネ・パウロ二世が、ローマの中心部にある優雅なバチカンの教会、聖メアリー・メジャー・バシリカの枢機卿座下に任命すると発表したとき、軟着陸の場を与えられた。温情あふれる名誉職に、被害者たちは激怒し、傷口に塩をすりこむ行為であり、教会は基本的に彼らの苦境など知ったことではないのだ、とののしった。

ボストンでは、教会の未来について、広い、多岐にわたる会話が続いていた。女性とゲイの役割、聖職者の独身主義、ヒエラルキーの権威、そして司教が大きく触れようとしない、その他の議論。ボストン大司教区の名門カトリック大学ボストン・カレッジが、教会の抱える問題を探る多角的な挑戦に着手し、イベントの初回は、何千人もがつめかけた。ウェストンのカトリック系女子大レジス・カレッジは、教会での女性の役割について討論する二日間の白熱イベントを開いた。カトリックではないタフツ大学でさえ、〈カトリシズムの危機〉と題したコースを、新たに開設した。

虐待スキャンダルは、すでに教会が問題に悩まされていた中で発覚した。ジョージタウン大学の〈使徒職におけるリサーチ・センター〉によれば、全米六七〇〇万人のカトリック教徒のうち、四人に一人しか毎週ミサに参加しない。二〇一五年、アメリカ人の司祭三万八二七五人の数は、一九六七年のピーク時の六四パーセントだ。そして二〇一五年、新たに司祭の叙階を受けた人数五四五は、前年より若干増えたものの、五十年前のたった六〇パーセントに過ぎなかった。

二〇〇二年、司教たち自身が、結果の予測できない努力に手をつけた。元FBI課報員、地方検事、州議員、連邦検事、そしてローガンとブッシュ政権のトップ高官をつとめたオクラホマ州知事フランク・キーティングを、全国平信徒審査委員会の会長に選んだ。教会の問題点を指摘する一連の報告書を作成して、告発した組織だ。

教会の最も深慮な思索家、神学家たちが、教会について多岐にわたる意見を交換する場を要求した。アメリカ・カトリック神学者協議会の会長が、三人のトップ神学者に、討議資料の準備を頼んだ。彼らの合意は、明白だった。「教会が今日直面するスキャンダルが、教会の改革は絶対に必要であると結論づけさせた」

ロウが「悪夢」と表現した一年を通し、危機は礼拝席から教皇まで達し、究極的に、子どもたちを守る努力の中で、虐待司祭たちへの全体的アプローチを考え直し、怒れる大衆をなだめるように教会に強制した。聖職者と一般信徒は、副産物ととり組もうと奮闘した。危機の緊張が弱まると、教会は二日酔いから目覚めた。ミサに来る人数は目減りし、献金バスケットの中のお布施は減っていた。

危機は、アメリカのポップカルチャーの中に深く浸透し、カトリシズムへの見方と扱い方を変えた。カトリックの司祭のジョークが深夜番組の定番になり、カトリックの社交的な集まりにおいてさえやりとりされた。虐待司祭と虐待される侍者のコスチュームがハロウィーン・パーティの呼び物になった。二〇〇二年の秋、コロンビア大対フォーダム大のアメリカンフットボールの試合で、コロンビアのアナウンサーが、対戦相手のイエズス会教育を、聖職者による性的虐待の幼稚なジョークであざ笑った。十一月、人気ドラマ『ザ・プラクティス』は主人公が、危機が原因でカトリックの信仰を捨てるエピソードを流した。メキシコで大ヒットした映画『アマロ神父の罪』は、ハンサムな司祭が、家政婦とその娘との情事にふける安っぽいメロドラマだ。そしてバチカンからの抗議にもかかわらず、アイルランドの修道院に収容された少女たちを虐待する修道女を描いたスコットランド映画『マグダレンの祈り』が、ヴェネツィア映画祭で金獅子賞を受賞する。

司祭による虐待事件は、カトリック世界全体で報告されているが、スキャンダルはアメリカ合衆国、カナダ、英国、アイルランド、オーストラリアなど、英語圏の国で一層大きく響き渡った。ヨーロッパで最もカトリック色の濃いアイルランドでは、厳選した学識経験者による委員会を招集し、教会の自己改革とスキャンダルを最小化しようと試みたが、大衆の怒りは圧倒的で、特に、国営放送がダブリンで起きた事件と教会の隠蔽工作のドキュメンタリー番組を放映したあとは、処置なしだった。かつて、一九三七年の憲法でカトリック教会を「特別な位置」に据えたアイルランド政府は、教会は自身を取り締まれないと判断して、調査機関を設置した。

二〇〇二年春、ダラスで開かれたアメリカの司教たちの集会で、司祭に対する未成年への性的虐待疑惑はすべからく警察に届け出て調査させ、性的に虐待した過去があると判明した司祭は、免職するとの方針が採決された。だが、バチカンは悪い司祭をつまみだそうとする熱意が、司祭の権利を踏みにじるのを憂慮した。そのため、秋になるとアメリカの司教たちは春に採決した方針をトーンダウンさせ、性的虐待の疑惑を受けた司祭を警察に通報する必要はなしとした。

教皇ヨハネ・パウロ二世は皆に愛された人物だが、司祭による性的虐待に熱心にとり組まなかったと批判され、悪名高い一連の不品行の多くが、一九七八年から二〇〇五年の帰天まで、彼の二十七年間の在位中に起きた。二〇〇一年、彼は初めて、虐待司祭について、全世界のカトリック教会にeメールを送って謝罪した。二〇〇二年、教皇は宗教裁判所で虐待司祭を裁くのを許可した。そして、ヨハネ・パウロとマルシアル・マシエル・デゴヤド神父——性的虐待の常習犯で、強力な宗教団体〈キリストの兵士〉の創設者——との長期の友情が、彼は虐待問題に立ち向かう熱意なし、という見解に油を注いだ。

ヨハネ・パウロは、教理省の執務室で、バチカンでの虐待事件を裁く責任者に、ドイツのヨーゼフ・ラッツィンガー枢機卿を選んだ。大司教時代、ラッツィンガーは彼の司教区の虐待司祭への対応で、ロウ枢機卿のゲーガン神父への対応と似たような処理を行い、スキャンダルに見舞われた。ドイツ人司祭が少年をいたずらしているとして告発され、治療を受けたあと、精神分析医が子どもたちとの仕事には向いていないと警告したにもかかわらず、職務復帰を許した。司祭を仕事に戻した責任を側近がとる一方、教会当局は、ラッツィンガーが司祭の再派遣を知っていたのを認めた。

ヨハネ・パウロが逝去すると、後任に選ばれたのがラッツィンガーだった。ラッツィンガーは、教皇ベネディクト十六世となり、世界中で新たに噴き出す小児性愛者スキャンダルのニュースの切れ目ない集中砲火に直面するたび、虐待問題の扱いについて、守勢に立たされた。ベネディクトは、地に堕ちた〈キリストの兵士〉の聖職者、マシエル神父の聖職を剝奪した手柄で知られるが、彼は虐待問題を主に弁明に頼った。「我々も、神の、そして巻きこまれた人々の許しを強く乞い、そのような虐待は二度と起こらないと確実にできることがあれば、何をおいても実行すると約束する」二〇一〇年、ベネディクトはサン・ピエトロ広場で司祭たちに話した。

二〇一一年、バチカンは司祭による性的虐待の訴えは、法律で定められている地域では警察に通報するようにと、教会当局に指示を与えるガイドラインを発表した。とはいえ全部が従ったわけではなかった。アジア、ラテンアメリカ、アフリカの大司教たちは、虐待問題にはなじみが薄いと主張して抵抗した。

だが、アメリカの高官たちは自らを戒め、厳しく批判された教会ヒエラルキーの問題点に腰をすえて取り組みはじめた。監督すべきだった性倒錯司祭から教区民を守るのを失敗した、自らの有罪性だ。

二〇一二年、フィラデルフィア司教区の秘書官モンシニョール・ウィリアム・J・リンは、虐待司祭の隠蔽をしたために、子どもを危険にさらした容疑で裁判にかけられる初の聖職者となった。リンは有罪判決を受け、三年から六年の懲役刑が下された。同じ年、ミズーリ州カンザスシティ――聖ジョセフ司教区の首長ロバート・W・フィン司教が、幼女のポルノ写真を撮った聖職者に有罪判決が下りた際、報告を怠ったために、司祭の罪を隠して犯罪に関与したとして、有罪判決を受ける最初の司教になった。フィンは二〇一五年に辞任している。

フィンが辞任した二ヶ月後、ミネアポリスとセント・ポールの司教区でも、部下の司祭が起こした虐待事件を扱った不手際により、司教二人が辞任した。マサチューセッツ州ウォルサムに拠点を置くリサーチ・グループ〈BishopAccountability.org〉によれば、一九七八年以来、部下の司祭が起こした虐待事件の対処を誤ったとの申し立てで、疑惑の暗雲渦巻くなか、十七人のアメリカ人の司教が辞職した。

二〇一三年、ベネディクトが退位した後を引き継いだ教皇フランシスは、前任者よりも積極的だった。就任一年目にしてフランシスは児童への性的虐待を犯罪と定め、バチカン法を改正し、この問題にあたる委員会を指名した。

二〇一四年、フランシスはアイルランド、ドイツ、英国の、六名の性的虐待被害者と面会した。スキャンダルに関する彼の今までで一番し烈なコメントは、虐待司祭を「冒瀆《ぼうとく》的なカルト」になぞらえたものだ。六人の被害者への説教で、フランシスはこう述べた。「神と、神の民の御前で、あなた方に対して行われた聖職者の性的虐待の罪と、忌まわしい犯罪への悲しみを、私は表明する。そして、謙虚に許しを求める。また、被害者自身による報告に加え、家族がした虐待の報告にも、適切に応えなかった教会指導者たちの怠慢の罪に対し、あなた方の許しを乞う」

フランシスが六人の被害者と会うひと月前、元駐ドミニカ共和国大使ヨゼフ・ベゾロフスキ大司教が、二〇〇八年から二〇一三年の駐在中、少年たちを虐待したと訴えがあったため、バチカンは彼の聖職を剝奪した。バチカンの検察は、のちに彼をローマで自宅監禁した。二〇一五年、裁判を控えたベゾロフスキが、自然死の状態で発見される。最高で八年の懲役刑を受けた可能性があり、バチカンの法廷に立つ最初の高位聖職者となるはずだった。

フランシスの地道な努力にかかわらず、バチカンは二〇一四年、いまだに性的虐待の対処が遅れていると、国連から攻撃された。同年二月、国連の委員会は、児童を守る国際的な義務を怠っているとして、教会をきつく非難、その政策は、いまだに性倒錯者の司祭が年若い被害者を食い物にするのを許し続けていると指摘した。子どもの権利に関する国連委員会の見解に対し、バチカンは、子どもの権利条約を批准《ひじゅん》した一方、強制責任があるのはバチカン市国内だけで、世界中の教派にはおよばないと、大きく否定した。五月、別の国連委員会、国連拷問禁止委員会が、バチカンを改めて非難した――告発された司祭を警察に届けず、また被害者に補償を確約しなかったとして。委員会は、拷問を禁止する国際協定をローマが遵守しているかモニタリングし、司祭による性的虐待被害自体が拷問に等しいと判断した。二〇一一年に教会が採択したガイドラインで、民間の警察当局に協力するようヒエラルキーに指示した努力を讃《たた》えたが、バチカンが「通報の義務化の原則を抵抗」し続けているのに、憂慮を示した。

二〇一四年、バチカンは二〇〇四年から二〇一三年にかけた性的虐待事件で、世界中の八四八名の司祭を免職し、二五七二人の聖職者を、虐待違反で懲戒処分にしたと発表。

だが、二〇一五年六月、おそらく国連の非難に動揺したフランシスは、監督下にある司祭による児童虐待を隠蔽したか、犯罪の機会を与えたとして告発された司教を、バチカン裁判所が裁けるように承認した。被害者の権利擁護《ようご》者が、長らく要求してきたステップだ。ローマが性的虐待で告発された司祭たちを何百人も免職し、何千人も罰した一方、司教にはほとんど、もしくは全く処置がとられなかった、そしてこれは、いわゆる「教会のプリンス」を懲戒処分に処すために最初に創られたメカニズムだ。

今日、危機の規模を正確に測るのは難しい。アメリカにおける教会の公式な出向部門、全米カトリック司教協議会によれば、一九五〇年から二〇一三年にかけて、合衆国のみで一万七二五九名の被害者が、六四二七名の司祭から虐待されたと申し立てた。だがそれは不完全な数字だ。議会が「あり得なくもない」か「信用に足る」とみなした申し立てしか含んでおらず、ボストンと、全世界でスキャンダルが発覚した翌年の二〇〇三年は皆無だった。〈BishopAccountability.org〉によれば、ボストンでは、同じ期間、二四九名の司祭が、一四七六名から告発されている。

虐待被害者との金銭的な和解は、教会の財政を圧迫している。合衆国全体で、一九五〇年から二〇一五年の間に、教会は虐待の申し立てに対し、三十億ドル以上の和解金を支払った。ボストンでは、大司教区は二〇〇二年から、一番最近判明している事例、二〇一四年六月三〇日にかけて、一二三〇名の被害者に一億五四〇〇万ドルの和解金を支払った。二〇〇四から二〇一五年の間に、全米で十二の司教区が、破産保護を申請した。

コスト的には、金銭的にも精神的にも、ここ何世代分かの間で教会がこうむった最大の危機だが、一縷《いちる》の望みは、団結し、声を見つけた被害者たちの強さと勢いが増していることだ。

一九八八年、ピーター・ポラードはロウ枢機卿に手紙を書いて、十代の時、司祭から性的に虐待されたと訴えた。彼はロウに、司祭を病院に入れて、二度と子どもと二人きりにさせないことと、被害者のための支援プログラムをはじめて欲しいと要望した。だが、ロウの事務官から、五日間の審査のあと、司祭は子どもたちの脅威ではないと教会は結論したと伝えられた。事務官は、性的行為は単なる愛情表現だとほのめかした。

現在は一児の父になり、虐待された子どものためのソーシャルワーカーをしているピーター・ポラードは、被害者、彼が〝サバイバー〟と呼んでいる者たちの力強さに勇気づけられた。キリスト教の「証《あか》し」の概念を支持するが、教会の教えるもう一つの教義には、あまり魅了されなかった。

「許して忘れろと言う方々に、どうかわかって欲しい」と、ポラードは『グローブ』紙への投書の中で書いている。「私たちサバイバーは、それぞれのやり方で、人生を前に進めようと頑張ってきた。常に、その二つの選択肢に重きを置きながら。ある者は、自殺、薬物乱用、もしくは暴力で、苦しみを早く終わらせた。

様々な尺度で、私たちサバイバーは立ち直りはじめてる。夢を取り戻し、学位を取り、家族をなし、職場へ行き、精神活動に慰めを求めさえしている。だが、神の名の下《もと》に受けた裏切りによる影響から、逃れることはできない。それは否応なく、今の自分たちの肌合いのなかに編みこまれてる。

裏切りは、法廷では裁けないかもしれない。しかしその衝撃は計り知れず、忘れることもまた、ないのだ」

ベン・ブラッドリー・ジュニア&マイケル・ポールソン

二〇一五年九月八日

謝辞

寛大にも時間を割いてインタビューに応じてくれ、私たちの電話を受け、膨大な量のニュースの最新の動向を指し示してくれたすべての人々に、お礼を述べたい。それらの人々の一部は被害者とその両親たちだ。そのほか司祭、検事、警官、弁護士、医師、教授——多すぎてとても名前を挙げられない。あなた方は私たちに時間と経験と専門知識を与えてくれ、私たちは感謝に堪《た》えない。

『ボストン・グローブ』紙の編集局員、記者、リサーチャーで、この特集記事に貢献しなかった者はまずいないが、少なくとも何名かの名前を挙げないのは怠慢にすぎる。エレン・バリー、キャスリーン・バージ、ディエゴ・リバデネイラ、ターシャ・ロバートソン、チャールズ・M・セノット、ファラー・ストックマン、それにジャック・トーマス。彼らの野心的な努力が、私たちの仕事を楽にしてくれた。

また同紙の数多くの才能ある写真家、グラフィック・アーティスト、デザイナーは、読者がこの複雑なニュースをよりよく理解できるように尽力してくれた。〈Boston.com〉のテレサ・M・

ハナフィンと彼女の有能なスタッフは、我々の仕事のインパクトを、何百万人もの世界中のネットサーファーたちが閲覧可能にすることで、劇的に増やしてくれた。リサ・チュートとグローブ・ライブラリーの彼女のスタッフ、そしてリサーチャーのキャスリーン・ヘンリクスは、私たちが情報の山を仕分ける手助けをしてくれた。

『グローブ』紙の弁護士、ビンガム・ダーナ事務所のジョナサン・M・アルバーノとアンソニー・E・フラーは、超人的な努力と理にかなった法律的主張によって、上位裁判所の三人の判事および州控訴裁判所の裁判官に、ボストン大司教区の要請で他の判事が封印した文書を、公衆には閲覧する権利があることを確信させてくれた。我々は、この仕事をしている依《よ》りどころ、『ボストン・グローブ』の読者たちに、とてつもなく感謝している。このニュースに、たちどころにして濃密な反響を寄せてくれた。何千件もの電話、手紙、eメールで、数えきれないほど称《たた》えてくれ、時折ののしられた。彼らの苦しみ、彼らの悲しみ、彼らのストーリーを分かちあってくれた。ヒントとアイディアと情報源を提供してくれるとともに、そして私たちに公正かつ果敢でいる義務を思い出させた。

我々よりも先にこの問題に切りこみ、俎上《そじょう》に乗せたジャーナリストたち。誰よりもまず、ジェイソン・ベリーがいる。一九八五年、『ナショナル・カトリック・リポーター』等新聞各紙に、司祭による児童の性的虐待の記事を掲載することで初めて全国的な〝スポットライト〟を当て、その後一九九二年、これをテーマにした本格的な書籍『Lead Us Not into Temptation: Catholic

Priests and the Sexual Abuse of Children』を著した。同紙の元宗教欄担当記者ジェームズ・L・フランクリンは、聖職者による未成年の性的虐待に関するニュース記事を、何年にもわたっていくつものし、リンダ・マッチャンとドン・オーコインの『グローブ』紙記者は、一九九二年にはじまるジェームズ・R・ポーター事件の記事に、重要な貢献をしてくれた。二〇〇一年、『ボストン・フェニックス』紙のクリステン・ロンバルディは、ジョン・J・ゲーガン事件に関する多くの記事を書いて疑問を投げかけたが、ボストン大司教区は回答を拒否した。

リトル、ブラウン・アンド・カンパニーの私たちの編集担当、ジョフ・サンドラーとライアン・ハーベイジが、作業の要点を絞って集約する手助けをしてくれた。校正部長のペギー・フラウデンタルと彼女のチームは、プレッシャーの中でも常に冷静に、語彙と事実のチェックに目を光らせてくれた。

『グローブ』紙編集局長マーティン・バロンは、就任一週間目で、ゲーガン裁判の文書が封印されている理由を知りたがり、この調査のきっかけを作った。彼は詳細な報告、厳正な記事作成、高い編集基準を一貫して求めた。

本書は『グローブ』紙の私たちのボス、この特集記事の編集主幹ベン・ブラッドリー・ジュニアの舵取り《かじと》なしには生まれなかった。彼は「グローブ」の報道に目を通し、特集記事を本にまとめる案を出し、執筆と編集の段階中、容赦なく檄《げき》を飛ばしてきた。

最後に、聖職者による性的虐待の被害者たちに、謝意を表する。彼らの威厳と勇気と、彼らの体験を語る許可を与えてくれたことに対して。

マット・キャロル
ケヴィン・カレン
トーマス・ファラファー
スティーブン・カークジアン
マイケル・ポールソン
サーシャ・ファイファー
マイケル・レゼンデス
ウォルター・V・ロビンソン

訳者あとがき

本書を翻訳していた真っ最中（というか締め切り当日）、第八十八回アカデミー賞が発表になり、『スポットライト　世紀のスクープ』が脚本賞と作品賞をW受賞しました。アメリカで公開された十一月下旬あたりから、さまざまな映画賞を総ナメにする勢いで、アカデミー賞の本命視されていたのですが、年末にデカプー（今はレオ様？）ことレオナルド・ディカプリオが熊に襲われるサバイバル映画『レヴェナント：蘇りし者』が怒濤の勢いで攻勢をかけてきて、熊とレオ様にはかなわんだろうと思っていたので、正直意外でした。この結果はなんというか、受賞作が映画作品としてとても優れているのは、ご覧になればわかるようにもちろんなんですが、映画製作の「意義」を評価されたうえでのような気がいたします。

「意義」とはなんぞや。

映画『スポットライト』は、二〇〇二年一月、ローマ・カトリック教会の司祭による子どもの性的虐待事件をスクープした地元の老舗新聞紙『ボストン・グローブ』記者チームの奮闘を描いた作品です。〝スポットライト〟とは、同紙の特集記事欄の名前。ひとつのネタを何ヶ月もかけて、少数精鋭（四人）チームが独自取材を慣行して作りあげた記事のことです。そのような取材スタイルを調査報道（Investigative journalism）と称し、英語でよく〝shoe-leather reporting〟

という言い回しをするのですが、記者たちは机やコンピュータにへばりついていないで、自分の足で積極的に情報を集めていきます。二〇〇一年頃はアメリカのマスコミ界でも今ほどデジタル化が進んでいなかったようで、映画のモデルになった記者たちが座談会で、「表計算ソフトなんて初めてみた」と言っていたのが印象的です（性的虐待の疑いのある司祭たちのリストアップに、スポットライトチームが利用していた）。はじめは、何人もの子どもたちを性的虐待していたゲーガン神父というひとりの教区司祭に関する記事を書く予定だったのが、取材を進めるうち、問題はひとりの、あるいは複数の〝プレデター司祭〟に留まらず、その事実を知りながら、長年にわたって巧妙に隠蔽してきたカトリック教会という巨大な権力組織にあることをつきとめる〈スポットライト〉チーム。アイルランド移民が多く、カトリック教徒が大半を占めるボストンという巨大な港町で、様々な障害に遭い、また自身の信仰や生活との葛藤を抱えながら、スクープにこぎつける記者たちへの賛辞も、オスカー作品賞にはこめられていたに違いありません（授賞の壇上に、記者本人が紛れていたのがいい証拠）。みんな、ペンはケン（権）よりも強しと思いたいのです。

本書は、そんな〈スポットライト〉チームの記者たちが、靴の底をすり減らしながら集めた〈司祭による児童への性的虐待事件〉の全容を一冊にまとめたもので、二〇〇三年にピューリッツァー賞の公益部門を受賞しています。映画に出て来た司祭や枢機卿、弁護士や被害者たちが出てくるのはもちろん、セリフのなかや、電話口だけで登場した人物や事件が、微に入り細に入り語られ、さらにスクープ後のボストン、全米、そしてローマ教皇庁を含めた世界の動きを二〇一五年の秋口まで、あますところなく伝えます。

決して楽しいお話ではありません。覚悟して読んでください。ハンカチ片手に、ではなく、熱さまシートをおでこに読まれることをオススメします。(アメリカにも売ってて助かったー)

最後に、編集を担当された竹書房の富田利一様、度重なる校正作業に根気づよく最後までおつきあいくださいました校正の大木しのぶ様、ありがとうございました。

有澤真庭

二〇一六年三月聖パトリックの日

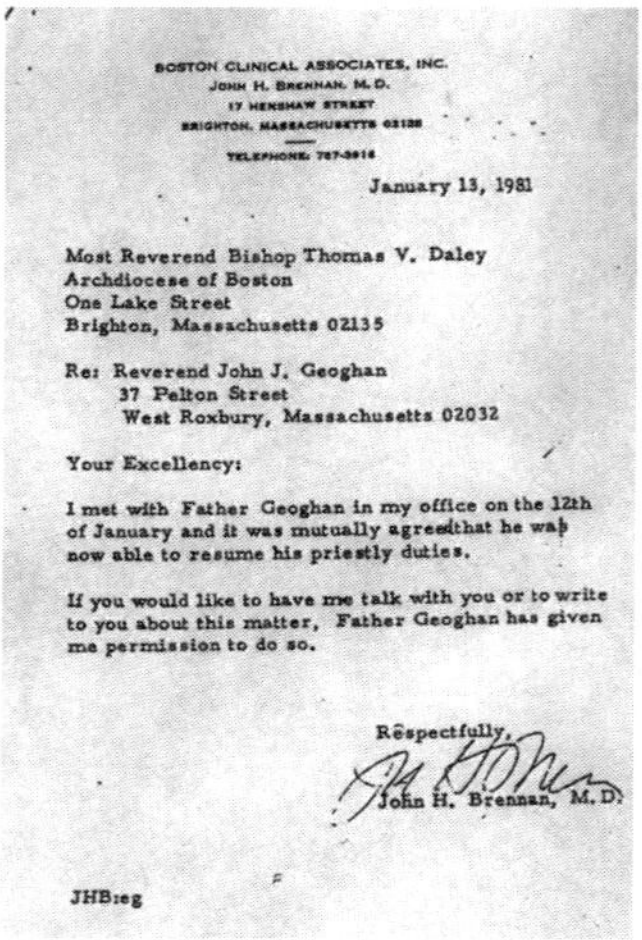
BOSTON CLINICAL ASSOCIATES, INC.
JOHN H. BRENNAN, M. D.
17 HENSHAW STREET
BRIGHTON, MASSACHUSETTS 02135
TELEPHONE: 787-3916

January 13, 1981

Most Reverend Bishop Thomas V. Daley
Archdiocese of Boston
One Lake Street
Brighton, Massachusetts 02135

Re: Reverend John J. Geoghan
37 Pelton Street
West Roxbury, Massachusetts 02032

Your Excellency:

I met with Father Geoghan in my office on the 12th of January and it was mutually agreed that he was now able to resume his priestly duties.

If you would like to have me talk with you or to write to you about this matter, Father Geoghan has given me permission to do so.

Respectfully,

John H. Brennan, M.D.

JHB:eg

[2]

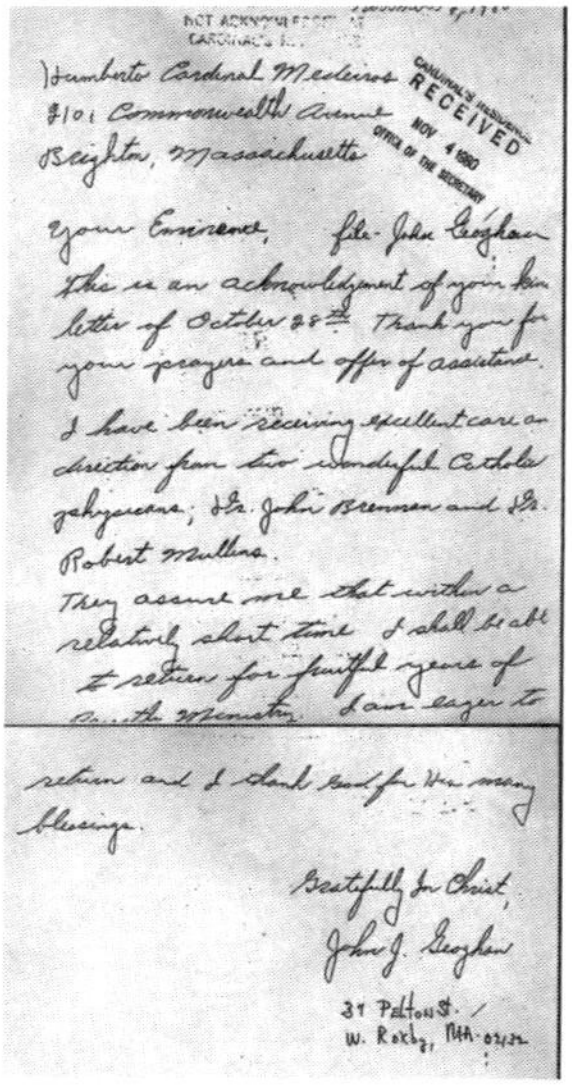
NOT ACKNOWLEDGED AT CARDINAL'S RESIDENCE

CARDINAL'S RESIDENCE RECEIVED NOV 4 1980 OFFICE OF THE SECRETARY

Humberto Cardinal Medeiros
2101 Commonwealth Avenue
Brighton, Massachusetts

Your Eminence, file-John Geoghan

This is an acknowledgement of your kind letter of October 28th. Thank you for your prayers and offer of assistance.

I have been receiving excellent care and direction from two wonderful Catholic physicians; Dr. John Brennan and Dr. Robert Mullins.

They assure me that within a relatively short time I shall be able to return for fruitful years of ministry. I am eager to return and I thank God for His many blessings.

Gratefully In Christ,
John J. Geoghan

37 Pelton St.
W. Roxbury, MA 02132

[1]

[3]

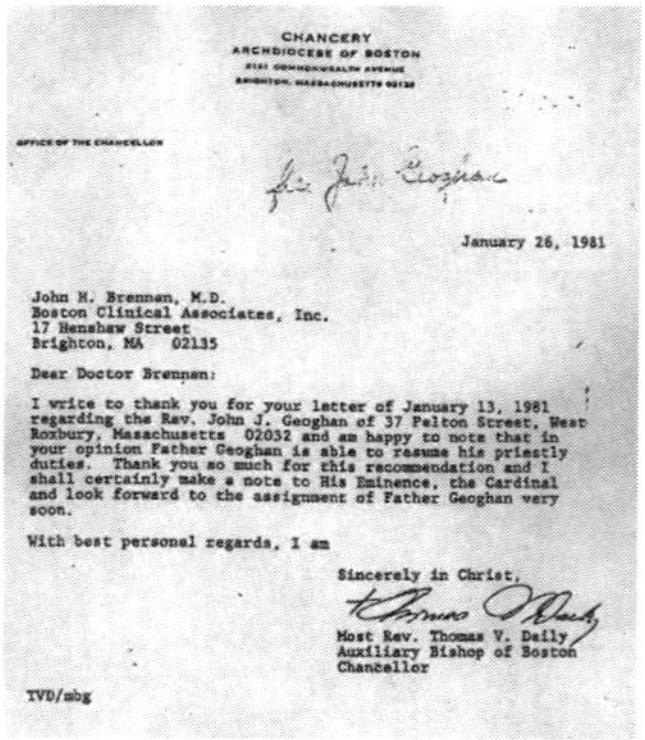
CHANCERY
ARCHDIOCESE OF BOSTON
2121 COMMONWEALTH AVENUE
BRIGHTON, MASSACHUSETTS 02135

OFFICE OF THE CHANCELLOR

file: John Geoghan

January 26, 1981

John H. Brennan, M.D.
Boston Clinical Associates, Inc.
17 Henshaw Street
Brighton, MA 02135

Dear Doctor Brennan:

I write to thank you for your letter of January 13, 1981 regarding the Rev. John J. Geoghan of 37 Pelton Street, West Roxbury, Massachusetts 02032 and am happy to note that in your opinion Father Geoghan is able to resume his priestly duties. Thank you so much for this recommendation and I shall certainly make a note to His Eminence, the Cardinal and look forward to the assignment of Father Geoghan very soon.

With best personal regards, I am

Sincerely in Christ,

Thomas V. Daily
Most Rev. Thomas V. Daily
Auxiliary Bishop of Boston
Chancellor

TVD/mbg

[1] 1980年11月2日。ジョン・J・ゲーガン神父から、病気休暇の延長を通知した故ハンバート・S・メディロス枢機卿に送られた返事。二人の医師の手厚い看護を受けているが、早期の職場復帰を望むとある。
[2] 1981年1月13日。精神分析医ジョン･H･ブレナンがトーマス･V･デイリー司教に、ゲーガンが「現在は司祭職に復帰可能」だと伝えている。
[3] 1981年1月26日。ゲーガンは職場復帰可能とのブレナン医師の見立てに対し、謝意を示すデイリー司教の礼状。

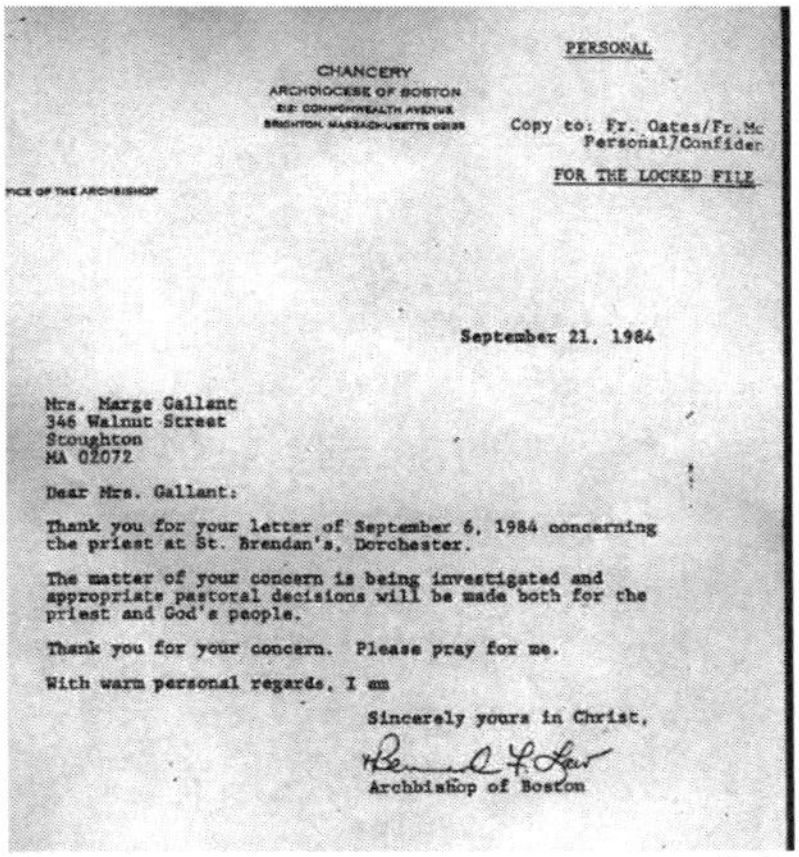

PERSONAL

CHANCERY
ARCHDIOCESE OF BOSTON
COMMONWEALTH AVENUE
BRIGHTON, MASSACHUSETTS

Copy to: Fr. Oates/Fr.Mc
Personal/Confider

FOR THE LOCKED FILE

FICE OF THE ARCHBISHOP

September 21, 1984

Mrs. Marge Gallant
346 Walnut Street
Stoughton
MA 02072

Dear Mrs. Gallant:

Thank you for your letter of September 6, 1984 concerning the priest at St. Brendan's, Dorchester.

The matter of your concern is being investigated and appropriate pastoral decisions will be made both for the priest and God's people.

Thank you for your concern. Please pray for me.

With warm personal regards, I am

Sincerely yours in Christ,

Bernard F. Law
Archbishop of Boston

[5]

August 20, 1982

Mrs. Margaret Gallant
346 Walnut Street
Stoughton
Massachusetts 02072

Dear Mrs. Gallant:

Thank you for your letter of August 10, 1982 and your candid expression of opinion concerning the priest of the Archdiocese of Boston who has caused hardship to your family and most especially to several of the boys.

While I am and must be very sensitive to a very delicate situation and one that has caused great scandal, I must at the same time invoke the mercy of God and share in that mercy in the knowledge that God forgives sins and that sinners indeed can be forgiven. To be sure, we cannot accept sin, but we know well that we must love the sinner and pray for him. I take great comfort in noting these thoughts in your letter to me and at your compassion for Father. Please be assured that I am speaking to the priest in order to find the most Christian way to deal with the problem with him and at the same time remove any source of scandal for the sake of the faithful.

With every good wish, I am

Devotedly yours in Our Lord,

+ Humberto Cardinal Medeiros
Archbishop of Boston

[4]

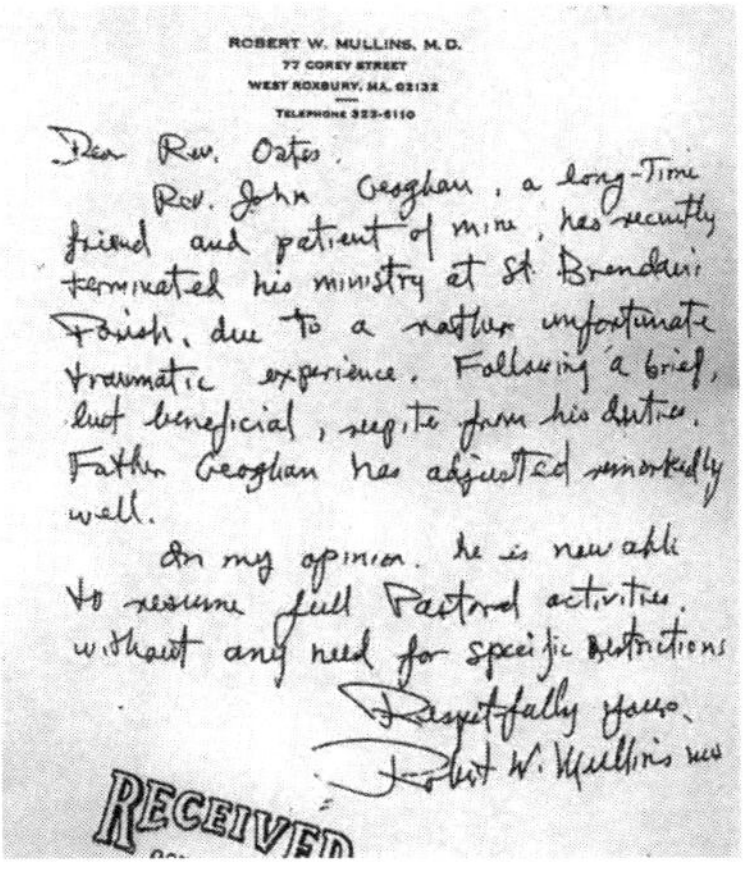

ROBERT W. MULLINS, M.D.
77 COREY STREET
WEST ROXBURY, MA. 02132
TELEPHONE 323-6110

Dear Rev. Oates:

Rev. John Geoghan, a long-time friend and patient of mine, has recently terminated his ministry at St. Brendan's Parish, due to a rather unfortunate traumatic experience. Following a brief, but beneficial, respite from his duties, Father Geoghan has adjusted remarkably well.

In my opinion, he is now able to resume full Pastoral activities, without any need for specific restrictions.

Respectfully yours,
Robert W. Mullins MD

RECEIVED

[6]

［4］1982年8月20日。メディロス枢機卿からのマーガレット・ギャラントへの返信で、「罪人は許される」とほのめかしている。彼はゲーガンと話をすると書いている。

［5］1984年9月21日。当時ボストンの大司教だったバーナード・F・ロウが、マーガレット・ギャラントに、彼女の親戚の少年7人をゲーガンが性的にいたずらしたとの申し立てを調査すると告げている。

［6］1984年10月20日。ゲーガンの主治医ロバート・W・ムーリンズ医師が、ゲーガンは別の教区での「不幸なトラウマ的な経験」にもかかわらず、今は職務に戻る準備が出来たと書いている。

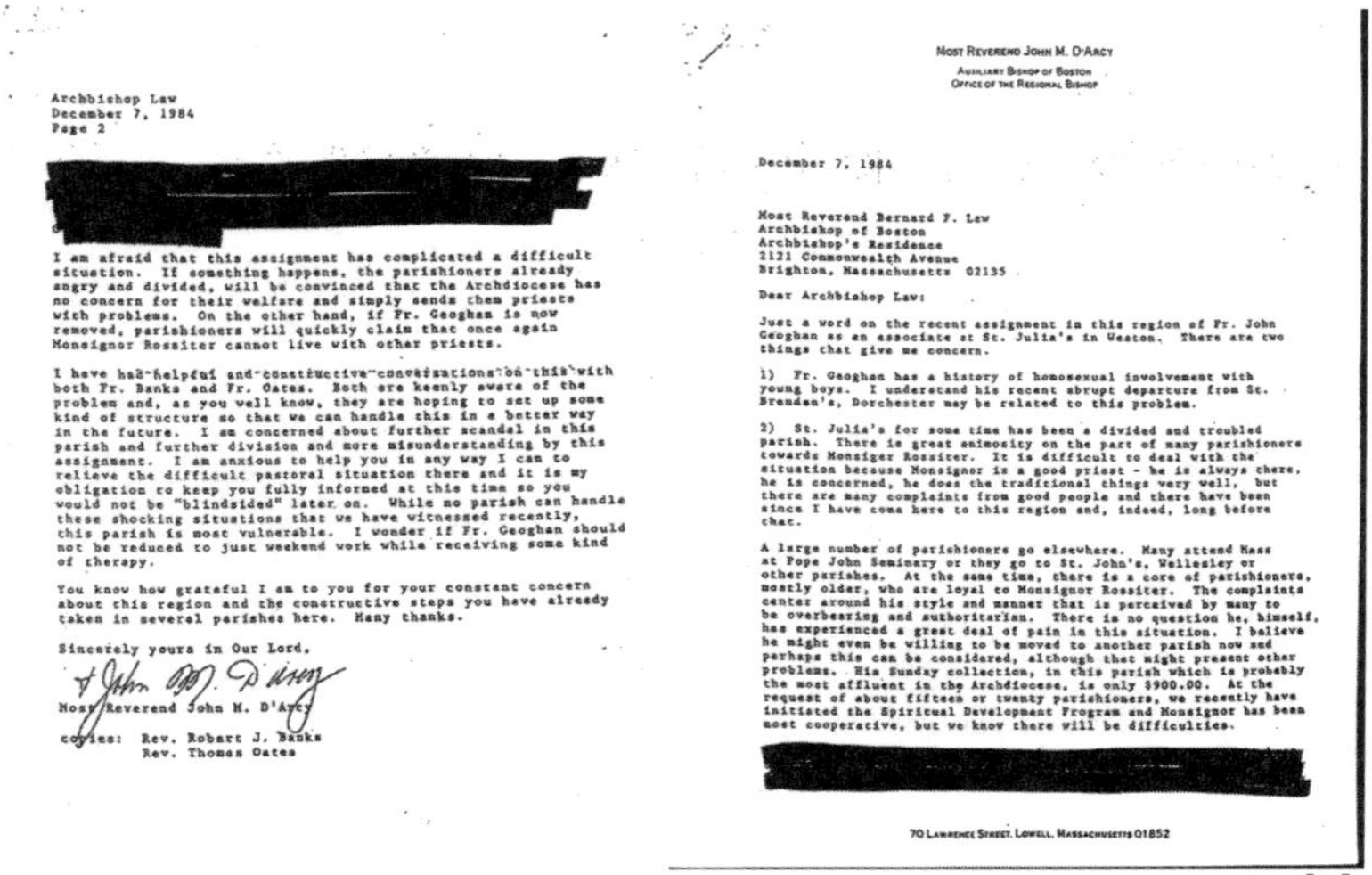

Most Reverend John M. D'Arcy
Auxiliary Bishop of Boston
Office of the Regional Bishop

December 7, 1984

Most Reverend Bernard F. Law
Archbishop of Boston
Archbishop's Residence
2121 Commonwealth Avenue
Brighton, Massachusetts 02135

Dear Archbishop Law:

Just a word on the recent assignment in this region of Fr. John Geoghan as an associate at St. Julia's in Weston. There are two things that give me concern.

1) Fr. Geoghan has a history of homosexual involvement with young boys. I understand his recent abrupt departure from St. Brendan's, Dorchester may be related to this problem.

2) St. Julia's for some time has been a divided and troubled parish. There is great animosity on the part of many parishioners towards Monsiger Rossiter. It is difficult to deal with the situation because Monsignor is a good priest - he is always there, he is concerned, he does the traditional things very well, but there are many complaints from good people and there have been since I have come here to this region and, indeed, long before that.

A large number of parishioners go elsewhere. Many attend Mass at Pope John Seminary or they go to St. John's, Wellesley or other parishes. At the same time, there is a core of parishioners, mostly older, who are loyal to Monsignor Rossiter. The complaints center around his style and manner that is perceived by many to be overbearing and authoritarian. There is no question he, himself, has experienced a great deal of pain in this situation. I believe he might even be willing to be moved to another parish now and perhaps this can be considered, although that might present other problems. His Sunday collection, in this parish which is probably the most affluent in the Archdiocese, is only $900.00. At the request of about fifteen or twenty parishioners, we recently have initiated the Spiritual Development Program and Monsignor has been most cooperative, but we know there will be difficulties.

[redacted]

70 Lawrence Street, Lowell, Massachusetts 01852

Archbishop Law
December 7, 1984
Page 2

[redacted]

I am afraid that this assignment has complicated a difficult situation. If something happens, the parishioners already angry and divided, will be convinced that the Archdiocese has no concern for their welfare and simply sends them priests with problems. On the other hand, if Fr. Geoghan is now removed, parishioners will quickly claim that once again Monsignor Rossiter cannot live with other priests.

I have had helpful and constructive conversations on this with both Fr. Banks and Fr. Oates. Both are keenly aware of the problem and, as you well know, they are hoping to set up some kind of structure so that we can handle this in a better way in the future. I am concerned about further scandal in this parish and further division and more misunderstanding by this assignment. I am anxious to help you in any way I can to relieve the difficult pastoral situation there and it is my obligation to keep you fully informed at this time so you would not be "blindsided" later on. While no parish can handle these shocking situations that we have witnessed recently, this parish is most vulnerable. I wonder if Fr. Geoghan should not be reduced to just weekend work while receiving some kind of therapy.

You know how grateful I am to you for your constant concern about this region and the constructive steps you have already taken in several parishes here. Many thanks.

Sincerely yours in Our Lord,

Most Reverend John M. D'Arcy

copies: Rev. Robert J. Banks
Rev. Thomas Oates

[7]

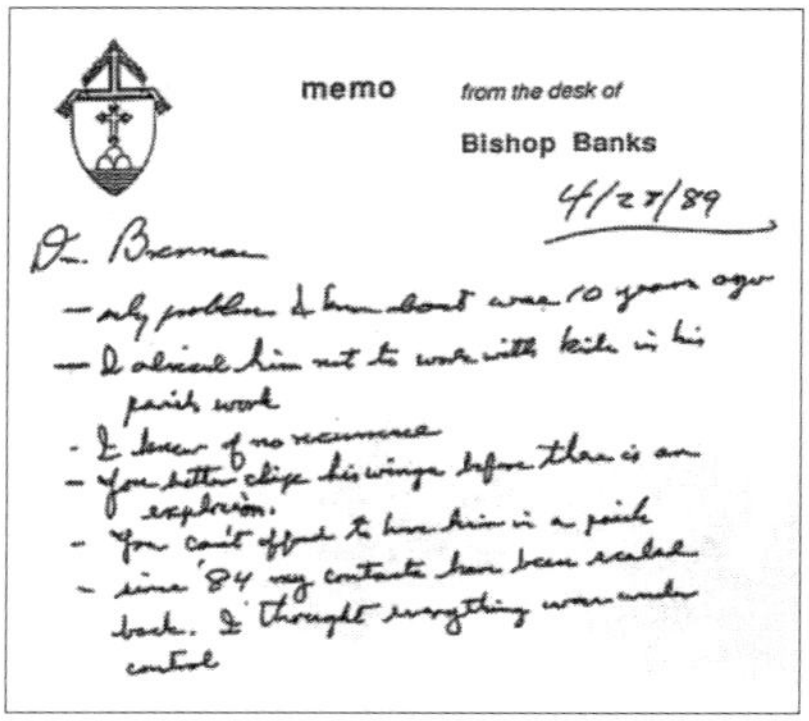

memo from the desk of
Bishop Banks

[8]

［7］1984年12月7日。ゲーガンがマサチューセッツ州ウェストンの聖ジュリア教会に異動になった際、ジョン・M・ダーシー司教がバーナード・F・ロウ大司教に宛てた抗議文。ゲーガンは「少年とのホモセクシュアリティ行為の過去」があると、ダーシーが書いている。

［8］1989年4月28日。ロバート・J・バンクス司教のメモ。ブレナン医師との会話中にとったらしく、医師はゲーガンについて「ことが発覚する前に、彼の翼をもぐべきだ」と述べた。

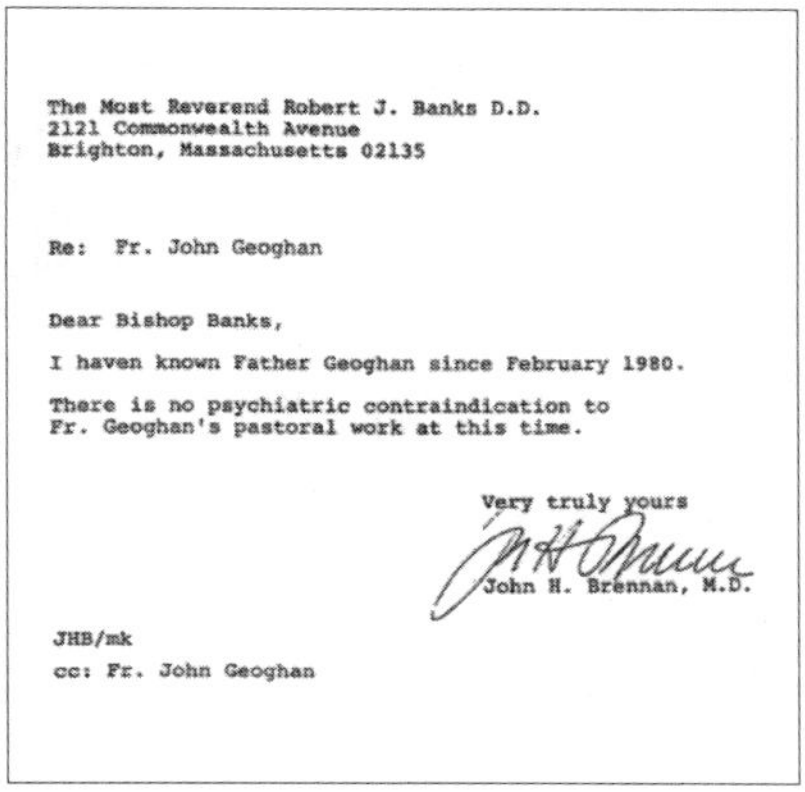

The Most Reverend Robert J. Banks D.D.
2121 Commonwealth Avenue
Brighton, Massachusetts 02135

Re: Fr. John Geoghan

Dear Bishop Banks,

I haven known Father Geoghan since February 1980.

There is no psychiatric contraindication to Fr. Geoghan's pastoral work at this time.

Very truly yours

John H. Brennan, M.D.

JHB/mk

cc: Fr. John Geoghan

[10]

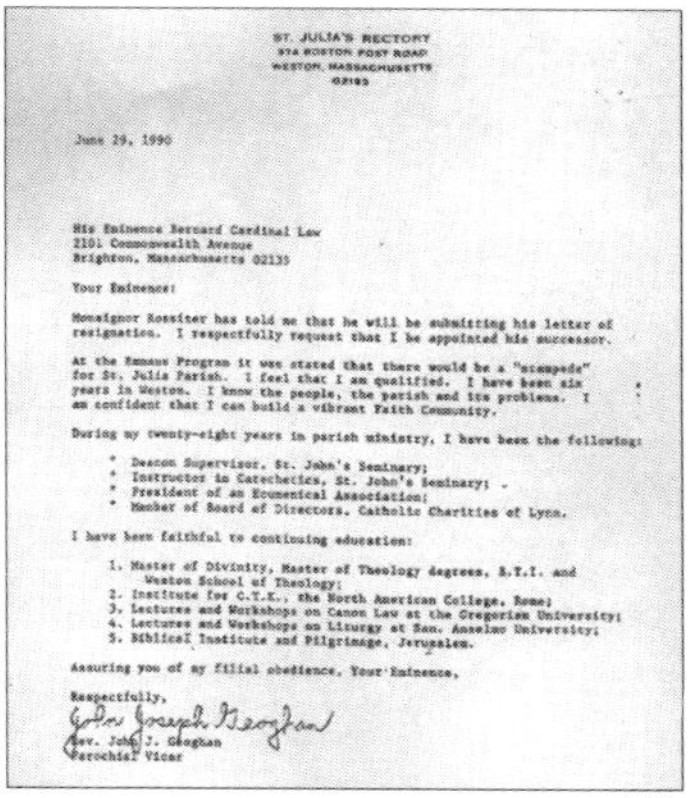

ST. JULIA'S RECTORY
974 BOSTON POST ROAD
WESTON, MASSACHUSETTS
02193

June 29, 1990

His Eminence Bernard Cardinal Law
2101 Commonwealth Avenue
Brighton, Massachusetts 02135

Your Eminence:

Monsignor Rossiter has told me that he will be submitting his letter of resignation. I respectfully request that I be appointed his successor.

At the Emmaus Program it was stated that there would be a "stampede" for St. Julia Parish. I feel that I am qualified. I have been six years in Weston. I know the people, the parish and its problems. I am confident that I can build a vibrant Faith Community.

During my twenty-eight years in parish ministry, I have been the following:

* Deacon Supervisor, St. John's Seminary;
* Instructor in Catechetics, St. John's Seminary;
* President of an Ecumenical Association;
* Member of Board of Directors, Catholic Charities of Lynn.

I have been faithful to continuing education:

1. Master of Divinity, Master of Theology degrees, S.T.I. and Weston School of Theology;
2. Institute for C.T.K., the North American College, Rome;
3. Lectures and Workshops on Canon Law at the Gregorian University;
4. Lectures and Workshops on Liturgy at San. Anselmo University;
5. Biblical Institute and Pilgrimage, Jerusalem.

Assuring you of my filial obedience, Your Eminence,

Respectfully,

John Joseph Geoghan

Rev. John J. Geoghan
Parochial Vicar

[9]

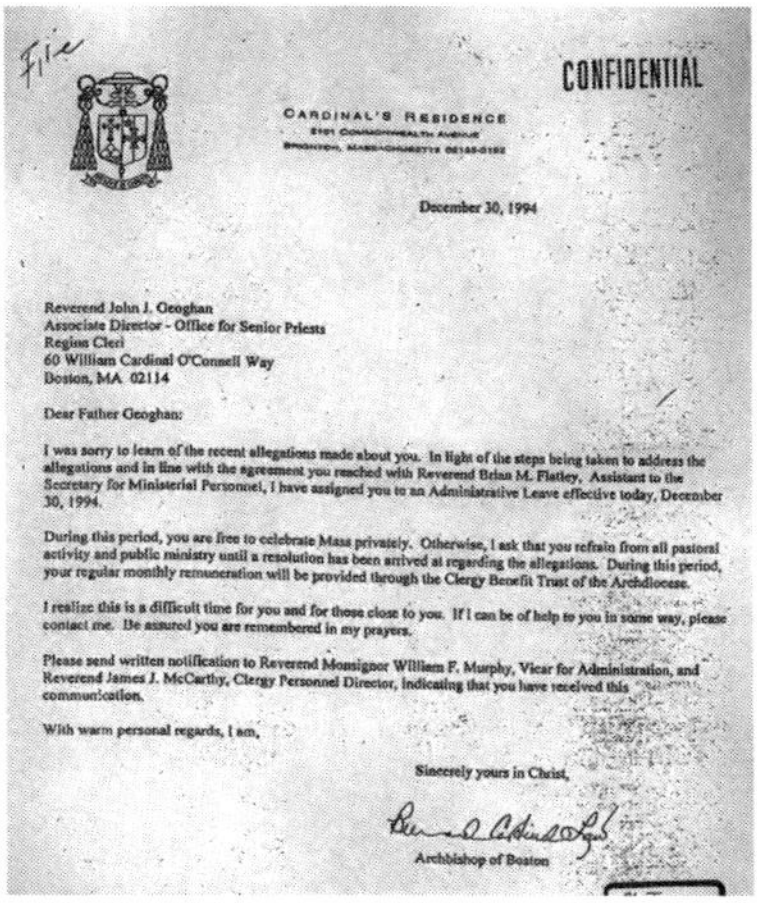

File

CONFIDENTIAL

CARDINAL'S RESIDENCE

December 30, 1994

Reverend John J. Geoghan
Associate Director - Office for Senior Priests
Regina Cleri
60 William Cardinal O'Connell Way
Boston, MA 02114

Dear Father Geoghan:

I was sorry to learn of the recent allegations made about you. In light of the steps being taken to address the allegations and in line with the agreement you reached with Reverend Brian M. Flatley, Assistant to the Secretary for Ministerial Personnel, I have assigned you to an Administrative Leave effective today, December 30, 1994.

During this period, you are free to celebrate Mass privately. Otherwise, I ask that you refrain from all pastoral activity and public ministry until a resolution has been arrived at regarding the allegations. During this period, your regular monthly remuneration will be provided through the Clergy Benefit Trust of the Archdiocese.

I realize this is a difficult time for you and for those close to you. If I can be of help to you in some way, please contact me. Be assured you are remembered in my prayers.

Please send written notification to Reverend Monsignor William F. Murphy, Vicar for Administration, and Reverend James J. McCarthy, Clergy Personnel Director, indicating that you have received this communication.

With warm personal regards, I am,

Sincerely yours in Christ,

Archbishop of Boston

[11]

[9] 1990年6月29日。ゲーガンが、聖ジュリアの主任司祭への任命をロウ枢機卿に嘆願する手紙で、教区での長いつとめに触れている。
[10] 1990年12月7日。ブレナン医師が、司祭の職場復帰に関して「精神医学上の禁忌」はないと、ことづけている。
[11] 1994年12月30日。ロウ枢機卿が「貴下への最近の申し立てを知り残念に思う」と書き、ゲーガンに出した休職処分の辞令。

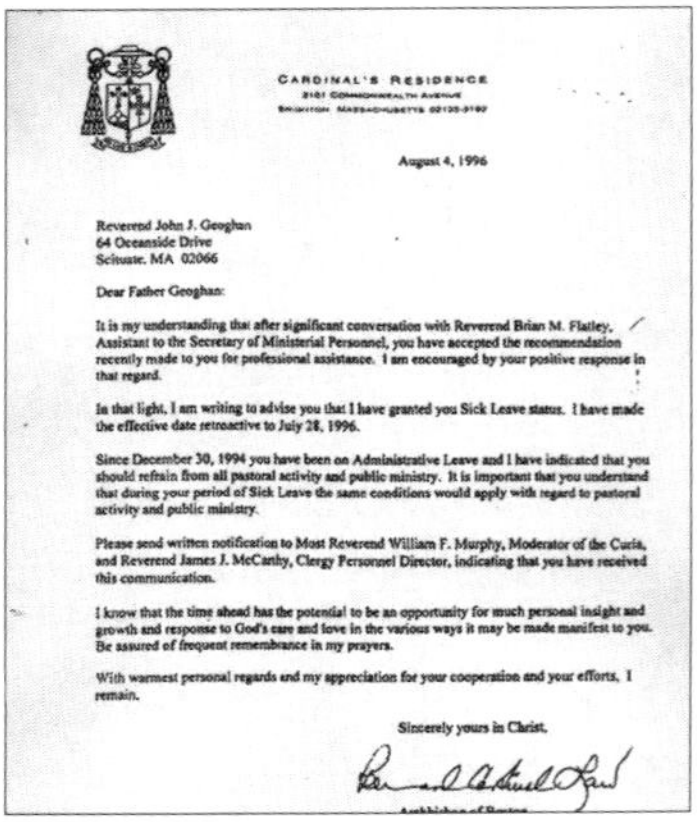

CARDINAL'S RESIDENCE
2101 COMMONWEALTH AVENUE
BRIGHTON, MASSACHUSETTS 02135-3197

August 4, 1996

Reverend John J. Geoghan
64 Oceanside Drive
Scituate, MA 02066

Dear Father Geoghan:

It is my understanding that after significant conversation with Reverend Brian M. Flatley, Assistant to the Secretary of Ministerial Personnel, you have accepted the recommendation recently made to you for professional assistance. I am encouraged by your positive response in that regard.

In that light, I am writing to advise you that I have granted you Sick Leave status. I have made the effective date retroactive to July 28, 1996.

Since December 30, 1994 you have been on Administrative Leave and I have indicated that you should refrain from all pastoral activity and public ministry. It is important that you understand that during your period of Sick Leave the same conditions would apply with regard to pastoral activity and public ministry.

Please send written notification to Most Reverend William F. Murphy, Moderator of the Curia, and Reverend James J. McCarthy, Clergy Personnel Director, indicating that you have received this communication.

I know that the time ahead has the potential to be an opportunity for much personal insight and growth and response to God's care and love in the various ways it may be made manifest to you. Be assured of frequent remembrance in my prayers.

With warmest personal regards and my appreciation for your cooperation and your efforts, I remain.

Sincerely yours in Christ,

[13]

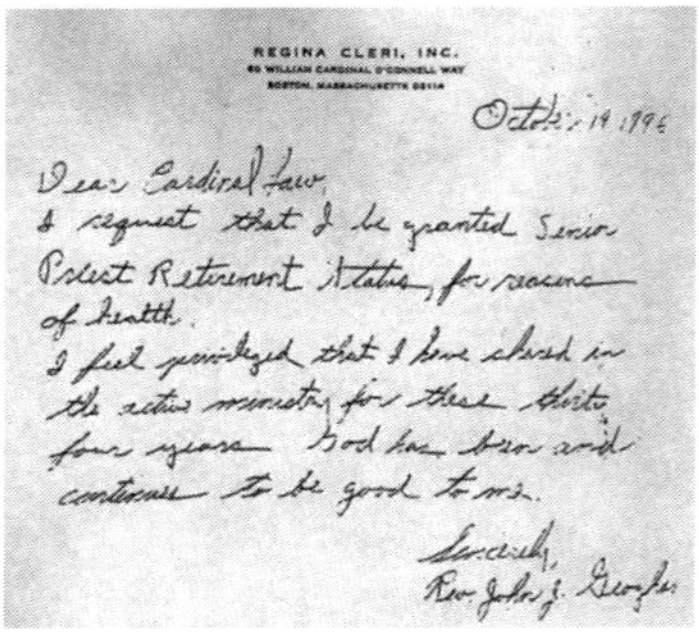

REGINA CLERI, INC.
60 WILLIAM CARDINAL O'CONNELL WAY
BOSTON, MASSACHUSETTS 02114

October 19, 1996

Dear Cardinal Law,
I request that I be granted Senior Priest Retirement Status, for reasons of health.
I feel privileged that I have shared in the active ministry for these thirty four years. God has been and continues to be good to me.

Sincerely,
Rev. John J. Geoghan

[14]

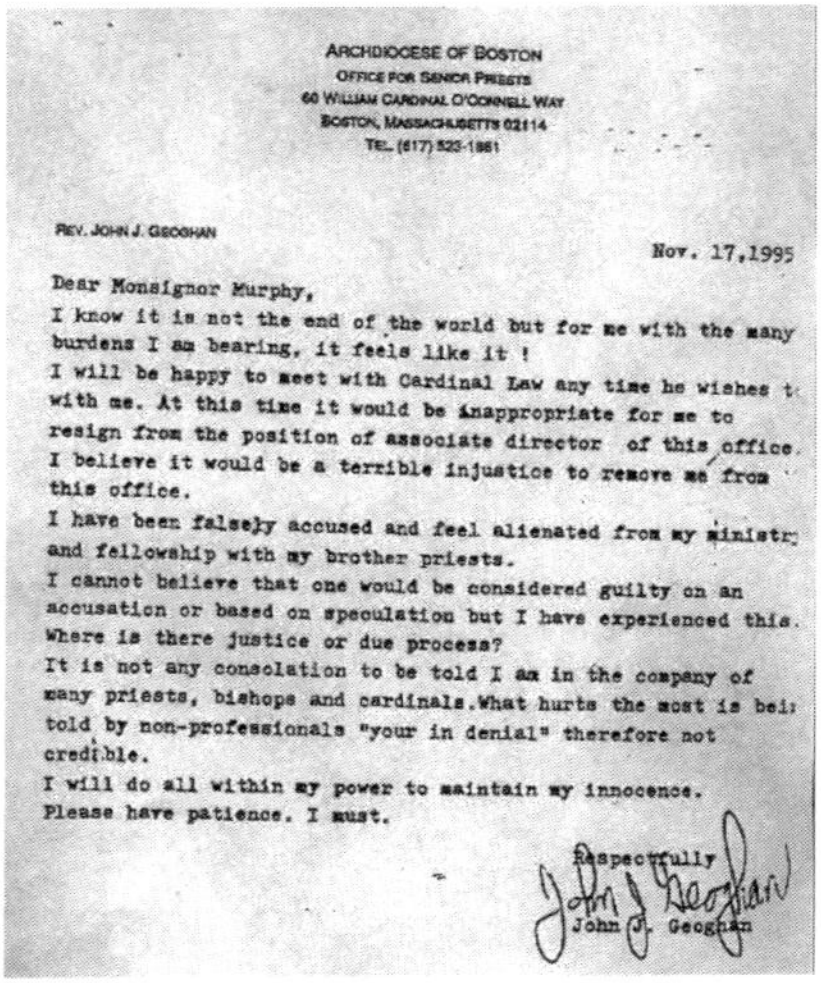

ARCHDIOCESE OF BOSTON
OFFICE FOR SENIOR PRIESTS
60 WILLIAM CARDINAL O'CONNELL WAY
BOSTON, MASSACHUSETTS 02114
TEL. (617) 523-1861

REV. JOHN J. GEOGHAN

Nov. 17,1995

Dear Monsignor Murphy,
I know it is not the end of the world but for me with the many burdens I am bearing, it feels like it !
I will be happy to meet with Cardinal Law any time he wishes t with me. At this time it would be inappropriate for me to resign from the position of associate director of this office.
I believe it would be a terrible injustice to remove me from this office.
I have been falsely accused and feel alienated from my ministr and fellowship with my brother priests.
I cannot believe that one would be considered guilty on an accusation or based on speculation but I have experienced this.
Where is there justice or due process?
It is not any consolation to be told I am in the company of many priests, bishops and cardinals.What hurts the most is bei told by non-professionals "your in denial" therefore not credible.
I will do all within my power to maintain my innocence.
Please have patience. I must.

Respectfully
John J. Geoghan

[12]

[12] 1995年11月17日。モンシニョール・ウィリアム・F・マーフィーに宛てた手紙の中で、ゲーガンは虐待疑惑を怒って否定し、休職後に派遣された〈高齢司祭のための診療所〉副所長の辞任要求を拒否している。
[13] 1996年8月4日。ロウ枢機卿はゲーガンに病気療養をとらせ、「先行きには可能性がある……洞察と成長の可能性が」と、したためた。
[14] 1996年10月19日。ゲーガンの退職願い。

COMMONWEALTH OF MASSACHUSETTS

MIDDLESEX, SS.

SUPERIOR COURT DEPARTMENT
DOCKET NO.

COMMONWEALTH

V.

JOHN J. GEOGHAN

STATEMENT OF THE CASE

Now comes the Commonwealth and offers the following statement of the facts of this case. This statement does not constitute a bill of particulars nor does it recite all facts known to the Commonwealth.

During the late 1980's and early 1990's, John J. Geoghan was a priest at St. Julia's Parish in Weston, Massachusetts. Father Geoghan often would spend time at the Boy's & Girls Club at 20 Exchange Street in Waltham, Massachusetts. He spent most of his time in the pool and shower area.

12/9/99 filed in court

Father Geoghan befriended many young boys who lived in the Prospect Hill area in Waltham, which is an area of low income housing. Father Geoghan encouraged these boys to attend the Boys & Girls Club and to become involved in activities there, telling the parents of these children that this was the best way to keep the children off the streets and not involved with "bad kids." Often Father Geoghan would attempt to recruit these young children to serve as altar boys with him at St. Julia's Church.

4

When [redacted] was 11 years old, he was living in the Prospect Hill area in Waltham. He spent time at the Boys & Girls Club, having been encouraged to do so by his mother. One day, when [redacted] was at the pool with his mother and younger sister for a family swim, an incident occurred with Father Geoghan. [redacted] was in the deeper end of the pool, practicing his diving. Father Geoghan approached [redacted] and was assisting him in his efforts. At one point, Father Geoghan reached his hand inside [redacted] swim trunks and grabbed [redacted] buttocks. [redacted] cried out, squirmed out of Father Geoghan's reach, swam down to his mother and climbed out of the pool. He insisted that the family leave the Boys & Girls Club immediately. [redacted] pulled his pants on over his wet swim trunks and left the building. On the way home, [redacted] told his mother what had happened and told her he never wanted to return to the Boys & Girls Club.

Respectfully Submitted
For the Commonwealth,

MARTHA COAKLEY
DISTRICT ATTORNEY

By:
Lynn C. Rooney
Deputy First Assistant
40 Thorndike Street
Cambridge, MA 02141
617-494-4060
BBO No. 555399

Dated: November 22, 1999

[17]

CARDINAL'S RESIDENCE
2101 COMMONWEALTH AVENUE
BRIGHTON, MASSACHUSETTS 02135-2198

December 12, 1996

Reverend John J. Geoghan
Southdown
1335 Saint John's Sideroad East
R.R. #2
Aurora, Ontario L4G 3G8
CANADA

Dear Father Geoghan.

I am writing in response to your request, made October 19, 1996, for Senior Priest / Retirement status. I am granting your request. I am also assigning you to full time residence at Regina Cleri in Boston. The effective dates of these actions is January 3, 1997.

As you know, it is unusual for a man of your age to be granted this status. However, your particular situation makes it advisable. In regards to your situation, I feel it prudent to remind you that your ministry within the Archdiocese is restricted to the celebration of private Mass. This allows for you to be the principal celebrant at the community Mass at Regina Cleri. Any other ministry must be specifically requested through the Office of Delegate of the Archbishop.

Please send written notification to Most Reverend William Murphy, Moderator of the Curia, and Reverend James J. McCarthy, Director of Clergy Personnel, indicating you have received this letter.

Yours has been an effective life of ministry, sadly impaired by illness. On behalf of those you have served well, and in my own name, I would like to thank you. I understand yours is a painful situation. The Passion we share can indeed seem unbearable and unrelenting. We are our best selves when we respond in honesty and trust. God bless you, Jack.

Please stay in close touch with Reverend William F. Murphy, Delegate of the Archbishop. I have asked him to be in contact with you on an informal but regular basis.

Asking God's blessings on you and those you love, I am,

Sincerely yours in Christ,

Archbishop of Boston

[15]

ARCHDIOCESE OF BOSTON
2121 COMMONWEALTH AVENUE
BRIGHTON, MASSACHUSETTS 02135-3193
(617) 254-0100 FAX (617) 783-2947

VICAR GENERAL
MODERATOR OF THE CURIA

May 8, 1998

PERSONAL & CONFIDENTIAL

M E M O R A N D U M

TO: Reverend James McCarthy

FROM: Monsignor Richard Lennon RGL

RE: John J. Geoghan

For your records John J. Geoghan was dismissed from the Priesthood on February 17, 1998. He was informed of this action on April 27, 1998 (CDWDS 372/98).

RGL:dh

[16]

[15]1996年12月12日。ロウ枢機卿がゲーガンに、高齢引退司祭の資格を与えている。17ヶ月後、ゲーガンの聖職が剥奪された。
[16] 1998年5月8日。1998年2月17日に、ゲーガンが正式に聖職を剥奪されたことを知らせる通知。
[17] 1999年12月9日。ミドルセックス上位裁判所に提出された、州対ジョン・J・ゲーガンの訴訟に関する陳述。

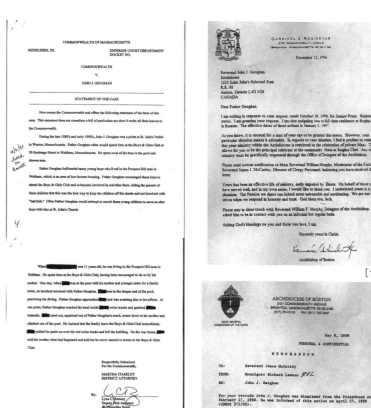

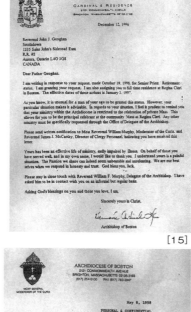

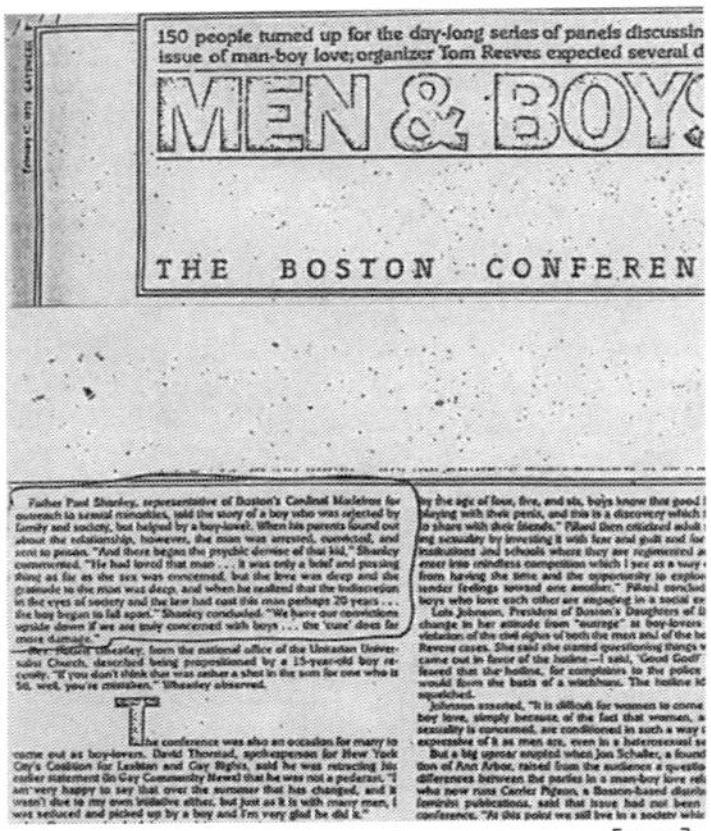

150 people turned up for the day-long series of panels discussin
issue of man-boy love; organizer Tom Reeves expected several d

MEN & BOYS

THE BOSTON CONFEREN

[19]

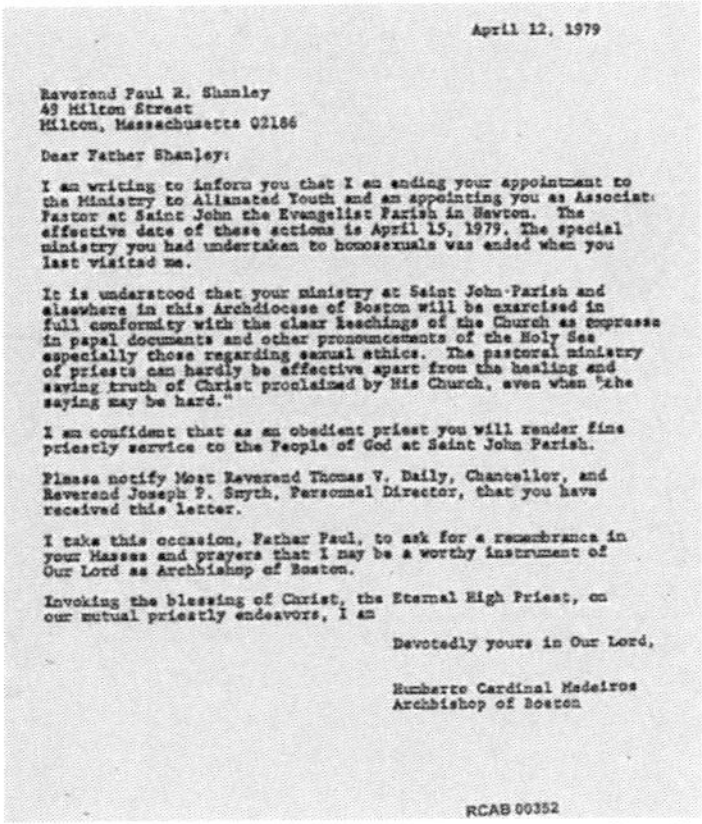

April 12, 1979

Reverend Paul R. Shanley
49 Milton Street
Milton, Massachusetts 02186

Dear Father Shanley:

I am writing to inform you that I am ending your appointment to the Ministry to Alienated Youth and am appointing you as Associat Pastor at Saint John the Evangelist Parish in Newton. The effective date of these actions is April 15, 1979. The special ministry you had undertaken to homosexuals was ended when you last visited me.

It is understood that your ministry at Saint John Parish and elsewhere in this Archdiocese of Boston will be exercised in full conformity with the clear teachings of the Church as expresse in papal documents and other pronouncements of the Holy See especially those regarding sexual ethics. The pastoral ministry of priests can hardly be effective apart from the healing and saving truth of Christ proclaimed by His Church, even when "the saying may be hard."

I am confident that as an obedient priest you will render fine priestly service to the People of God at Saint John Parish.

Please notify Most Reverend Thomas V. Daily, Chancellor, and Reverend Joseph P. Smyth, Personnel Director, that you have received this letter.

I take this occasion, Father Paul, to ask for a remembrance in your Masses and prayers that I may be a worthy instrument of Our Lord as Archbishop of Boston.

Invoking the blessing of Christ, the Eternal High Priest, on our mutual priestly endeavors, I am

Devotedly yours in Our Lord,

Humberto Cardinal Medeiros
Archbishop of Boston

RCAB 00352

[20]

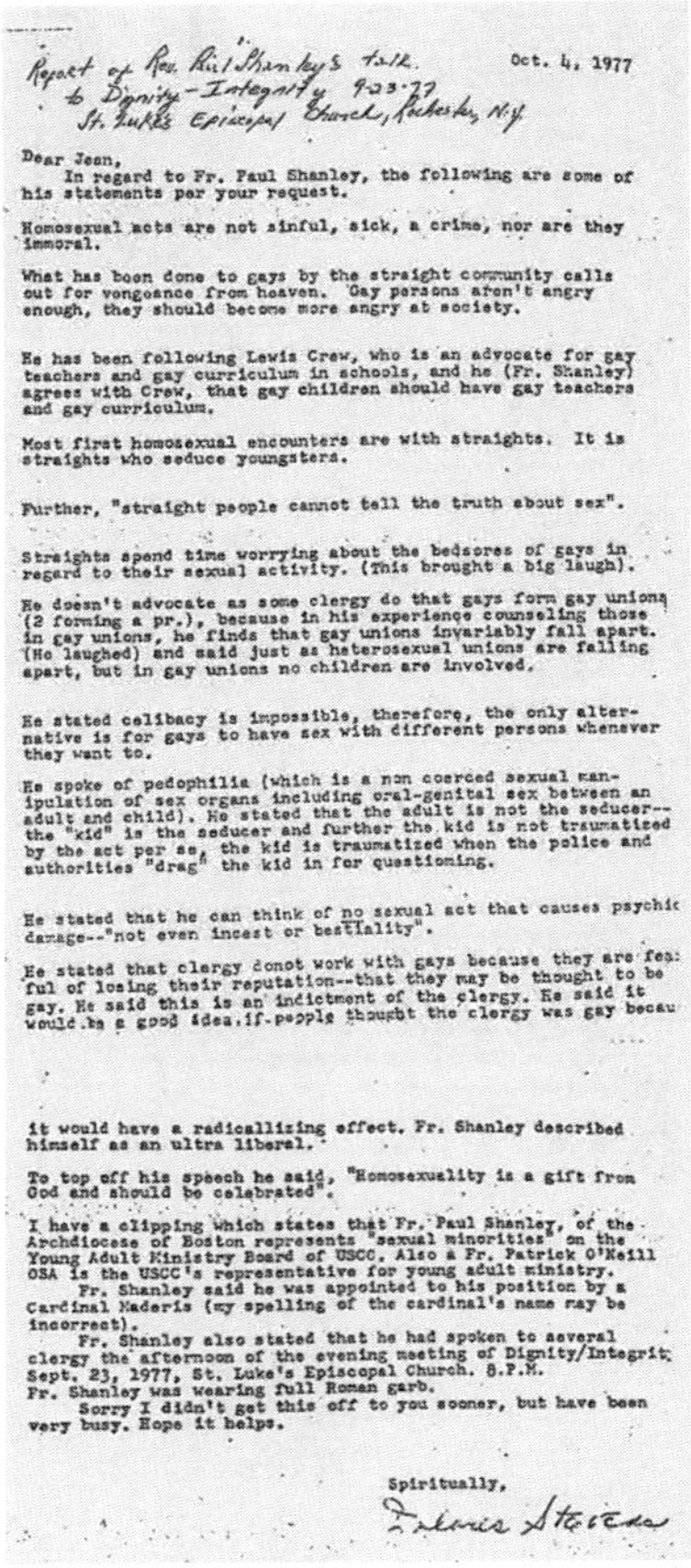

Report of Rev. Paul Shanley's talk
to Dignity-Integrity 9-23-77
St. Luke's Episcopal Church, Rochester, N.Y.

Oct. 4, 1977

Dear Jean,

In regard to Fr. Paul Shanley, the following are some of his statements per your request.

Homosexual acts are not sinful, sick, a crime, nor are they immoral.

What has been done to gays by the straight community calls out for vengeance from heaven. Gay persons aren't angry enough, they should become more angry at society.

He has been following Lewis Crew, who is an advocate for gay teachers and gay curriculum in schools, and he (Fr. Shanley) agrees with Crew, that gay children should have gay teachers and gay curriculum.

Most first homosexual encounters are with straights. It is straights who seduce youngsters.

Further, "straight people cannot tell the truth about sex".

Straights spend time worrying about the bedsores of gays in regard to their sexual activity. (This brought a big laugh).

He doesn't advocate as some clergy do that gays form gay unions (2 forming a pr.), because in his experience counseling those in gay unions, he finds that gay unions invariably fall apart. (He laughed) and said just as heterosexual unions are falling apart, but in gay unions no children are involved.

He stated celibacy is impossible, therefore, the only alternative is for gays to have sex with different persons whenever they want to.

He spoke of pedophilia (which is a non coerced sexual manipulation of sex organs including oral-genital sex between an adult and child). He stated that the adult is not the seducer--the "kid" is the seducer and further the kid is not traumatized by the act per se, the kid is traumatized when the police and authorities "drag" the kid in for questioning.

He stated that he can think of no sexual act that causes psychic damage--"not even incest or bestiality".

He stated that clergy donot work with gays because they are fea ful of losing their reputation--that they may be thought to be gay. He said this is an indictment of the clergy. He said it would be a good idea if people thought the clergy was gay becau

it would have a radicallizing effect. Fr. Shanley described himself as an ultra liberal.

To top off his speech he said, "Homosexuality is a gift from God and should be celebrated".

I have a clipping which states that Fr. Paul Shanley, of the Archdiocese of Boston represents "sexual minorities" on the Young Adult Ministry Board of USCC. Also a Fr. Patrick O'Neill OSA is the USCC's representative for young adult ministry.

Fr. Shanley said he was appointed to his position by a Cardinal Maderis (my spelling of the cardinal's name may be incorrect).

Fr. Shanley also stated that he had spoken to several clergy the afternoon of the evening meeting of Dignity/Integrit Sept. 23, 1977, St. Luke's Episcopal Church. 8.P.M.
Fr. Shanley was wearing full Roman garb.

Sorry I didn't get this off to you sooner, but have been very busy. Hope it helps.

Spiritually,

[18]

[18] 1977年10月4日。ショックを受けた女性が、ポール・R・シャンリーの先日のスピーチで、「ホモセクシュアル行為は罪ではない」や「禁欲主義は不可能」などが話題にのぼったと指摘している。
19) 1979年2月。男性と少年の恋愛がテーマのボストンの会議で、その可能性を述べたシャンリーの発言が引用されている。
[20] 1979年4月12日。シャンリーを「孤独な若者たちの教会」から解任し、聖ジョン福音教会の助任司祭に任命するメディロス枢機卿の手紙。また、教会の教えに「完全に追随」する義務を遂行すべし、とシャンリーに命じている。

CARDINAL'S RESIDENCE

Protocol Number: 173/74

February 12, 1979

His Eminence
Franjo Cardinal Seper
Sacred Congregation for the Doctrine of the Faith
Il Piazza del S. Uffizio
Roma, 00193 (Vatican City)

Your Eminence:

I wish to acknowledge your letter of November 14, 1978 concerning the matter of Reverend Paul Shanley and his tapes in which he presents doctrine directly opposed to the teaching of the Church. Because this matter involves a serious pastoral problem which confronts the Church in the United States at this time, I have decided to reply at some length and after some serious reflection on my part and to present my reply in person at the Sacred Congregation.

I wish to place my answer to your questions in its fullest pastoral context and also to give to the Holy See the fullest awareness of how I, as a pastor, see this problem and how I have tried to face it. At the beginning of this letter, I will explain my general overall response to this serious problem and then I will answer your questions more directly.

I. General Context of Homosexuality as a Pastoral, Spiritual and Moral Problem in Large Urban Areas of the United States

The following points confront me as a pastor:

There is a widespread homosexual culture especially, although not exclusive among young people. But there is a relatively new element present. This new element is found in the fact that homosexuals band together to assert: (1) the open fact of their homosexuality, (2) the fact that this is of no consequence to anyone except themselves - that to be a homosexual differs from having a heterosexual orientation as being right handed differs from being left handed and (3) the strong efforts to secure their civil rights and human rights.

Protocol Number: 173/74 - 2 - February 12, 1979

From the Church, some of these are asking: (1) that they be ministered to as a group and (2) that they be admitted to seminaries and novitiates. It is often asserted that in the past the Church has condemned the condition of homosexuality as in itself sinful. Implicit and sometimes explicit is the assertion that homosexual acts and behavior constitute a morally acceptable way of life. It is my belief that the very fact of banding together in such groups for social and religious purposes usually includes the recognition and even the fostering of homosexual activity. All of these elements which are widespread throughout the United States are intensified in the Archdiocese of Boston because of two factors: (1) We are largely urbanized and (2) We have the largest concentration of young people in the world due to the great number of colleges and universities flourishing here.

There is one final, significant factor which though not widespread is especially ominous for the life of the Church. Affected by the above elements a few priests are beginning to proclaim their own homosexuality and an even larger number is beginning to foster the assertions and claims outlined above. In addition, some priests are said to assert that homosexual acts under certain conditions are not sinful.

II. General Response

I have felt an obligation to respond to the root of this problem without, however, neglecting to respond to its symptoms as well. First, may I indicate my efforts to get at the root of the problem.

Priestly Formation

Since our seminaries reflect the local American culture, the problem of homosexuality has surfaced there in a manner which is widespread and quite deep. It has even been asserted by some seminary faculty members that the Church does not have the right to inquire into the lives of candidates for the priesthood in a penetrating way. Such a philosophy, which is an illicit expansion of American political philosophy, would paralyze the Church in its mission of calling only true vocations to the priesthood. In response to this:

(1) I have worked with seminary priests towards a complete transformation of our admission process to the college seminary and to the theologate.

Protocol Number: 173/74 - 3 - February 12, 1979

(2) I have also worked to strengthen the evaluation process by which men are voted on towards the priesthood.

(3) I have encouraged the spiritual directors of our seminary to work in the internal forum - always respecting proper confidentiality - to exercise their influence to remove from the path to the priesthood young men who are homosexuals.

(4) I have also sent at regular intervals outstanding priests to be prepared for the delicate work of spiritual direction.

The danger in seminaries, Your Eminence, is obvious. Where large numbers of homosexuals are present in a seminary, other homosexuals are quickly attracted. Other healthier young men tend to be repelled. As a result of the efforts in our seminary, a large number of candidates have been dropped. Yet some of these, who are from other dioceses, have been transferred by their bishops to other seminaries despite complete disclosures from our seminary.

As a result of my actions and the cooperation of some of our faculty, the numbers to be ordained in our Archdiocese for the next several years will be small. Had we not taken these actions, a large number of active homosexual men would have been ordained. In this, as you know, I have only been following the requirements of the Holy See in its teaching on priestly formation. We have a seminary which has now - within a five-year period - become almost fully transformed into a community of healthy, well-balanced young men. Our numbers are much smaller but now we will attract more young men who will be the right kind of candidates.

Naturally, there has been criticism for our actions. But I am convinced that these actions were correct. I am also convinced that there are other seminaries where this problem has not begun to be faced. In order to attack this problem at its root, I am now working with some bishops in our Region to compose a letter to all seminaries in the United States and Europe where the bishops of New England send young men to prepare for the priesthood. While there are several foundational areas treated in this letter, the following are especially pertinent to your inquiry and to the issues as outlined above:

(1) The teaching of moral theology in the seminary especially as it relates to the Magisterium. We are trying to strengthen the place given to Magisterial teaching by theology professors, especially by teachers of moral theology.

Protocol Number: 173/74 - 4 - February 12, 1979

(2) In this letter, we are trying to strengthen the admissions procedures in several ways. We are saying quite explicitly that homosexuals should not be admitted to the seminary.

(3) We are trying to strengthen the core of trained spiritual directors as I have found this necessary for many reasons - but especially helpful in weeding out overt or latent homosexuals.

(4) We are strengthening the means and also the criteria through which seminarians are evaluated each year.

I believe this letter which is based on and draws heavily from the teaching of the Holy See can have an enormous effect over the next generation of priests formed in New England. We believe it will bring about more orthodox moral teaching, less priests who are inclined to foster and encourage the rising homosexual culture (at least where its demands contradict Church teaching) and that we can turn back the number of homosexuals who, for many reasons, are being drawn towards the sacred priesthood.

I hope that this document which is also addressed to vocation directors will also be helpful to our National Conference as it draws up new five-year guidelines for seminary formation within the next few years.

I also took one other significant step within the last year which I believe is related to this matter. I was approached by one of our priests who has been on a Leave of Absence for about seven years asking if he could return to active ministry. I made an investigation which indicated to me that this priest has been living in a homosexual relationship with another man for a large part of these years. He proclaimed that this was over and that, through a Charismatic Prayer Group, he had experienced a conversion. I felt that to receive him back could create scandal and would undermine the slow but steady reform I was trying to lead in the seminary. So, despite pressure, I refused to receive him back until he had sought spiritual direction and counselling over a five-year period under my direction. He refused to do this. He was refused permission by some other dioceses but - unfortunate I believe - was accepted by a neighboring diocese.

May I say that I always try to be compassionate and helpful to a priest who finds himself to be a homosexual but who wishes to live a life of chastity and who struggles to do good priestly work.

Protocol Number: 173/74 - 5 - February 12, 1979

III. Efforts Made in the Archdiocese of Boston to Insure Proper Pastoral Action on Questions of Sexual Ethics

(1) In 1973, the Bishops' Committee on Pastoral Research and Practices released a paper entitled, Principles to Guide Confessors in Questions of Homosexuality. I found this paper to be sound and helpful. I immediately mailed it to all the priests of the Archdiocese of Boston. Working with two theologians and a priest psychiatrist, I also prepared a letter to all our priests in which I tried to set down some further principles on this urgent question. I have enclosed a copy of my letter dated June 10, 1975 and also a copy of the document from the National Conference of Catholic Bishops.

(2) In 1977, the Holy See issued "Humana Persona", a document which gave the authentic Church teaching on a broad range of questions concerned with sexual ethics. The document asked individual ordinaries to prepare further teaching which would apply the principles in "Humana Persona" to their local situation. In response to this request, I immediately set about to write a Pastoral Letter entitled, Growing Together in Holiness. I consulted several theologians during the writing of this letter as I always do on such matters. A copy of my Pastoral Letter is enclosed.

(3) In general, my Pastoral Letter along with the Document from your Congregation, was well received in this Archdiocese. I did, however, receive some sharp criticism because I was not lenient enough. I have enclosed an exchange of correspondence which I received from one Franciscan priest which will point out to Your Eminence the unfortunate thinking which I find among some priests and which indicates that they base their position more on the currents of our culture than on revelation and Church teaching.

(4) I am sure that you are familiar with the recent study of the Catholic Theological Society of America on sexual ethics. As you know, this study treats questions of sexual ethics in a manner which is opposed to Catholic teaching. In order to counteract its approach as quickly as possible, I took the following two steps:

a) I asked Bishop Thomas J. Riley (now deceased) to write a theological critique for our Archdiocesan newspaper. Bishop Riley was a respected moral theologian who taught in our seminary for many years and later served as rector. A copy of this article from The Pilot, July 1, 1977, is enclosed.

b) I, myself, wrote a Pastoral Letter concerning this study in which I tried to attack its basic foundation. This letter also addressed another question which was receiving a great deal of publicity at that time. A copy is enclosed. It also appeared in the enclosed pamphlet entitled, Questions and Answers for Our Times.

Protocol Number: 173/74 - 6 - February 12, 1979

Having now given to your Sacred Congregation for the Doctrine of the Faith my basic efforts on the broad and difficult question of homosexuality as a pastoral, moral and spiritual problem, I am happy to respond to your questions in a direct way.

IV. Efforts Made by me to Confront Directly the Work of Reverend Paul Shanley

When I assumed the office of Archbishop of Boston in 1970, Father Paul Shanley came to see me. He had been working with young people who were so-called "runaways" with the permission of the late Cardinal Cushing. I did not remove him from this work. Neither did I at anytime assign him in any direct way to work with homosexuals or with the so-called "homosexual community". There are no letters in our files to this effect nor did I ever write any such letter.

When reports reached me that he was teaching in ways that seemed contradictory to the teaching of the Church, I immediately summoned him. I have met with him privately at least five times. I have told him what the allegations were and he has denied them. He has told me that he does not teach against what the Church teaches. I have been very specific in my questions and he has responded quite directly. On one occasion, I have called in to our meeting three other priests - one a moral theologian, one a spiritual theologian who is a respected and very orthodox spiritual director at our seminary, and one who is a widely-known and respected priest-psychiatrist. All four of us, working as a panel, addressed Father Shanley with direct questions. Many other questions were concerned with the morality of homosexual acts. He assured us that he spoke only according to Church teaching and that he did not violate it or encourage others to violate it.

V. What Will be Done in the Future Concerning Father Shanley

I trust that the above presentation answers the first part of your question - namely, What has been done in the past to deal with Father Shanley as well as positions which he allegedly espoused?

Now, however, I have been apprised by your letter that the Holy See has found him to be still teaching in a way that is directly opposed to the Holy See. So I feel obliged to answer your second question - namely, What do I plan to do in the future on this matter?

It is my intention to send a letter to all our priests relative to this question. I will re-state in a brief manner the teachings of the Church on matters of homosexuality and refer the priests to recent documents of the Holy See, the National Conference of Catholic Bishops, and my own office. More to the

Protocol Number: 173/74 - 7 - February 12, 1979

point, I will indicate that no priest is assigned by me to work specifically or only with homosexuals. I will indicate that whatever confusion may have arisen on it in the past, no priest in the future will have the right to make that claim. I will urge all our priests to minister to any homosexual person with kindness but will teach again that the best way of affirming that person is to lead him or her to the following of Christ and the avoidance of homosexual acts or the so-called "homosexual culture".

Recently, an organization called "Dignity" mailed to all our priests a piece of literature which would be destructive if followed and which supports the activity of the gay liberation movement and tries to enlist priests in behalf of that movement - a movement which, as I indicated above, holds positions which could be destructive of Church life and which are held under a veneer of seeking full rights within the Church and also within civil society. A copy is enclosed entitled, An Introductory Letter to Religious and Clerics by Brother William Roberts. Also enclosed is a copy of an editorial which appeared on page 1 of Dignity's Cross Currents, Vol. 1, No. 2. This letter from the organization called "Dignity" will give me a good occasion to write a brief letter indicating my position and the position of the Church and mention the fact that no one priest is assigned to this apostolate.

Now, I wish to tell you about my recent meeting with Father Paul Shanley. I called Father Shanley to my office and met with him in early January of 1979. I told him that he was to take a regular parish assignment, that he was not to work with homosexuals, and that his teaching was confusing people and giving them ideas contrary to Church teaching. Father Shanley, as always, said that he was not teaching against what the Church teaches. However, what I want to indicate most of all is that shortly after our meeting, Father Shanley went to the press. He had an extended interview with the Boston Globe and I have enclosed a copy of that report. Father Shanley was also interviewed at length on a WEEI local radio station program. His loudest protest was that homosexuality as an orientation was not a sin and that he would continue to proclaim that to the rooftops. Of course, the Church has never said that it was sinful but that homosexual acts are sinful. It is on this subject of homosexual acts that Father Shanley presents confusing and distorted teaching.

I believe that Father Shanley is a troubled priest and I have tried to be understanding and patient with him while continuously affirming - both privately to him and publicly to my people - the Church teaching on sexual ethics. Finally, in an effort to cooperate with your findings, I have taken these difficult but necessary steps. I hope and pray that you will find them appropriate and wise.

Protocol Number: 173/74 - 8 - February 12, 1979

I trust, Your Eminence, that I have given you a complete picture of this delicate matter. When I have completed my letter to priests in another month or two, I will forward a copy to you.

Please pray for Father Shanley and for all our young people whose souls are attacked constantly by voices which distort and scandalize. Also, I ask your prayers above all for our seminaries and for me. I shall, as always, be pleased to receive your response to this matter as well as your good counsel and advice.

With sentiments of esteem and my prayerful best wishes, I remain

Devotedly yours in Our Lord,

+Humberto Cardinal Medeiros

Humberto Cardinal Medeiros
ARCHBISHOP OF BOSTON

Enclosures

［21］

21）1979年2月12日。メディロス枢機卿が、バチカン宛てにシャンリーは「問題司祭」だと告げている。メディロスはまた、自分のホモセクシュアリティ観を「聖職位として、霊的、モラル的に問題」と表現した。

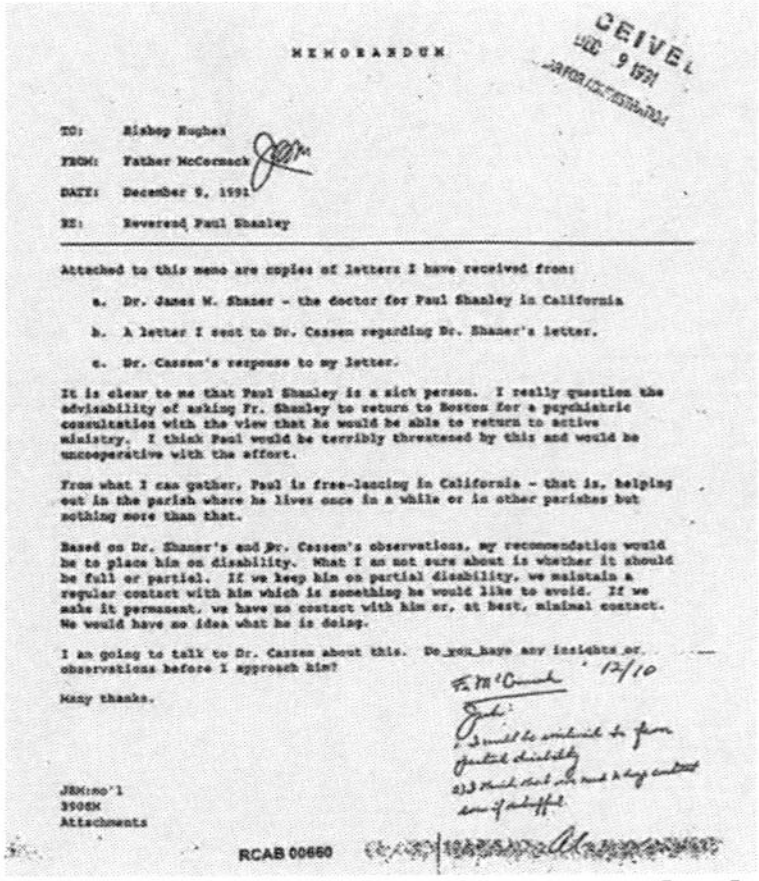

MEMORANDUM

TO: Bishop Hughes

FROM: Father McCormack

DATE: December 9, 1991

RE: Reverend Paul Shanley

Attached to this memo are copies of letters I have received from:

a. Dr. James W. Shaner – the doctor for Paul Shanley in California

b. A letter I sent to Dr. Cassen regarding Dr. Shaner's letter.

c. Dr. Cassen's response to my letter.

It is clear to me that Paul Shanley is a sick person. I really question the advisability of asking Fr. Shanley to return to Boston for a psychiatric consultation with the view that he would be able to return to active ministry. I think Paul would be terribly threatened by this and would be uncooperative with the effort.

From what I can gather, Paul is free-lancing in California – that is, helping out in the parish where he lives once in a while or in other parishes but nothing more than that.

Based on Dr. Shaner's and Dr. Cassen's observations, my recommendation would be to place him on disability. What I am not sure about is whether it should be full or partial. If we keep him on partial disability, we maintain a regular contact with him which is something he would like to avoid. If we make it permanent, we have no contact with him or, at best, minimal contact. We would have no idea what he is doing.

I am going to talk to Dr. Cassen about this. Do you have any insights or observations before I approach him?

Many thanks.

JBM:mo'l
3906M
Attachments

RCAB 00660

[23]

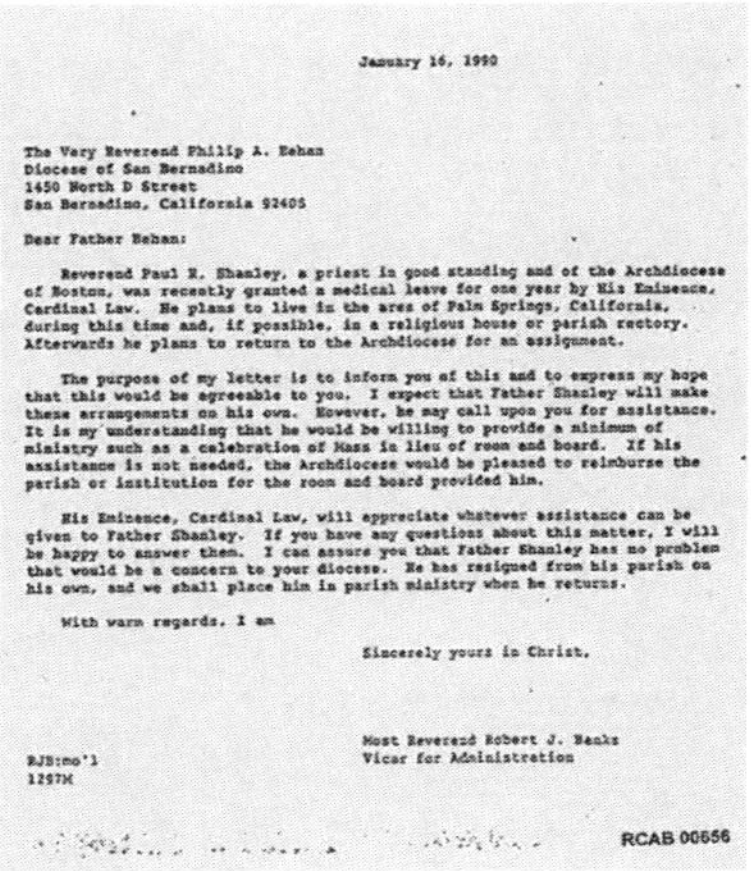

January 16, 1990

The Very Reverend Philip A. Behan
Diocese of San Bernadino
1450 North D Street
San Bernadino, California 92405

Dear Father Behan:

Reverend Paul R. Shanley, a priest in good standing and of the Archdiocese of Boston, was recently granted a medical leave for one year by His Eminence, Cardinal Law. He plans to live in the area of Palm Springs, California, during this time and, if possible, in a religious house or parish rectory. Afterwards he plans to return to the Archdiocese for an assignment.

The purpose of my letter is to inform you of this and to express my hope that this would be agreeable to you. I expect that Father Shanley will make these arrangements on his own. However, he may call upon you for assistance. It is my understanding that he would be willing to provide a minimum of ministry such as a celebration of Mass in lieu of room and board. If his assistance is not needed, the Archdiocese would be pleased to reimburse the parish or institution for the room and board provided him.

His Eminence, Cardinal Law, will appreciate whatever assistance can be given to Father Shanley. If you have any questions about this matter, I will be happy to answer them. I can assure you that Father Shanley has no problem that would be a concern to your diocese. He has resigned from his parish on his own, and we shall place him in parish ministry when he returns.

With warm regards, I am

Sincerely yours in Christ,

Most Reverend Robert J. Banks
Vicar for Administration

RJB:mo'l
1297M

RCAB 00656

[22]

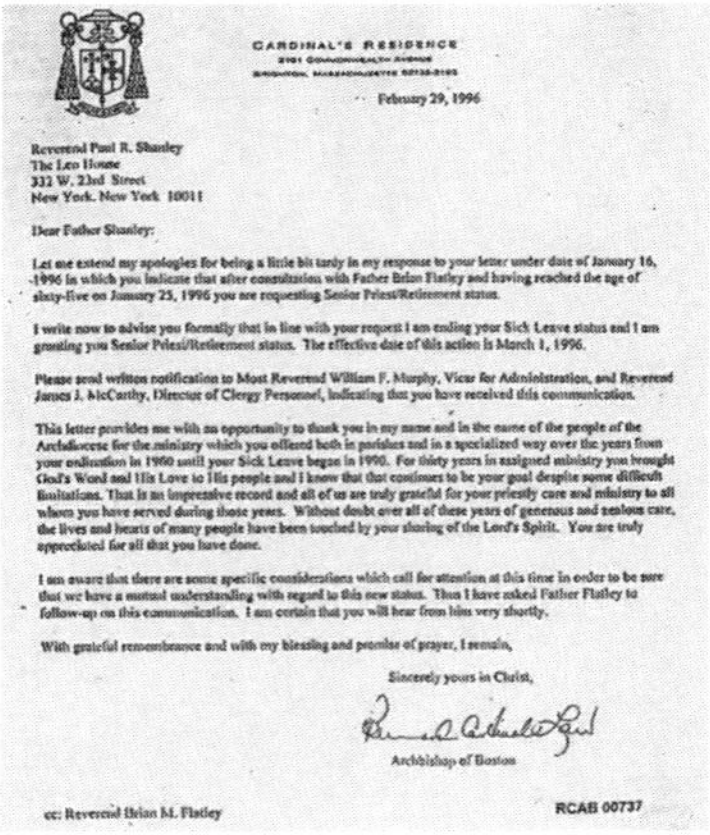

CARDINAL'S RESIDENCE

February 29, 1996

Reverend Paul R. Shanley
The Leo House
332 W. 23rd Street
New York, New York 10011

Dear Father Shanley:

Let me extend my apologies for being a little bit tardy in my response to your letter under date of January 16, 1996 in which you indicate that after consultation with Father Brian Flatley and having reached the age of sixty-five on January 25, 1996 you are requesting Senior Priest/Retirement status.

I write now to advise you formally that in line with your request I am ending your Sick Leave status and I am granting you Senior Priest/Retirement status. The effective date of this action is March 1, 1996.

Please send written notification to Most Reverend William F. Murphy, Vicar for Administration, and Reverend James J. McCarthy, Director of Clergy Personnel, indicating that you have received this communication.

This letter provides me with an opportunity to thank you in my name and in the name of the people of the Archdiocese for the ministry which you offered both in parishes and in a specialized way over the years from your ordination in 1960 until your Sick Leave began in 1990. For thirty years in assigned ministry you brought God's Word and His Love to His people and I know that that continues to be your goal despite some difficult limitations. That is an impressive record and all of us are truly grateful for your priestly care and ministry to all whom you have served during those years. Without doubt over all of these years of generous and zealous care, the lives and hearts of many people have been touched by your sharing of the Lord's Spirit. You are truly appreciated for all that you have done.

I am aware that there are some specific considerations which call for attention at this time in order to be sure that we have a mutual understanding with regard to this new status. Thus I have asked Father Flatley to follow-up on this communication. I am certain that you will hear from him very shortly.

With grateful remembrance and with my blessing and promise of prayer, I remain,

Sincerely yours in Christ,

Archbishop of Boston

cc: Reverend Brian M. Flatley

RCAB 00737

[24]

[22] 1990年1月16日。ロバート・J・バンクス神父がサンバーナディーノのフィリップ・A・ビーハン神父へ宛てた手紙。ボストン大司教区を病気療養中のシャンリーに、教会運営の賄い付きの下宿を世話するよう推奨している。手紙はシャンリーを「堅実な司祭」と形容している。
[23] 1991年12月9日。ニューハンプシャーの司教となったジョン・B・マコーマック神父から、アルフレッド・C・ヒューズ司教宛てに、シャンリーは「病んだ人間」だと伝えている。
[24]1996年2月29日。ロウ枢機卿がシャンリーに高齢引退司祭の資格を与える通知書。

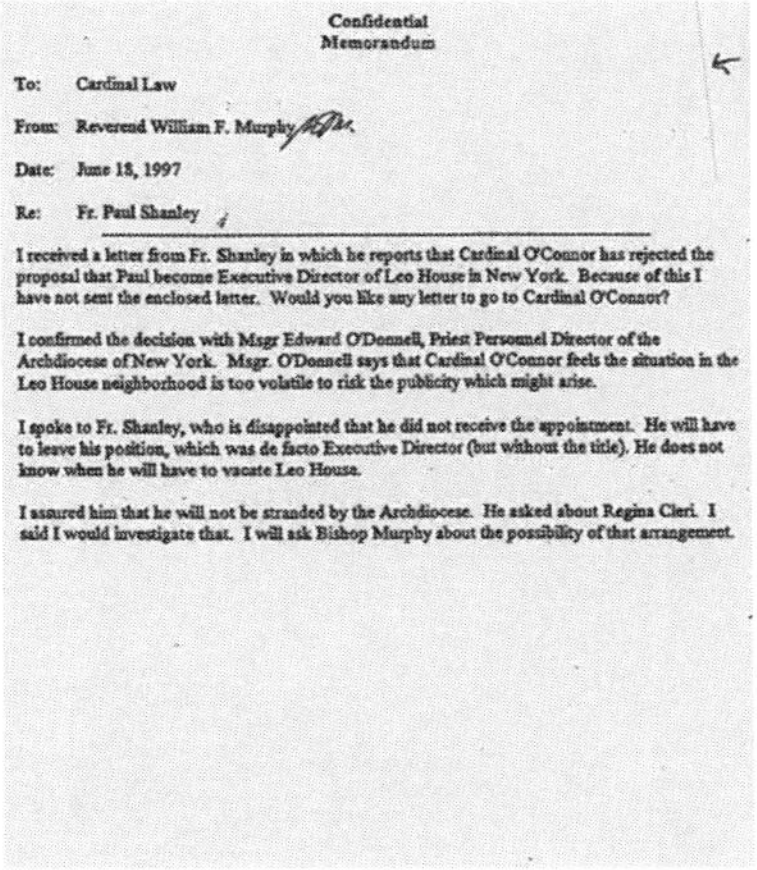

Confidential
Memorandum

To: Cardinal Law

From: Reverend William F. Murphy

Date: June 18, 1997

Re: Fr. Paul Shanley

I received a letter from Fr. Shanley in which he reports that Cardinal O'Connor has rejected the proposal that Paul become Executive Director of Leo House in New York. Because of this I have not sent the enclosed letter. Would you like any letter to go to Cardinal O'Connor?

I confirmed the decision with Msgr Edward O'Donnell, Priest Personnel Director of the Archdiocese of New York. Msgr. O'Donnell says that Cardinal O'Connor feels the situation in the Leo House neighborhood is too volatile to risk the publicity which might arise.

I spoke to Fr. Shanley, who is disappointed that he did not receive the appointment. He will have to leave his position, which was de facto Executive Director (but without the title). He does not know when he will have to vacate Leo House.

I assured him that he will not be stranded by the Archdiocese. He asked about Regina Cleri. I said I would investigate that. I will ask Bishop Murphy about the possibility of that arrangement.

[26]

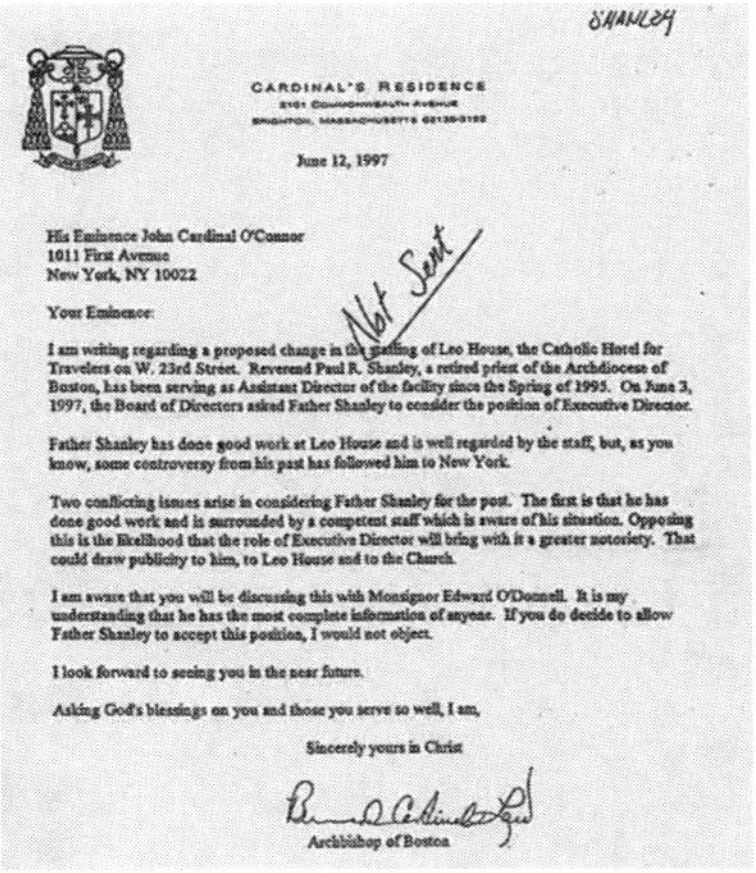

SHANLEY

CARDINAL'S RESIDENCE
2101 COMMONWEALTH AVENUE
BRIGHTON, MASSACHUSETTS 02135-3193

June 12, 1997

His Eminence John Cardinal O'Connor
1011 First Avenue
New York, NY 10022

Not Sent

Your Eminence:

I am writing regarding a proposed change in the staffing of Leo House, the Catholic Hotel for Travelers on W. 23rd Street. Reverend Paul R. Shanley, a retired priest of the Archdiocese of Boston, has been serving as Assistant Director of the facility since the Spring of 1995. On June 3, 1997, the Board of Directors asked Father Shanley to consider the position of Executive Director.

Father Shanley has done good work at Leo House and is well regarded by the staff, but, as you know, some controversy from his past has followed him to New York.

Two conflicting issues arise in considering Father Shanley for the post. The first is that he has done good work and is surrounded by a competent staff which is aware of his situation. Opposing this is the likelihood that the role of Executive Director will bring with it a greater notoriety. That could draw publicity to him, to Leo House and to the Church.

I am aware that you will be discussing this with Monsignor Edward O'Donnell. It is my understanding that he has the most complete information of anyone. If you do decide to allow Father Shanley to accept this position, I would not object.

I look forward to seeing you in the near future.

Asking God's blessings on you and those you serve so well, I am,

Sincerely yours in Christ

Archbishop of Boston

[25]

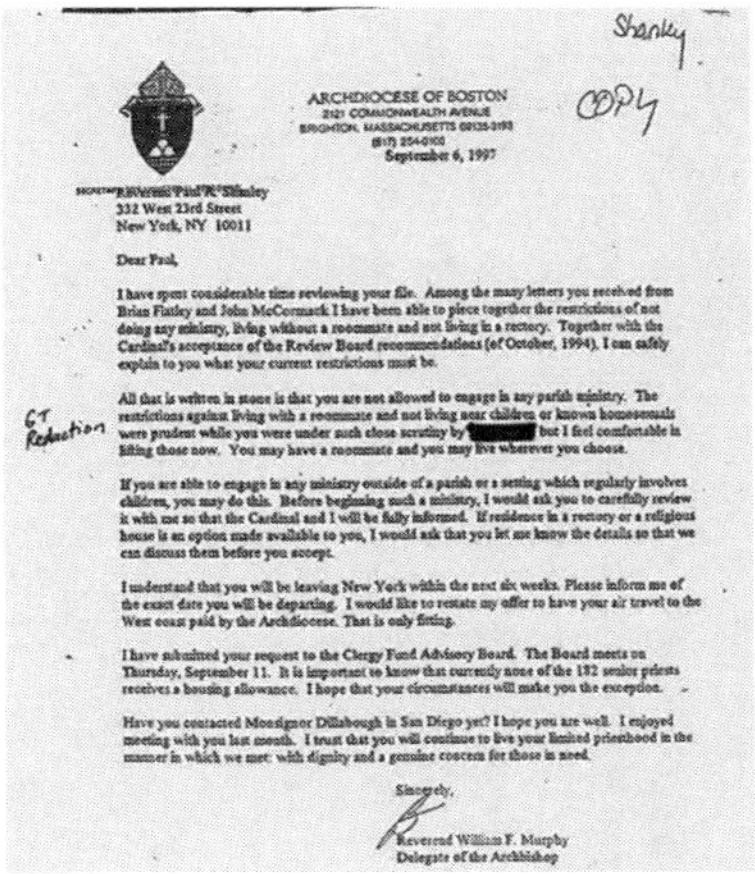

Shanley

COPY

ARCHDIOCESE OF BOSTON
2121 COMMONWEALTH AVENUE
BRIGHTON, MASSACHUSETTS 02135-3193
(617) 254-0100

September 6, 1997

Reverend Paul R. Shanley
332 West 23rd Street
New York, NY 10011

Dear Paul,

I have spent considerable time reviewing your file. Among the many letters you received from Brian Flatley and John McCormack I have been able to piece together the restrictions of not doing any ministry, living without a roommate and not living in a rectory. Together with the Cardinal's acceptance of the Review Board recommendations (of October, 1994). I can safely explain to you what your current restrictions must be.

GT Redaction

All that is written in stone is that you are not allowed to engage in any parish ministry. The restrictions against living with a roommate and not living near children or known homosexuals were prudent while you were under such close scrutiny by [redacted] but I feel comfortable in lifting those now. You may have a roommate and you may live wherever you choose.

If you are able to engage in any ministry outside of a parish or a setting which regularly involves children, you may do this. Before beginning such a ministry, I would ask you to carefully review it with me so that the Cardinal and I will be fully informed. If residence in a rectory or a religious house is an option made available to you, I would ask that you let me know the details so that we can discuss them before you accept.

I understand that you will be leaving New York within the next six weeks. Please inform me of the exact date you will be departing. I would like to restate my offer to have your air travel to the West coast paid by the Archdiocese. That is only fitting.

I have submitted your request to the Clergy Fund Advisory Board. The Board meets on Thursday, September 11. It is important to know that currently none of the 182 senior priests receives a housing allowance. I hope that your circumstances will make you the exception.

Have you contacted Monsignor Dillabough in San Diego yet? I hope you are well. I enjoyed meeting with you last month. I trust that you will continue to live your limited priesthood in the manner in which we met: with dignity and a genuine concern for those in need.

Sincerely,

Reverend William F. Murphy
Delegate of the Archbishop

[27]

[25] 1997年6月12日。ロウ枢機卿からニューヨークのジョン・オコナー枢機卿宛てに書かれたが、明らかに送付されなかった手紙で、シャンリーをレオ・ハウスの寮長に任命することに異論はないと述べている。
[26] 1997年6月18日。ウィリアム・F・マーフィー神父がロウ枢機卿に、ニューヨークのレオ・ハウス運営ポストのシャンリーの申請は、オコナー枢機卿が「世間が騒ぎ立てるリスクが絶大」と感じたため、却下されたことを伝える手紙。
[27] 1997年9月6日。マーフィーがシャンリーに、彼に対する制限の一部が解除されたことを伝える。「不動なのは、教区活動への従事を一切許されない点である」

マーガレット・ギャラントが
メディロス枢機卿に宛てた手紙の活字起こし

1982年8月16日

猊下、

ご存知のように、当家はデイリー司教と、二週間前に話しあいをしました。あの司祭がまだ彼の教区にいる以上、何の処置もとられていないのは明白です。我々の訴えをとりあう気はないということしょうか？

当家はカトリック教会に深く根ざしており、曾祖父と両親は、困窮や教会への愛の迫害に耐えてきました。私たちの望みは、暴行された当家七人の男児への涙と苦悩は尽きないといえ、聖職位の尊厳を守ることです。起きたことはもう取り返しがつきませんが、キリストの体（教会のこと）へのこの虐待から、他者を守る義務があります。

子どもたちを守るために、口をつぐんでいろと言われました——ばかげています。未成年は法の下に守られており、そんな忠告は二度と聞きたくありません。私たちの知性に対する侮辱です。

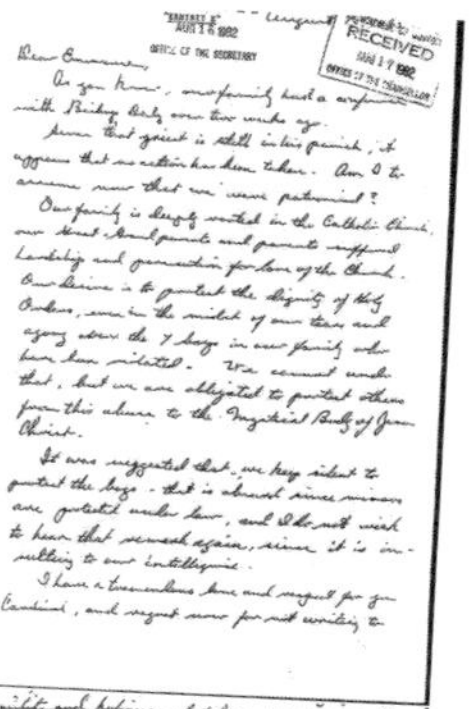
AUG 1 6 1982
OFFICE OF THE SECRETARY
Urgent
RECEIVED
AUG 1 7 1982
OFFICE OF THE CHANCELLOR

Dear Eminence,

As you know, our family had a conference with Bishop Daly over two weeks ago.

Since that priest is still in his parish, it appears that no action has been taken. Am I to assume now that we were patronized?

Our family is deeply rooted in the Catholic Church, our great-grand parents and parents suffered hardship and persecution for love of the Church. Our desire is to protect the dignity of Holy Orders, even in the midst of our tears and agony over the 7 boys in our family who have been violated. We cannot undo that, but we are obligated to protect others from this abuse to the Mystical Body of Jesus Christ.

It was suggested that we keep silent to protect the boys - that is absurd since minors are protected under law, and I do not wish to hear that remark again, since it is insulting to our intelligence.

I have a tremendous love and respect for you Cardinal, and regret now for not writing to

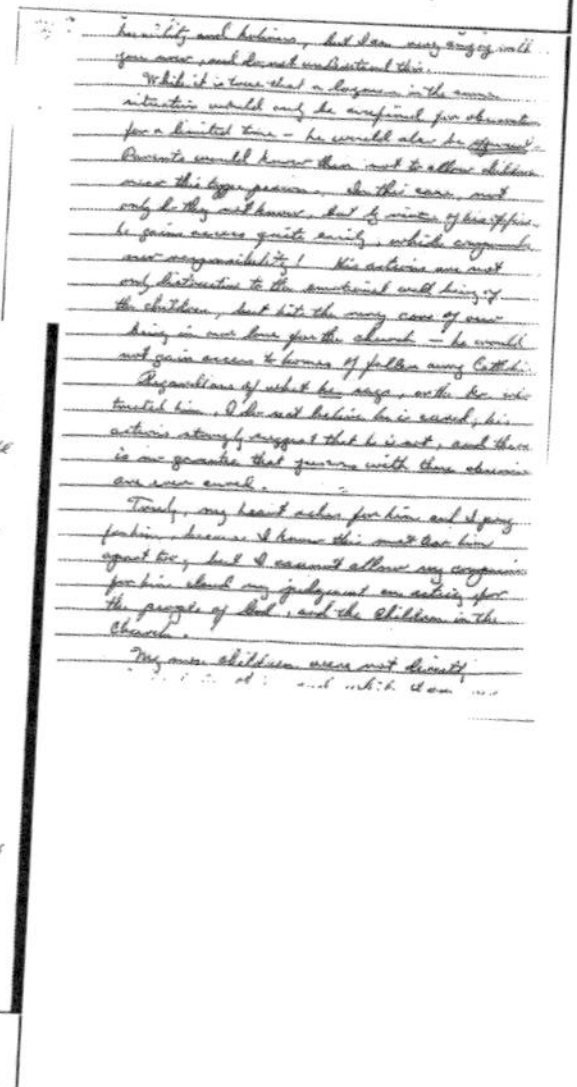
humility and holiness, but I am very angry with you now, and do not understand this.

While it is true that a layman in the same situation would only be confined for observation for a limited time - he would also be exposed. Parents would know then not to allow children near this type person. In this case, not only do they not know, but by virtue of his office he gains access quite easily, which compounds our responsibility! His actions are not only destructive to the emotional well being of the children, but hit the very core of our being in our love for the church - he would not gain access to homes of fallen away Catholics.

Regardless of what he says, or the Dr. who treated him, I do not believe he is cured; his actions strongly suggest that he is not, and there is no guarantee that persons with these obsessions are ever cured.

Truly, my heart aches for him and I pray for him, because I know this must tear him apart too, but I cannot allow my compassion for him cloud my judgement on acting for the people of God, and the Children in the Church.

My own children were not directly [illegible]

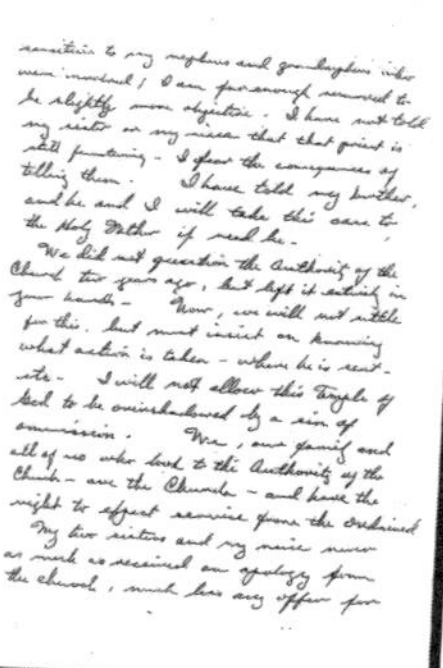
sensitive to my nephews and grandnephews who were involved; I am far enough removed to be slightly more objective. I have not told my sister or my niece that that priest is still functioning - I fear the consequences of telling them. I have told my brother, and he and I will take this case to the Holy Father if need be.

We did not question the Authority of the Church two years ago, but left it entirely in your hands. Now, we will not settle for this, but must insist on knowing what action is taken - where he is sent, etc. I will not allow this Temple of God to be overshadowed by a sin of omission. We, our family and all of us who look to the Authority of the Church - are the Church - and have the right to expect service from the Ordained.

My two sisters and my niece never as much as received an apology from the church, much less any offer for

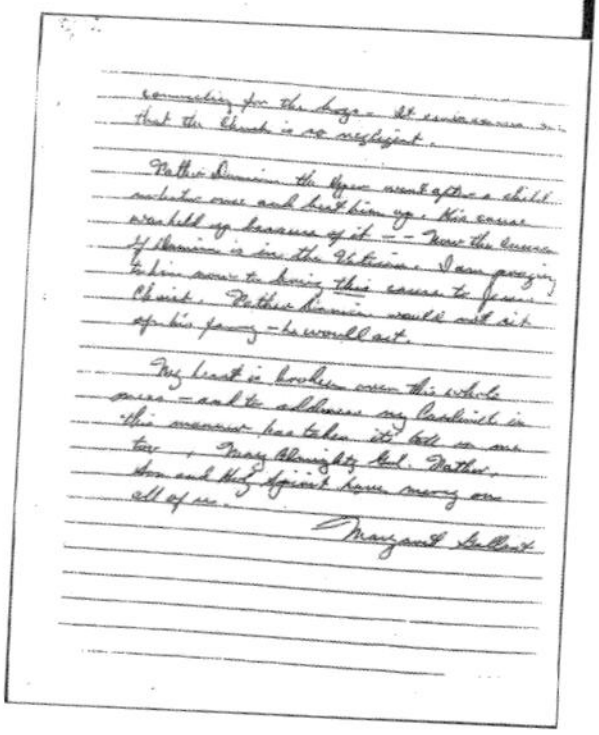
counseling for the boys. It embarrasses me that the Church is so negligent.

Father Damien the leper went after a child molester once and beat him up. His cause was held up because of it — Now the cause of Damien is in the Vatican. I am praying to him now to bring this cause to Jesus Christ. Father Damien would not sit on his fanny - he would act.

My heart is broken over this whole mess - and to address my Cardinal in this manner has taken its toll on me too. May Almighty God, Father, Son and Holy Spirit have mercy on all of us.

Margaret Gallant

私はあなたに多大な愛と尊敬を抱いております、枢機卿様。そして書かなかったことを後悔しています……［数語削除されている］……謙虚さと神聖さ、ですが今は猊下にとても怒っていますし、現状を理解出来ません。

真実は、俗人が同じ事態に遭えば、まず一定期間監禁のうえ監視され――また、公表されるはずです［公表の文字に下線二本］。そうなれば両親はその人物に子どもを近づけてはいけないと学ぶでしょう。この場合、親は無知なだけなく、相手は職務を悪用して極めて容易に近づけるため、責任はさらに重大です！　彼の行いは子どもたちの感情的な健康を害するだけでなく、教会への愛の中核を揺さぶるもの――カトリックを捨てた家庭には、彼が近づく手段はないからです。

彼、または彼を診た医者が何を言おうと、彼が治ったとは信じません。彼の行動が、ハッキリとそうでないことを示していますし、この種の執着を持つ人間が治ることがあるとの保証はありません。

真実、私の心は彼のために痛み、彼のために祈っております。これは彼をも引き裂くと知っているからです。ですが彼への同情心が、神の子への、そして教会の子どもたちになされる行いへの判断を曇らせることは、許せません。

私自身の子どもたちは直接には……［数語削除されている］……甥と、甥の息子の事情を知りません。私はほんのわずか、より客観的になれるだけ親等が離れています。姉や姪には、あの司祭がまだ聖職にあることを話していません――話した結果を恐れています。兄には話し、二人でこの件を、必要ならばローマ教皇に訴える所存です。

二年前は、教会の権威を疑わず、すべてあなた様の手に委ねました。今、私たちはそこに留まりません。ですがどんな処置が打たれるか、知ることを要求します――彼の送り先等々を。この神の神殿（信徒のこと）が、怠慢の罪で陰るのを許すつもりはありません。私ども、私どもの家族と私どもすべてが、教会の権威――［判読不能］教会――を望み、召命された方からの奉仕を期待する権利を持ちます。

私の二人の姉と姪は、教会から謝罪らしき謝罪を受けませんでした。男の子たちのカウンセリングすら、オファーされませんでした。教会がこれほど怠惰なことに、戸惑いすら覚えます。

ダミアン神父（ハワイでハンセン病患者に奉仕した聖人）は、かつて児童虐待者を打ちすえました。そのために彼の大義は守られたのです。今、ダミアン神父の呪いはバチカンにあります。この大義をイエス・キリストに届けてくださるように、私は彼に祈っています。ダミアン神父はそこに座ってはいないでしょう――彼は行動したはずです。

この件全体に、私は心を痛めています――そして、我が枢機卿にこのような作法でお伝えするのは、私としても苦痛です。万能なる父と子と聖霊が、私たち皆を憐れみ給いますように。

マーガレット・ギャラント

【訳】
有澤真庭 Maniwa Arisawa
千葉県出身。アニメーター、編集者等を経て、現在は翻訳家・ところにより日本語教師。主な訳書に『アナと雪の女王』『ハッチ＆リトルB　小さな男の子と大きなワンコの奇跡のような本当のお話』『アメリカン・スナイパー　クリス・カイルの伝説と真実』（竹書房刊）、『エンタイトル・チルドレン：アメリカン・タイガー・マザーの子育て術』（Merit Educational Consultants）、『ディズニー・セラピー　自閉症のわが子が教えてくれたこと』（ビジネス社）、字幕に『ぼくのプレミア・ライフ』（日本コロムビア）がある。

スポットライト　世紀のスクープ
カトリック教会の大罪

2016年4月14日　初版第一刷発行

編　者
ボストン・グローブ紙《スポットライト》チーム
翻　訳
有澤真庭
カバーデザイン
橋元浩明（sowhat.Inc.）
本文組版
IDR

発行人
後藤明信
発行所
株式会社 竹書房
〒102-0072
東京都千代田区飯田橋2-7-3
電話03-3264-1576（代表）
03-3234-6244（編集）
http://www.takeshobo.co.jp
印刷所
共同印刷株式会社

定価はカバーに表示してあります。
乱丁・落丁の場合には当社にてお取替えいたします。

ISBN978-4-8019-0720-1　C0076
Printed in Japan